本书受国家社会科学基金项目（编号：17BGL195）资助

产业互联网环境下中小制造企业绩效服务化研究

张志颖 康凯 著

CHANYE HULIANWANG
HUANJINGXIA
ZHONGXIAO ZHIZAO QIYE
JIXIAO FUWUHUA YANJIU

中国财经出版传媒集团
经济科学出版社
Economic Science Press

图书在版编目（CIP）数据

产业互联网环境下中小制造企业绩效服务化研究／
张志颖，康凯著 . -- 北京：经济科学出版社，2022. 10
ISBN 978 - 7 - 5218 - 4128 - 2

Ⅰ. ①产… Ⅱ. ①张… ②康… Ⅲ. ①制造工业 - 中
小企业 - 企业绩效 - 研究 - 中国 Ⅳ. ①F426. 4

中国版本图书馆 CIP 数据核字（2022）第 195302 号

责任编辑：张 蕾
责任校对：齐 杰
责任印制：邱 天

产业互联网环境下中小制造企业绩效服务化研究

张志颖 康 凯 著

经济科学出版社出版、发行 新华书店经销
社址：北京市海淀区阜成路甲 28 号 邮编：100142
应用经济分社电话：010 - 88191375 发行部电话：010 - 88191522
网址：www. esp. com. cn
电子邮箱：esp@ esp. com. cn
天猫网店：经济科学出版社旗舰店
网址：http://jjkxcbs. tmall. com
北京季蜂印刷有限公司印装
710 × 1000 16 开 20. 25 印张 400000 字
2022 年 12 月第 1 版 2022 年 12 月第 1 次印刷
ISBN 978 - 7 - 5218 - 4128 - 2 定价：120. 00 元
（图书出现印装问题，本社负责调换。电话：010 - 88191510）
（版权所有 侵权必究 打击盗版 举报热线：010 - 88191661
QQ：2242791300 营销中心电话：010 - 88191537
电子邮箱：dbts@ esp. com. cn）

前　言

制造业服务化是制造企业高质量发展的重要方式之一，"传统产业＋互联网"催生出多样化的产业互联网新业态，带动一大批大型制造企业将服务化做专、做强，为客户提供系统解决方案、全生命周期管理、定制化、产品运营等服务。然而，中小制造企业作为助力我国制造业服务化升级的主力军，在产业互联网浪潮中或是"恐慌"不敢转，或是"冒险"转太快，转型效果亟须提升。

对此，本书基于绩效保障合同（performance - based contract，PBC）视角，针对产业互联网环境下中小制造企业的绩效合同式服务（以下简称绩效服务）展开研究。

在产品绩效服务目标确定方面，采用案例研究方法，结合中小制造企业服务化协作特征，研究中小制造企业上游、下游服务内容模型，选取深圳证券交易所创业板上市的北方华创、东方雨虹和大华股份三家企业作为案例对象进行研究，发现可用绩效服务和使用绩效服务两种服务类型。在企业初始及成长阶段，企业面向下游提供可用绩效服务和使用绩效服务，在企业转型阶段，面向上游、下游客户同时提供使用绩效服务。

在产品绩效服务开发路径与能力研究方面，首先，采用模糊集定性比较分析方法，研究大数据、物联网、云计算驱动的服务开发路径，发现针对可用绩效服务和使用绩效服务分别存在平衡型、协同型和技术型三类服务开发路径。其次，针对服务配置能力，采用双层规划模型，结合产品模块和服务模块的差异化动态关系，研究可用绩效服务配置和使用绩效服务配置方法，发现通过制造企业和客户协同交互，优先选配与产品关联性强的可用绩效服务模块更能满足客户的偏好性需求，选择与产品高度关联的使用绩效服务会显著发挥服务功效，弥补产品制造或技术的不足；针对可用绩效服务协调能力，以客户使用产品过程中单位成本节约为绩效指标，构建原材料订购量、研发水平和原材料批发价格与单位成本节约的激励系数、单位成本节约率的关系模型，发现单位成本节约率激励系数及单位成本节约率对协调效果的影响规律；针对使用绩效服务协调能力，构建解决方案使用时长、可用性与产品使用收益共享系数、可用性激励系数关系模型，发现可用性激励措施、产品使用收益共享比例对协调效果的影响规律。最后，针对产品绩效服务评价能力，构建产品绩效服务质量多方评价指标体系，采用区间数展现属性指标的波动及不确定性，结合属性权重和属性间关联性刻画服务质量测度模型，并进行数值检验。

在产品绩效服务实施方面，首先，考虑产业互联网平台协调成本，研究可用绩效式预防维修服务和使用绩效式预防维修服务决策模型，发现在保证设备较高可用绩效的条件下，预防性维修次数更少、预防性更换周期更短，考虑使用绩效的预防维修服务决策模型不仅可以获得较高的使用性，而且可以获取较高的利润。其次，在此基础上，研究通用备件库存与定期更换维修联合优化模型、专用备件库存与不完全预防维修联合优化模型，发现绩效约束使通用备件再订购点提高、更换间隔减少，使专用备件初始库存水平提高，增加订购成本和储存成本，但能提高设备绩效。最后，以产品运营服务为例，对"专精特新"企业——A公司热泵产品绩效服务实施案例进行研究，总结其产业互联网平台初期产品绩效测量、产品绩效分享和产品运营服务的经验。

在此基础上，本书提出产品绩效服务目标确定、服务路径选择、服务能力开发和服务实施相关对策，为产业互联网环境下中小制造企业有效进行绩效式服务化转型提供参考。

本书的研究是在国内外相关研究基础上才得以完成，在此表示衷心的感谢。同时感谢美国伊利诺伊大学芝加哥分校韦得林（J. Christopher Westland）教授给予的建设性意见；感谢研究团队成员张棒、张红艳、聂迎春、张佳乐等的大力支持。本书难免存在疏漏和不足之处，恳请各位读者批评指正，笔者将在后续研究中持续完善。

目　录
Contents

第1章

绪　论

1.1　研究背景

1.1.1　制造业服务化提升空间大

近年来，我国制造业一度面临来自发达国家的"技术压力"和新兴发展中国家的"无班可加之焦虑"，理论界和实践界一直在探索从"中国制造"到"中国智造"的理论、方法和路径，其中，制造服务化逐渐凸显优势，成为制造企业高质量发展转型的重要方式。工业和信息化部等部委早在2016年就提出《发展服务型制造专项行动指南》，在此基础上，2020年发布的《关于进一步促进服务型制造发展的指导意见》指出，健全服务型制造发展生态，积极利用工业互联网等新一代信息技术赋能新制造、催生新服务，加快培育发展服务型制造新业态新模式，促进制造业提质增效和转型升级。此外，我国"十四五"规划和2035年远景目标纲要也提出："发展服务型制造新模式，推动制造业高端化智能化绿色化。"

制造业服务化（servitization）概念由范德默尔和拉达（Vandermerwe and Rada，1988）提出，即制造企业由"产品"提供者转变为"产品 + 服务包"提供者，制造业服务化又称为"服务型制造"（曾经莲，2019）"服务衍生"（罗建强等，2018）等，本书统称为"制造业服务化"。制造企业的产品尤其是面向产业市场的产品，具有"小批量、多品种、复杂性"的特征，有利于企业提供系统性增值服务，如安装、维修、培训、维护等，进而形成差异化竞争优势（Marjanovic et al.，2020），如国外IBM、美国通用电气（GE）、劳斯莱斯等，国内陕鼓动力、杭氧股份、双良节能、邢台轧辊等大型企业均凭借服务化成为业界典范。但是总体数据显示：我国制造业中78%的企业服务收入占总营业收入比重不足 10%，81% 的企业服务净利润贡献率不足 10%，而发达国家的平均数据为 30%[①]。可见，我国制造企业服务化提升空间不容忽视。

1.1.2 中小制造业服务化转型效果差

中国中小制造企业贡献了 50% 的税收、60% 的 GDP、75% 以上的技术创新、80% 的就业岗位和 90% 以上的企业数量，而且，"卡脖子技术"的真正拥有者大都是中小制造企业，如高铁中的牵引系统和轴承、汽车中的发动机变速器、电脑和手机的芯片与屏幕等（苏敬勤，2020）。中小制造企业作为大型企业的配套供应商，在助力大企业服务化转型的过程中，逐渐成为服务化转型的主力军。但是，中小制造企业在服务化转型过程中，由于受资金、管理水平、人才等影响，大多数企业仅限于市场调查、售后维修、批发零售、网络销售等初级服务，尚未涉足优化客户流程、研发设计、生命周期解决方案等高级服务。

随着集云计算、大数据、传感器、物联网、人工智能、工业机器人等新一代数字技术于一身的产业互联网的发展，国内外制造企业开始广泛采用这些技术进行服务升级，如美国 GE 在航空发动机上安装 5 000 多个传感器，获取发动机运行状态信息，为客户提供航空发动机运行管理服务；上海振华重工基于 Terminexus 平台，提供自动化码头解决方案服务；长沙中联重科通过中联 E 管家，实现了工程机械设备的全流程智能管理。上述服务升级使得服务型制造呈现出有别于工业经济时代的新特征（李晓华，2021）。然而，中小制造企业在面向产业互联网转型时，或是"恐慌"不敢转，或是"冒险"转太快。如专注于吸尘器制造的小狗电器互联网科技股份有限公司（以下简称小狗），主要采用互联网电子商务模式为消费者提供产品和服务，并于 2014 年积极开展服务创新——中央维修服务。这种服务模式依托信息系统支持，倒逼产业链升级和服务体系升级。小狗积极构建信息系统，加强与顺丰物流的深度合作，增强资源整合能力。但是中国家用电器服务维修协会发布的

---

① 中国社会科学院财经战略研究院课题组．促进制造业与服务业高效融合［N］．经济日报，2022 - 01 - 04.

《2017 年度 3·15 消费者家电服务满意诚信调查结果》显示，小狗存在维修性差、报修难、服务意识不强等问题。国家质检总局发布的 2017 年第四批扫地机器人产品质量检测报告中显示，小狗产品存在不合格问题。此外，2019 年因为小狗电器净利润规模低而终止首次公开募股（initial public offerings，IPO），从中央维修服务提出后，小狗加大服务投入，但营业收入 2015～2018 年每年同比增长依次为 120.69%、34.87%、5.59%，呈现断崖式下滑趋势。

因此，本书引入绩效合同（performance based contract，PBC），研究产业互联网环境下，中小制造企业绩效服务开发与实施的路径和规律，以期为中小制造企业提升服务化转型水平，理性选择服务化转型方法提供参考依据。

1.2　研究意义

1.2.1　理论意义

本书研究的理论意义如下。

（1）针对中小制造企业研究产业互联网环境下产品绩效问题，弥补现有研究过分强调"可用性"的缺陷。

制造业服务化关注产品的使用价值，需要制造企业、服务提供商、客户等主体协调合作。在此背景下，很多企业开始提供绩效服务，如大华股份根据客户使用的通道量化设备托管服务收费，陕鼓动力向客户提供系统解决方案时，根据客户所用的气体量收费。

现有研究中，关于 PBC 产品绩效指标主要局限于产品可用性，如从传统运作角度，产品绩效指标可以转化为产品可用性，包括平均失效时间和平均维修时间（Kim et al.，2007），产品可用性受固有故障率、备件库存、产品规模、备件物流时间、维修时间、维修策略等因素的影响（Jin et al.，2015；Jin and Yu，2012；Kim et al.，2010）。然而，高可用性并不意味着高绩效，例如，在空闲仓储系统中，存取机器可用性大，但仓储系统并未产生高价值，所以一味追求存取机器的高可用性，可能会导致仓储企业利润损失。

因此，本书在产品可用性基础上，提出产品可用绩效服务和产品使用绩效服务，系统化产品绩效的构成要素。

（2）从企业视角构建产业互联网环境下中小制造企业绩效服务开发路径模型，提出服务能力与方法，弥补现有研究过于关注企业策略和产业发展层面的不足。

关于制造服务化路径的研究，主要围绕企业策略和产业发展两方面展开。在企业策略方面，主要采用案例研究方法，将服务化路径一方面根据合作关系特征分为售后服务提供商、客户支持提供商、外包合作伙伴和开发合作伙伴四种路径（Gebauer，2008）；另一方面从实现范围角度分为内生服务功能路径和外生服务功能路径（程巧莲和田也壮，2008），从实现方向角度分为下游产业链服务化、上游产业链服务化、上下游产业链服务化和完全去制造化四条路径（简兆权和伍卓深，2011）。在产业发展方面，主要采用统计研究方法，以制造业战略和服务创新为基础，分为面向产品的生产结构和面向服务的生产结构两种服务化结构路径（Peillon et al.，2015）。在此基础上，从服务的实现方式角度，将制造服务化路径分为：外包投入服务、自营产出服务；自营投入服务、外包产出服务；自营投入服务和自营产出服务四条路径（解季非，2018）。

总之，现有服务化转型路径研究或是从理论视角采用案例研究方法总结企业服务化路径策略，或是采用统计方法从产业层面分析服务化方式，缺少从微观运作视角探寻服务化路径规律的量化研究（Kohtamäki et al.，2021）。

本书借助 TOE 框架构建数字技术及其互补因素对制造企业实现可用绩效服务和使用绩效服务的联动效应模型，采用模糊集定性比较分析（fuzzy set qualitative comparative analysis，fsQCA）方法中小制造企业的服务化数据进行组态分析，从运营角度提出服务化路径。

（3）从绩效服务实施方法角度，将备件与预防维修相结合，探究产业互联网环境下满足特定产品绩效的备件保障机制，构建绩效保障下的备件、预防维修决策模型。

绩效服务实施主要研究产品正常使用过程中的备件需求问题。当产品数量固定时，备件可靠性投资可以降低备件库存（Kim et al.，2010），可维修备件的固定存储量可以降低保障成本，备件可维修率对维修水平和产品绩效均有显著影响（刘名武等，2016）；当产品数量变化时，还要考虑备件的设计成本和制造成本（Jin and Yu，2012），进而对产品维护、备件库存和服务能力进行优化（Jin et al.，2015）。

可见，现有研究主要围绕备件供应研究备件、维修与产品可用性之间的关系，虽然部分研究提到绩效服务应延伸至备件设计和制造阶段，但仅停留在概念层面，制造企业尤其是中小制造企业，如何在互联网支持下有效协调备件、维修与产品绩效，依旧是"黑箱"。

1.2.2　实践意义

本书为产业互联网环境下中小制造企业创造"持续差异化"服务竞争优势提供参考依据。具体来讲：（1）本书将产品绩效服务分为可用绩效服务和使用绩效服务，并研究多因素组态路径，这对即将开展服务化的中小制造企业从客户视角明确制造服务化目标，有针对性地选择服务开发路径具有指导价值；（2）本书研究了可用绩效服务和使用绩效服务的配置能力、协调能力和服务质量评价能力，尤其是针对配置能力，引入产品模块与服务模块的差异化动态关系，这为处于服务化转型过程中的中小制造企业如何提高产品服务配置效果，如何建设上下游合作关系，如何通过产业互联网平台选择高效的服务要素提供参考；（3）本书研究了绩效式预防维修决策、产品绩效保障下备件与预防维修服务联合决策问题，这为处于服务化实施过程中的中小制造企业如何针对可用绩效目标或使用绩效目标制订合理的维修服务计划和备件供应计划，提供决策参考。

此外，本书为行业协会乃至政府引导中小制造企业如何进行服务化也具有参考价值。

1.3　研究内容与方法

1.3.1　研究内容

本书主要研究内容如图 1 - 1 所示。

针对图 1 - 1，本书主要研究以下五部分内容。

（1）产业互联网环境下中小制造企业产品绩效服务特征与内容。

识别产业互联网环境下中小制造企业产品绩效服务的上下游协作特征，

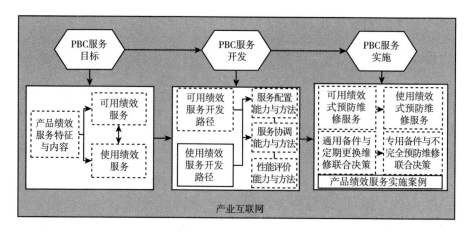

图 1 - 1　研究内容

从服务内容的重点——"物"或"人",研究产品绩效服务的构成要素及其内涵。

（2）产业互联网环境下中小制造企业产品绩效服务开发路径、能力与方法。

研究可用绩效服务和使用绩效服务的开发路径,在此基础上针对可用绩效服务和使用绩效服务,探索服务配置能力与方法、服务协调能力与方法。由于中小制造企业需要协调合作伙伴实现服务化,因此针对产品绩效服务,研究产业互联网平台下服务的性能评价能力与方法。

（3）产业互联网环境下中小制造企业绩效式预防维修服务决策。

预防性维修服务是保障产品绩效的直接手段,在保障产品一定可用绩效和使用绩效约束下,考虑产业互联网平台协调成本,研究产品预防性维修服务检查间隔和检查次数的决策问题。

（4）产品绩效保障下备件与预防维修联合决策。

备件供应是保障产品绩效的关键因素,在保障一定的产品绩效约束下,考虑产业互联网平台协调成本,研究通用备件与定期更换维修联合决策、专用备件与不完全预防维修联合决策问题。

（5）以 A 公司热泵产品合同能源管理为例研究产品绩效服务实施案例。

A 公司是节能装备制造公司,近两年在合同能源管理实施方面积累了丰富的经验,因此研究 A 公司热泵产品在服务化转型过程中产品绩效的测量策略、产品绩效协调的方法和产品运营服务模式。

1.3.2 研究方法

本书主要用到如下研究方法。

（1）文献研究法。选择 Science Direct 数据库、EBSCO 数据库、Web of Science 数据库、CNKI 数据库，对制造服务化、服务型制造、产业互联网、云计算、大数据、物联网、产品服务系统、绩效保障合同、联合备件、产品模块、服务模块、服务质量、产品服务供应链、可用性、预防性维修等主题进行检索，梳理相关研究基础。

（2）案例研究法。通过对企业年报、新闻报道及文献资料收集筛选得到二手资料，及对客户、企业内部人员及网购平台消费者收集筛选得到一手资料研究，对北方华创、东方雨虹、大华股份、A 节能公司进行案例研究。

（3）模糊集定性比较分析方法（fsQCA）。定性是一种案例导向的比较研究方法，基于布尔代数和集合理论，结合定量分析和定性分析优势，研究问题的条件组态，有利于处理因果复杂性和结果的不确定性。模糊集定性比较分析 fsQCA 采用隶属度分配方法，更能提高研究质量。本书采用 fsQCA 方法研究可用绩效服务和使用绩效服务的开发路径，系统发现绩效服务的条件组态。

（4）目标规划法。本书采用双层目标规划法研究产品服务配置方法，采用单目标规划法研究绩效式预防维修服务决策问题，采用非线性整数规划法研究库存与预防维修联合决策问题。

（5）基于属性关联的多属性评价方法。本书采用灰色模糊积分法建立属性之间的关联关系，在此基础上，运用多属性评价研究产业互联网平台下产品绩效服务质量评价问题。

1.4 主要创新点

本书从中小制造企业有效实施服务化这一目标出发，引入绩效合同（performance-based contract，PBC），研究产业互联网环境下中小制造企业绩效服务开发路径与实施规律，以期为中小制造企业提升服务化转型水平、理性选择服务化转型方法提供参考依据，选题顺应"数字经济"这一时代主题。本书的主要创新点如下：

（1）在传统绩效仅关注"产品可用性"的基础上，将产业互联网环境下中小制造企业服务化目标界定为可用绩效服务和使用绩效服务。

本书认为，产品可用性高并不一定能产生高绩效，因此，在产业互联网环境下，中小制造企业为了成功进行服务化转型，首先要澄清客户关注的绩效是什么。本书认为，产品绩效服务根据产品是否给客户真正带来价值，分为可用绩效服务和使用绩效服务；中小制造企业产品绩效服务需要借助产业互联网实现上下游协作进而提升服务效果。

（2）从"如何服务化"视角研究产业互联网环境下中小制造企业服务化开发路径。

已有绩效服务研究多以塔克（Tukker，2004）的"产品导向、使用导向和结果导向"为依据进行服务策略或商业模型研究，难以回答企业"如何服务化"的问题。已有数字技术驱动服务化的研究主要关注数字技术的功能，或数字技术能够提供的服务类型，缺乏从数字技术及其互补因素方面探究制造企业服务化的路径。本书以产业互联网的关键技术，即物联网、大数据和云计算，构建产业互联网关键技术及其互补因素联动的制造企业服务化路径模型，采用 fsQCA 方法探究可用绩效服务和使用绩效服务的路径规律。

（3）构建产品绩效保障下备件、预防维修服务决策模型，打开产业互联网环境下满足产品绩效的备件保障与维修服务机制的"黑箱"。

维修服务作为互联网环境下工业服务的切入点，是制造型企业服务化转型中的基础服务方式，并能直接影响产品绩效，而备件是保障有效维修进而提升产品绩效的基础前提。本书引入产业互联网平台协调成本，分别构建产业互联网环境下中小制造企业绩效式预防维修服务决策模型和产品绩效保障下备件与预防维修服务联合决策模型，弥补已有备件、维修与产品绩效尤其是使用绩效研究"关系割裂"的缺陷。

1.5　技术路线与内容安排

本书遵循"目标—开发—实施"的思路展开，技术路线如图 1-2 所示。

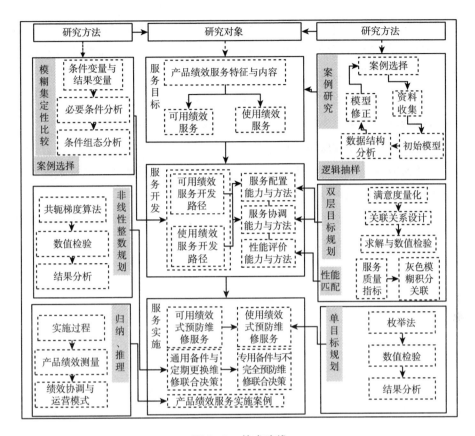

图 1 - 2 技术路线

针对图 1 -2，本书内容安排如下。

第 1 章，绪论。主要明确本项目的研究背景和研究意义，在此基础上，说明主要研究内容、研究方法和技术路线。

第 2 章，相关研究基础。主要对国内外关于绩效保障合同、制造业服务化、产业互联网相关研究进行文献评述。

第 3 章，产业互联网环境下中小制造企业产品绩效服务特征与内容。主要识别产业互联网环境下中小制造企业产品绩效服务的上下游协作特征，研究产品绩效服务的构成要素及其内涵。

第 4 章，产业互联网环境下中小制造企业绩效服务开发路径与能力。研究可用绩效服务和使用绩效服务的开发路径，探索服务配置能力与方法、服务协调能力与方法、产业互联网平台下服务的性能评价能力与方法。

第5章，产业互联网环境下中小制造企业绩效式预防维修服务决策。研究在保障产品一定可用绩效和使用绩效约束下，产品预防性维修服务检查间隔和检查次数的决策问题。

第6章，产品绩效保障下备件与预防维修联合决策。研究通用备件与定期更换维修联合决策、专用备件与不完全预防维修联合决策问题。

第7章，产品绩效服务实施案例——以 A 公司热泵产品合同能源管理为例。主要研究 A 公司热泵产品在服务化转型过程中产品绩效的测量策略、产品绩效协调的方法和产品运营服务模式。

第8章，总结、对策与展望。总结研究结论，提出绩效合同式服务开发与实施对策，归纳研究不足并提出研究展望。

| 第 2 章 |

相关研究基础

本章从绩效保障合同、制造企业服务化、产业互联网以及服务化与数字技术四方面进行了理论研究概述。在绩效保障合同方面，探索了其相关指标，绩效保障合同的应用以服务备件、装备保障与维修方面为主。在制造企业服务化方面，进行了服务分类，从关联约束条件设计、相关因子分析、相关性度量三个方面分析产品模块与服务模块之间的关联关系。在产业互联网方面，概述其起源与发展，对架构、关键技术进行了总结。在服务化与数字技术方面，针对数字技术解决服务化悖论问题、对数字技术对中小企业的转型与发展进行了理论分析与总结。

2.1 绩效保障合同研究

2.1.1 绩效保障合同的起源与发展

绩效（performance）最早出现于 20 世纪 70 年代，随后以人力资源管理理论为载体，在企业、政府、教育和军队等组织中不断实施并完善（布莱恩，2002）。绩效服务研究最早可以追溯到 2004 年美国国防部颁发的"基于绩效的物流产品保障指南"，其实质是购买产品绩效（Li et al.，2005）。随后，绩效保障合同（performance-based contract，PBC）在环境、能源、航空、工业等领域逐步完善、实施（Mirzahosseinian and Piplani，2011；黄宝敏，2015）。

PBC 中的绩效是指供应商为客户提供产品需求的满足程度（Ng et al.，2009），即供应商为保障客户产品的使用价值而做出的绩效承诺，其中客户是相对而言的，既包括消费市场客户，也包括产业市场客户。绩效服务相对于资源合同（resource based contract，RBC）服务来讲，客户从根据"产品或工时"向供应商付费，转向根据"产品绩效"进行付费，促使供应商通过"产品绩效"进行赢利（Kim et al.，2007）。

作为新型的售后服务模式，PBC 开始逐步流行并成为服务供应链的研究焦点。PBC 的出现对于服务备件供应链的运营产生了新的影响（戴勇，2014；戴勇和王文青，2018）。PBC 能够缓解激励冲突，促进供需双方快速达成匹配，改进平台功能，并且有效降低运维服务成本、提高产品运行绩效（戴勇，2014）。PBC 采用结果绩效保障的服务模式，该模式下客户依据产品实际绩效水平对供应商进行奖惩（Nowicki et al.，2008）。与此同时，PBC 改变了传统上供应商通过提供维修活动和销售零件获取收益的方式，将供应商最终实现的产品可用率作为客户付款的标准，在 PBC 模式下，供应商以提高产品可用率为目标，其运营管理决策需要重新审视（刘名武等，2016），如万光羽和李冬（2020）基于 PBC 考虑了零部件过期的影响，对产品维修服务合同进行最优设计与比较分析。

2.1.2　绩效指标研究

PBC 绩效指标研究主要集中在以下两个方面：一是 PBC 产品绩效指标研究。从传统运作角度，产品绩效指标可以转化为产品可用性，包括平均失效时间和平均维修时间（Kim et al.，2007），产品可用性受固有故障率、备件库存、产品规模、备件物流时间、维修时间、维修策略等因素的影响（Jin et al.，2015；Jin and Yu，2012；Kim et al.，2010）。此外，产品运行成本和支持成本（Randall et al.，2010）、产品使用率、盈利能力和维护能力对产品绩效也有影响（郭晓龙，2014；赵丹等，2014）。二是 PBC 服务实施研究。主要研究产品正常使用过程中的备件需求问题。当产品数量固定时，备件可靠性投资可以降低备件库存（Kim et al.，2010），可维修备件的固定存储量可以降低保障成本，备件可维修率对维修水平和产品绩效均有显著影响（刘名武等，2016）；当产品数量变化时，还要考虑备件的设计成本和制造成本（Jin and Yu，2012），进而对产品维护、备件库存和服务能力进行优化（Jin et al.，2015）。

表 2 - 1 列出了典型的绩效指标。

表 2 - 1　　　　　　　　　　　PBC 绩效指标研究代表文献

绩效指标	文献	研究内容
系统 可用性	洛普斯等 （Lopes et al., 2017）	以可靠性、可维护性、可用性和可支持性（RAMS）以及成本等指标为基础，通过有界目标函数法和目标规划法对案例进行建模，从而优化基于绩效的保障合同的整体设置
	许飞雪等（2021）	以部件可靠度为绩效指标，维修服务供应商利润最大化为导向，预防性维修和机会维修阈值作为决策变量，利用改进的灰狼算法研究多部件串联系统的维修策略
	秦绪伟等（2018）	构建包括一个运营商和两个供应商的供应链模型，研究企业制造阶段的可靠性能力与售后阶段的维修能力，分别探索 PBC 和 RBC 合同对供应商的投资服务能力的影响
合同时长	桑伯恩等（Sandborn et al., 2017）	研究不同合同时长和费用下如何设计激励合同，从而提高产品性能到特定水平的问题
系统 可靠性	米尔扎卡尼安等 （Mirzahosseinian et al., 2011）	基于 PBL 建立了可修零件系统的库存模型，在部件库存成本最小的目标下，寻求最优的部件可靠性和维修系统效率
	戴勇（2014）	梳理了国外对 PBL 模式研究得到的研究成果，并提出引入库存共享，研究其对系统可靠性、供应链风险的影响

在对系统可用性这一绩效指标的研究方面，洛普斯等（2017）以可靠性、可维护性、可用性、可支持性（RAMS）以及成本等指标为基础，提出了一种混合方法，并通过有界目标函数法和目标规划法对案例进行建模，发现上述指标可以优化绩效合同。在对合同时长的研究方面，桑伯恩等（2017）在合同设计中给定产品的初始可靠性，研究了不同合同时长和费用下如何设计绩效激励合同，从而提高产品性能到特定水平的问题。

可见，目前对绩效保障指标的研究主要以维修服务为基础，聚焦于对系统可用度、可靠性的研究，较少聚焦于绩效合同时长及其他指标的扩展。

2.1.3　绩效保障合同应用

2.1.3.1　服务备件

产品绩效保障策略的研究主要集中于产品服务备件管理方面，学者们主要以利润最大化或成本最小化为导向，联合维修服务，对备件库存进行了探索，目标是降低备件库存水平和库存成本。

在国外的研究中，金姆等（Kim et al.，2015）在客户决策合同条款，供应商决策备件的基本库存水平，并投资于提高产品可靠性的条件下，研究客户和供应商拥有不同的备件库存份额时，PBC 的效率问题；户珥等（Hur et al.，2018）研究了机队使用寿命结束阶段的飞机备件库存控制问题，在预算约束下提出了计算部件的最优订货量算法，研究发现，对于固定数量的需求率，EOL 周期长度增加，平均可用性降低，且随着备件水平的增加，可用性增加的速度会降低；帕特里亚尔卡等（Patriarca et al.，2016）在确定复杂网络中，定义了一个允许单向横向转运的可修产品的备件库存水平系统模型，模型中备件库存采取（S，S−1）控制策略，研究系统中存在可用性约束下的最优备件维护点的库存水平和成本。

在国内的研究中，秦绪伟等（2018）构建包含一个运营商和两个供应商的供应链模型，分阶段探索 PBC 和 RBC 合同中，供应商投资的制造阶段的可靠性服务能力及售后阶段的维修服务能力的激励效果问题；刘名武等（2015）以备件库存水平刻画可用度，在闭环中构建了包括维修车间和备件仓库在内的维修保障体系，同时以利润最大化为目标，以可用度为约束建立模型，发现在有道德风险时，固定支付只对利润在合同方的分配有影响，部件的修复能力对系统可用度绩效存在作用。

2.1.3.2　装备保障与维修

基于绩效的装备保障与维修研究，主要聚焦于军事装备领域和工业装备领域。

在军事装备领域，金姆等（Kim et al.，2010）基于绩效保障视角对武器装备保障中不同的契约进行了研究，给出了最佳的契约组合，其中绩效合同模式促进了整体外包合同的设计。刘丽文和郭祥雷（2009）提出了一种基于绩效的保障服务整体外包模式，即由供应商负责从提供装备到完成装备保障任务的整个供应链，军方根据保障的绩效水平通过合同进行一定的奖励和惩罚。杨斐杰和杨华（2018）提出开展装备保障信息系统建设绩效评价指标研究，在分析装备保障信息绩效评价指标构建原则与依据基础上，从信息系统项目建设全过程角度区分规划阶段、研发部署阶段、推广应用阶段分别设计了装备信息系统建设绩效评价指标。

在工业装备领域，主要基于斯坦伯格（Stackelberg）博弈框架展开，张红梅等（2010）探讨了基于性能的合同保障与传统保障的不同，研究了基于性能的合同保障的实施程序和基于性能的合同保障模式。万光羽和李冬（2020）建立了两种不同惩罚机制 PBC 合同的供应链动态博弈模型，得出了供应商的最优合同设计方案和用户的最优产品订购批量，分析了博弈均衡策略之间的相互作用，探讨了备件过期应对策略对供应链成员最优利润的影响。朱曦等（2021）针对具有两阶段退化过程的单部件系统，在功能检测模型的基础上，将供应商的收益与可用度相关联，构建了收益率与利润率函数，并建立了基于绩效保障的维修决策模型，通过汽轮机叶片的算例分析对模型的有效性进行了验证，证明了绩效保障策略可以同时满足多个目标需求，以较低的费用实现利润最大化并改善系统的性能。

2.2　制造企业服务化研究

2.2.1　制造企业服务分类研究

制造业服务化在 1988 年被首次提出后，制造业领域的竞争日益激烈，迫使产品制造企业将更多的注意力从有形产品的制造向无形服务的提供转移，服务的内容变得越来越多样化和复杂化，根据研究角度的不同，主要分为一维模型和二维模型。

2.2.1.1　一维模型

在一维模型研究中，主要从客企交互程度、所有权和使用权、产品服务关系、制造企业发展阶段与发展方向方面展开服务分类研究。

（1）根据制造企业与客户交互的关系程度，马修（Mathieu，2001）提出了制造服务二分法，确定了两种不同形式的服务，即支持产品的服务和支持客户的服务。其中，支持产品的服务是制造企业为了保证产品发挥恰当的功能提供的相关服务，如设备安装、保养和系统升级等服务，与相关各方之间的关系强度较低；支持客户的服务是制造企业为探索如何支持特定客户的创新活动或推动客户组织目标的实现而向其提供的相关服务，如业务流程管理或运营管理等服务，一般需要客户与企业的重大参与和承诺。布斯廷萨等（Bustinza et al.，2019）、苏沙等（Sousa et al.，2017）、格鲍尔等（Gebauer et al.，2005）在 Mathieu 研究基础上遵循客企交互的紧密程度，将服务分成基础服务和高级服务。基础服务涉及有限的客企交互，共同创造不会超越产品基本功能的价值，而高级服务涉及更密切的客企合作，共同创造超越产品基本功能的价值。相近地，维森吉奇等（Visnjic et al.，2014）将服务区分为产品导向服务和客户导向服务两种类型。

（2）在服务的所有权、使用权方面，博一特等（Boyt et al.，1997）提出了基本服务（与经常购买的产品有关）、中等服务（与产品使用有关，如设备维修和租用）和复杂服务（更广泛的服务水平和顾客期望的服务）。略有区别的是，贝恩斯等（Baines et al.，2013）认为中等服务聚焦于产品保养，因此将租赁业务归于复杂服务。类似地，曼齐尼等（Manzini et al.，2003）将服务划分为产品生命周期增加价值的服务、为客户提供最终结果的服务以及为客户提供平台的服务。塔克（Tukker，2004）引入产品服务系统的概念，提出了产品导向服务、使用导向服务和结果导向服务，尼利等（Neely et al.，2008）在此基础上增加了整合导向服务。高等（2009）则基于所有权和使用权将服务划分为面向产品、面向应用和面向实用三种基本类型。

（3）基于产品与服务关系性质的不同，库苏玛诺等（Cusumano et al.，2015）提出了调整服务、平滑服务和替代服务；罗建强（2015）依据服务与产品关系的紧密程度将制造服务划分为依托型服务和组合型服务；类似地，李等（2012）根据服务的价值实现是否依赖实体产品提出了功能性服务模块和非功能性服务模块。但是这些研究对产品服务内在关系特征的阐述都比较模糊。

（4）根据制造业转型发展方向，方晓波（2016）将服务分为产品延伸服务、产品功能服务、整体解决方案和智能增值服务，为企业的转型升级提供了理论支持。基于制造企业的不同发展阶段，赵艳萍等（2017）将衍生服务分为基础性服务和提升性服务以适应企业当前拥有的资源和能力；李靖华等（2019）在赵艳萍研究基础上不断衍生发展，提出的交付式服务、延伸式服务和拓展式服务分别适用于企业能力演进的探索、稳定和深化阶段。

2.2.1.2　二维模型

在二维模型研究中，主要从客企关系、服务焦点、服务化水平和价值创造逻辑方面展开服务分类研究。

（1）根据企业与客户的关系性质和服务提供的焦点，奥利瓦等（Oliva et al.，2003）将制造服务分为安装、维护维修、专业化和运营服务。在此基础上，加亚尔代利等（Gaiardelli et al.，2014）提出了支持产品的事务型服务、支持产品的关系型服务、支持客户活动的事务型服务和支持客户活动的关系型服务。

（2）基于塔克（2004）的服务分类模型，令狐克睿和简兆权（2017）在产品导向、使用导向、结果导向三种服务化水平基础上引入微观、中观、宏观三种价值共创互动层次创建了九种服务化模式。相近地，巴托洛梅奥等（Bartolomeo et al.，2003）也引入了塔克（2004）的服务分类方式，与客户参与相结合将服务分为基于产品的服务（包括产品结果、共享、效用和扩展服务）和基于信息的服务（包括咨询、培训）两个主要类型。

（3）以马修（2001）的服务焦点分类方式为原型，李靖华等（2019）结合价值链管理理论，主张服务内容具有水平/垂直价值链和基础/高级服务两两组合的四种新表现形态；李靖华等（2019）继续深入研究价值创造逻辑理论，从装配/流程制造业类型和基础/高级服务复杂度两个维度开发了一个四象限制造服务分类框架。李天柱等（2020）则从价值共创的视角出发提出了产品延伸服务、产品增强服务、主导产品服务以及业务单元服务等多种类型。

2.2.2　产品服务关系研究

产品和服务作为方案配置的重要对象，二者既都有着各自独特的属性和特征，同时又兼具内在关联性，在方案配置过程中考虑两者之间的关系已经成为制造企业实现与客户深度绑定和创建核心竞争力的重要驱动力。目前，已有研究主要基于模块化设计思想，从关联约束条件设计、相关因子分析、相关性度量三个方面分析产品模块与服务模块之间的关联关系。

（1）关联约束条件设计。

在关联约束条件设计方面，主要围绕约束的类型展开研究。张在房等（2009）认为产品模块和服务模块在组合配置时需要遵循共存约束和互斥约束，其中每一类约束又具体包含强制性约束和非强制性约束。之后，宋均有（2014）针对张在房的研究进行了补充，指出产品服务模块约束关系存在三种基本类型，即模块之间的约束，如互斥、关联、接口约束等；不同模块属性之间的约束；相同模块内属性之间的约束。唐等（2017）将必要配置约束分为兼容性约束、选择约束和成本约束；类似地，袁际军等（2018）认为配置更新优化过程中存在互斥性约束、依赖性约束和资源平衡性约束。伊辉勇和张露（2020）则在张在房、袁际军等众多文献研究基础上，综合分析产品配置、服务配置以及产品服务关联配置等多种约束条件，创造性地提出了产品内置服务约束、捆绑性服务约束和增值性约束三种关联配置关系。上述文献都是从约束条件设计角度考虑产品服务模块间关系，为后续产品服务方案配置提供了基础，但是没有量化关系大小对最终方案产生的影响。

（2）相关因子分析。

在产品模块与服务模块相关因子分析方面，主要围绕因子的静态特征展开。吴启飞（2018）在供需交互行为中考虑了产品制造和服务提供的相关因子；耿秀丽等（2016）基于非准确性计算思想提出模块属性之间存在非线性补偿因子。上述研究基本思想均假设当相关因子为正数时，产品模块和服务模块呈现互补增益关系；当相关因子为 0 时，表示产品模块和服务模块相互独立，不会产生额外的效益；当相关因子为负数时，说明产品模块和服务模块之间存在重复冗余关系，对于客户的参与体验产生负面影响。这些研究都是以区间或常量的静态特征泛化产品服务相关因子或非线性补偿关系，忽略了不同产品模块与服务模块之间的关系具有动态变化特征这一现实问题。

（3）相关性度量。

在产品模块与服务模块相关性度量方面，主要基于偏好和纯数据关系展开。罗建强等（2017）基于稳定匹配理论，通过产品模块对服务项目的偏好信息和服务项目对产品模块的偏好信息，构建了产品偏好效用与服务偏好效用最大化的双边匹配规划模型；秦昌媛和雷春昭（2021）利用模糊测度刻画了产品模块属性与服务模块属性之间的关联性，构建了产品服务双边匹配决策模型。然而，在基于双边匹配的研究方法生成的解决方案中，产品模块和服务模块是一一匹配的对应关系，未匹配的产品模块或服务模块将会被直接舍弃，决策过程过于粗糙。

2.3　产业互联网研究

2.3.1　产业互联网的描述

产业互联网最早出现在 2012 年通用公司发布的一份白皮书《产业互联

网：打破智慧与机器的边界》（邓云等，2022），随着"工业 4.0"、工业互联网等兴起促进了产业互联网的研究，2013 年宽带资本董事长田溯宁首次解读了产业互联网内涵，面向 B 端企业，以增强互联网金融和产业第三方平台为杠杆，以网络化和智能化的方式整合生产、创新、贸易、仓储物流等资源，以融合创新方式助力产业升级（王海杰和宋姗姗，2018）。

产业互联网的发展历程来看，其发展主要经历了信息连接的商情咨询 1.0 时代、交易服务的场景 2.0 时代、整合产业与供应链的金融等服务 3.0 时代（罗燕君，2019）。"2021 中国产业互联网与乡村振兴发展论坛暨中国中小企业协会产业互联网专业委员会成立大会"发布了《2021 产业互联网白皮书》，产业互联网发展已进入 4.0 阶段，任保平（2021）总结了对产业互联网发展新趋势的十大洞察。随着金融科技在产业链供应链金融中的深入应用，产业互联网将成为金融行业下一个"蓝海"（王卫东，2020），促进了产业互联网时代形成全新金融服务业态（杨垚立，2020）。

有关产业互联网的定义百家争鸣，目前业界尚未给出明确定义。李国英（2015）提出产业互联网的标志是互联网的技术、商业模式、组织方法成为各个行业的标准配置。任保平（2021）提出产业互联网是传统产业与互联网的结合，通过结合减少中间环节、通过互联网交易平台实现消费者和生产者之间的直接联系，是互联网对产业主要环节的改造。方译翎（2021）提出其是传统网络技术与新一代信息技术在产业部门的深度融合、应用形成的新兴技术范式与经济活动，是在消费互联网的基础上向生产、制造延伸而来。郑英隆和李新家（2022）提出产业互联网是基于互联网框架的行业企业间的生产者互联互通，细分为信息产业型互联网、管理型产业互联网和制造型互联网三种类型。

2.3.2　产业互联网架构

在产业互联网构建中，标准体系是构建的核心，互联网产业融合涉及环节众多，需要产业领导企业的协同合作，发挥联盟作用（罗燕君，2019）。有学者从"路车协同"的角度探索了产业互联网架构，"新基建"和产业互联网紧密相连、互相促进，是疫情后加速我国数字经济前行的两个"引擎"。"新基建"是适应数字经济换代发展时代要求的"高速公路"，是产业互联网充分发展的基础条件。产业互联网则是高速路上高效运行的"智能汽车"，是"新基建"顺利推进的需求支撑（田杰棠和闫德利，2020）。杨钊（2016）提出未来的架构模型，即 cloudware（云件）→dataware（数件）→infoware（信件）→peopleware（民件），通过企业业务和服务支撑系统进行资源整合，其目的是解决数据驱动（data driven）经济和企业活动。赵诗诗（2019）开展了一系列基本制度和框架制定、发展模式构建等基础性工程，提出 people-ware（人人连接）→info-ware（事实触发、开放平台等体系）→date-ware（数据服务供应商）→cloud-ware（云计算连接一切）的计算开放堆栈结构。

产业互联网可以提升生产、资源配置和交易的效率，借助一体化供应链推进产业经营专业化实现生产过程的协同效应，主要表现为技术方面的协同共享，经营管理服务的协同优化等。通过提升产业资源配置效率等聚集优质产业，形成中小企业网络化产业集群圈，实现利基市场下长尾效应的集约化进而形成经济增长效应，最终推动产业结构数字化（郑英隆和李新家，2022）。

2.3.3 产业互联网关键技术

大数据的应用为产业互联网的实施提供了数据分析能力，结合产业互联网的架构，大数据技术为产业互联网的实施平台提供了技术保障，加强数据采集、分析、存储、可视化及安全等方面的投入为数据驱动型社会经济发展模式奠基，按照模块数字化发展，逐步有序地推动传统制造企业数字化转型（刘晓辉和任群罗，2021）。产业互联网是互联网大数据、人工智能与实体经济的深度融合，这种融合是由更快的数据分析能力所推动的。任保平（2021）提出支持产业以数字供应链打造数字生态圈，建设数字供应链，协同推进供应链要素数据化和数据要素供应链化。通过信息物理系统抓取生产数据传送至云计算中心进行存储和分析（郑英隆和李新家，2022），大数据分析的应用降低了搜索和服务成本。

人工智能作为新基建的核心技术之一，是产业互联网的核心驱动力，是产业互联网保持持续竞争力的战略选择。针对其中的数据处理算法，基于业务数据的算法实施为中小企业的服务绩效改进提供了可能。

云平台生态系统强调了多方资源的整合，包括供需方、利益相关者、第三方互补者（方译翎，2021），使产业互联网通过消费者（中小企业）实现共生共赢的动态化网络体系。云平台生态系统的建立为中小企业的深入融入提供了契机，主动把握盈利契机，实现价值共创。云平台的发展从单一平台向跨平台—"大生态"方向前进，通过平台端复杂网络效应，使得中小企业能通过模式创新、以更低的交易成本为终端用户服务。以 RFID 射频识别等信息载体的物联网技术，产业互联网离不开万物互联的趋势，企业通过云平台生态系统，对产品重构，深入发掘产品附加价值。

可见，人工智能、5G、云平台、云计算、物联网等技术深度融合，使得中小企业从工业经济思维转向互联网经济思维，从而促进产业发展，使得产业互联网进一步增强实体经济、提供绩效服务保障，最终促进了中小企业的发展。产业互联网将这些新技术渗透到制造业价值链的每个环节，将新一代信息技术作用于整个制造业领域，促进了价值链的重构（王海杰和宋姗姗，2018）。

2.4   服务化与数字技术

制造业服务化在 1988 年被首次提出后，主流研究领域之一是围绕"服务化悖论现象"研究服务化与绩效的关系，而数字技术主要作为解决服务化悖论的"力量或推手"角色，帮助企业实现服务化转型。

近年来，虽然服务化被认为是能够提高制造企业竞争力，并为其带来稳定的经济收入来源。但是制造企业在服务方面的投入并不一定得到期望的绩效回报，甚至导致企业出现绩效下滑的"服务化悖论"现象（赵艳萍等，2020），实证研究发现服务化企业的总体利润低于纯制造企业（Neely，2008）。然而随着数字技术的不断发展和进步，数字技术有望对防范"服务化悖论"起到积极作用（Cenamor et al.，2017；赵艳萍等，2020）。

在数字技术解决服务化悖论问题方面，物联网、云计算与大数据分析等数字技术在制造业的服务化中广泛应用而受到重视，从而使"数字服务化"（digital servitization，DS）应运而生。数字服务化是从纯产品和附加服务到智能产品服务系统的过渡过程（Kohtamäki et al.，2019），通过应用物联网、云计算等数字技术获得监控、控制、优化和自主等功能从而实现价值创造和捕获。然而，价值创造和实现与数字化水平有关，制造企业数字化水平高时，高数字化和高服务化才能为企业带来财务绩效的增长（Kohtamäki et al.，2020），这是因为高数字化水平才能使制造企业有机会提供高级服务，如租赁和金融服务、设备运营服务、软件开发服务等。

在利用数字技术进行服务化决策方面，通过引入可供性理论或提出服务化大数据战略框架探究制造企业如何利用物联网和大数据技术进行决策，从而实现服务化（David and Marco，2015；Naik et al.，2020）。在数字技术提供功能服务方面，物联网和大数据技术提供的功能可以提供延长产品寿命和提高资源效率的服务，从而实现向循环经济过渡以及服务化转型的目的（Gianmarco et al.，2018）。另外，云计算对于实现标准化和产品化有促进作用，而预测分析对于性能供应商配置文件至关重要（Ardolino et al.，2018）。因此，物联网、云计算和大数据等新兴数字技术所提供的功能和服务的结合有助于制造企业服务化和数字化转型（Paschou et al.，2018）。

2.5　研究评述

纵观现有研究，可以有以下发现。

（1）PBC产品绩效指标主要局限于产品可用性。然而，高可用性并不意味着高绩效，例如，在空闲仓储系统中，存取机器可用性大，但仓储系统并未产生高价值，所以一味追求存取机器的高可用性，可能会导致仓储企业利润损失。现有研究力图通过产品盈利能力和维护能力等进行改进，但可操作性不高。

（2）在产品服务关系方面，已有研究均强调了产品和服务在交互融合的配置过程中，既有各自独特的属性和特征，同时又具有内在关联性，两者的结合成为为企业打造核心竞争优势和建立客户忠诚度的重要源泉，具有相互融合、相互作用、互为依赖和共同发展的互补关系（Song and Chan，2015）。但是，上述研究均假设产品与服务之间的关系是等同的。实际上，在PSS方案配置过程中不同的服务与产品之间的关系具有动态变化特征，不同性质的服务内容依赖于不同的实体产品所发挥的功能效用不能一概而论。

（3）绩效服务实施研究仅仅关注产品正常使用过程中的备件需求问题。当产品数量固定时，备件可靠性投资可以降低备件库存（Kim et al.，2010），可维修备件的固定存储量可以降低保障成本，备件可维修率对维修水平和产品绩效均有显著影响（刘名武等，2014）；当产品数量变化时，还要考虑备件的设计成本制造成本（Jin and Yu，2012），进而对产品维护、备件库存和服务能力进行优化（Jin et al.，2015）。现有研究虽然提到绩效服务应延伸至备件设计和制造阶段，但仅停留在概念层面。制造企业尤其是中小制造企业，如何在互联网支持下，满足备件设计和制造需求进而提升产品绩效，依旧是"黑箱"。

（4）产业互联网研究方面，多以关注政府政策为主，产业互联网为中小企业提供了创新的服务手段，产业互联网的演化已从消费互联网为基础，迈向了多场景、金融供应链的实现路径，产业互联网架构多以用户（终端需求）为出发点，以面向全社会的效率提升为手段。

（5）服务化与数字技术方面，已有研究多以阐述数字技术的功能和数字技术能够提供的服务类型为主，缺乏从数字技术及其互补因素探究影响制造企业服务化路径的因素，以及这些影响因素联动交互共同影响制造企业服务化的路径选择规律。

| 第 3 章 |

产业互联网环境下中小制造企业
产品绩效服务特征与内容

本章研究产业互联网环境下中小制造企业产品绩效服务特征，通过服务类型研究探索中小制造企业产品绩效服务内容。首先，对服务内容分类文献进行梳理，从供应链延伸方向、企业发展阶段和服务重心三方面构建服务内容匹配初始模型；其次，选取北方华创、东方雨虹、大华股份三家制造企业的上游、下游服务化转型案例，采用三级编码探究企业初始、成长、转型阶段下面向上游、下游产品和产品使用者的服务内容类型，并修正初始模型；最后，明确了产品绩效服务内容。

3.1   相关概念界定

3.1.1   产业互联网

从实践发展看，德国工业科学研究联盟于 2011 年提出工业 4.0 战略，本质思想是把生产设备联网，灵活、智能地配置生产要素，推动制造业从信息化向智能化转型。2012 年，美国 GE 发布《工业互联网：打破智慧与机器的边界》，提出工业互联网（industrial internet），即软件、硬件、数据和智能的互通互联。可见，德国工业 4.0 主要指向工业领域，而美国的工业互联网不仅局限在工业领域，也不仅限制于生产制造环节，而是面向整个产业体系的变革，实质包含了产业互联网的范畴（余菲菲和高霞，2018）。

从平台角度，产业互联网平台是一家或多家主体提供的基础产品、服务或技术，参与者可以在此平台上进行互补产品创新，并产生网络协同效应（Gawer and Cusumano，2014）。当产业互联网平台涉及消费者、分包商、供应商等其他主体时，此平台可为用户创造价值（Menon et al.，2019）。2020 年，国家发展改革委印发的《关于推进"上云用数赋智"行动培育新经济发展实施方案》提出，鼓励以区域、行业、园区为整体，共建数字化技术及解决方案社区，构建产业互联网平台，为中小微企业数字化转型赋能。

可见，相对消费互联网而言，产品互联网的主要用户是企业、企业中的员工、企业上下游合作伙伴，主要业务包括研发、采购、生产、交易等各个环节，其范围覆盖整个产业层面。

因此，本书将产业互联网界定如下：产业互联网是在企业生产智能化、产品数据化、决策数智化的基础上，连接上游、下游合作伙伴构建数字化供应链，并将产业内的多条供应链进行集成，实现纵向全面打通、横向产业集聚的深度服务网络，其表现形式为"传统产业＋互联网"，如"西服＋互联网"即酷特智能，"挖掘机＋互联网"即中联 e 管家，等等。

3.1.2　中小制造企业

目前，界定中小制造企业主要采用企业职工人数、资产规模、销售额三个指标，分别判断这些指标在特定条件下的具体要求（谢萍，2019）。如美国一般将职工人数低于 1 000 人、销售额低于 1 亿美元作为中小制造企业的界定标准；日本则将职工人数低于 100 人、销售额低于 1 亿日元作为中小制造企业的界定标准。

根据工业和信息化部等制定的《中小企业划型标准规定》，我国则将中小制造企业细化分为中、小、微三种类型。其中，微型制造企业的界定标准为销售额低于 300 万元以下，且职工人数低于 20 人；小型制造企业的界定标准为销售额介于 2 000 万 ~40 000 万元，且职工人数介于 20 ~300 人；中型制造企业的界定标准为销售额介于 2 000 万 ~40 000 万元，且职工人数介于 300 ~1 000 人。总体上，中小微型制造一般指销售额在 40 000 万元以下，或职工人数在低于 1 000 人的制造企业。

本书在研究过程中，考虑到满足划分标准的中小制造企业在服务化过程中的成长速度，一般会很快发展成中型企业，甚至大企业，因此，本书并未严格按照职工人数、资产规模或销售额进行中小制造企业的界定。在研究对象选择过程中，一方面，实地调研对象按照《中小企业划型标准规定》选择；另一方面，公开数据主要参考深圳证券交易所（以下简称深交所）创业板上市的中小企业数据，这些企业经过多年的发展，部分企业的实力并不输于大企业。

3.1.3 产品绩效服务

本书将"绩效合同式服务"简称为"绩效服务"，即面向客户提供基于产品绩效的服务——产品绩效服务，其源于绩效保障合同（performance based contract，PBC）。重庆大学刘名武教授研究团队和湖南大学万光羽教授研究团队将 PBC 翻译为绩效保障合同或绩效保障，东北大学秦绪伟教授研究团队和上海理工大学刘勤明教授研究团队将 PBC 翻译为性能合同或性能保障。

本书认为，性能合同关注制造企业产品功能运行的好坏程度，源于产品的可用性（availability）。但是，制造业服务化浪潮正驱动制造企业聚焦客户的产品使用价值（use），从而转型为产品服务集成商并与客户共同创造价值。客户价值无论是从营销学角度还是从管理学角度，都越来越关注客户的使用场景和价值的动态性，因此，在制造服务领域，主流的服务分类为产品导向服务、使用导向服务和结果导向服务（Tukker，2004）。鉴于此，本书将 PBC 翻译为绩效保障或绩效合同，其中的绩效既包括产品可用性，也包括产品使用性，企业面向客户绩效提供的服务称为产品绩效服务。

3.2 产业互联网环境下中小制造企业产品绩效服务特征

在产业互联网环境下，中小制造企业通过产业互联网平台互通信息，连接上下游资源并进行整合优化，针对上下游开展产品绩效服务。中小制造企业提供的产品绩效服务具有如下特征。

（1）在传统的咨询、维修服务等支持产品的服务的基础上，提升信息化水平。中小制造企业囿于自身资金、资源，多通过人工匹配等方式调配资源，为客户提供传统服务，这些服务的信息化水平普遍不高。利用产业互联网平台数字化、智慧化管理优势（蒋敏辉，2021），中小制造企业可以以较少的投入提升较高的资源调配效率，从而提升服务的信息化水平和管理效率，如传统的维修服务利用产业互联网平台，提供智能诊断服务，提升维修服务的响应水平。

（2）通过产业互联网平台，中小制造企业共享上下游的能力，同时向上下游开展服务。中小制造企业通过集成化的供应商关系管理系统、客户关系管理系统等，解决下游客户的需求痛点，为下游客户提供金融帮扶等服务，同时与上游供应商共享专业技术、资源，实现上下游供需的精准对接（杜华勇等，2021）。

（3）针对产品使用者，中小制造企业通过产业互联网平台，为产品使用者提供提升产品使用价值的一站式服务。中小制造企业针对不同客户的异质性需求，按产品使用时长或使用量收取系统解决方案费用，共享客户使用产品的价值，并在这一过程中实现上游供应商与下游客户间所需资源的精准匹配和调动。

3.3　产品绩效服务案例研究

在产业互联网环境下，制造企业为了使自身的价值创造从中低端环节向高端转移，寻求新的利润空间和较大的利润点，纷纷向服务化转型的道路前进，通过产业互联网平台，在市场增加更周全的服务包或"捆绑"以客户为中心的服务提供（李靖华等，2019）。学者们在一维、二维分类模型的基础上，从服务实现的重心、服务实现的水平、实现手段——产品服务系统（product service system，PSS）、服务化的路径四方面进一步展开服务分类研究。

（1）根据服务实现的重心进行分类。在依据服务重心进行分类方面，马修（2001）提出了支持产品的服务（以产品为中心）和支持客户活动的服务（以客户为中心），前者是为了确保产品正常运行以及方便客户访问产品，后者是为了支持特定客户的要求和推进客户运营；奥利瓦等（2003）把服务重心从"产品导向"转变为"客户流程导向"，同时，把客户交互的焦点从交易转换到关系，但作者认为的客户流程，只是对已安装的产品生产流程的优化；以客户流程导向的分类方式为基础，库扎拉等（Kujala et al.，2010）针对发电厂，把服务分为基础安装、客户支持、运营与维修外包及生命周期解决方案。

（2）根据服务实现的水平进行分类。郭燕和陈之昶（2020）划分制造企业等级，包括纯制造、主要制造、弱服务化、中等服务化、高度服务化和纯服务化，并说明了不同等级匹配的服务内容。在产业层面，陈洁雄（2010）通过对全球上市公司分析库中中美两国上市制造行业的研究，发现两国主要提供物品技术、软件开发、结果导向服务等八种服务类型，且两国的服务化程度、资源等存在差异。

（3）根据实现手段——PSS 进行分类。蒙特（Mont，2002）认为 PSS 是"组合在一个系统中能共同满足用户需求的，以降低对环境的作用的方式提供给顾客的产品和服务"，而产品、服务、基础设施和支持网络构成了这一系统；从减少环境负担和资源可持续出发，有减少需求导向、延展产品生命导向、共享效用导向和结果导向四类（Roy，2000）；根据服务对产品的依赖程度，塔克（2004）认为 PSS 有产品导向、使用导向、结果导向三类。

（4）根据服务化转型的路径进行分类。从价值链的角度，简兆权和伍卓深（2011）为服务化的成功指出了下游、上游、上下游产业链服务化和完全去制造化四条路径。从企业为适应竞争性环境所选择的服务化战略视角，胡查平和汪涛（2016）认为服务演进升级的路径为从聚焦产品生产制造阶段、聚焦提供基础性服务阶段到聚焦提升顾客业务竞争力阶段，并说明了各阶段的核心能力、问题和升级战略。令狐克睿和简兆权（2018）从服务生态系统视角，认为大型企业制造业服务化根据服务化程度和社会资源整合程度是否改变，有三种路径，即社会资源集成程度保持不变、服务化程度增加，社会资源集成程度增加、服务化程度保持不变，以及两者均增加，并分析了不同路径的核心能力。

综上所述，当前服务内容分类研究主要聚焦于从服务重心或水平维度，对服务内容或服务实现手段、路径进行研究，针对上游提供服务的研究中，供应商与产品服务提供商的关系及服务提供的路径为研究重点（Lockett et al.，2011；简兆权和伍卓深，2011）。针对下游提供服务的研究中，仅考虑提供的服务类型，并未关注上游、下游服务内容的开发。核心制造企业在供应链中具有同时展开上游、下游服务的优势，但是不同的发展阶段应该向上游、下游开展哪些服务，服务的重心是什么，这些问题亟须解答。

3.3.1　研究设计

3.3.1.1　研究方法

供应链中核心制造企业应该提供哪些特定的上游、下游服务内容，服务的重点是什么，属于研究解决是什么、如何做的问题，因此本书采用多案例研究方法，具体原因有以下两点：（1）本书主要对企业不同阶段针对上游、下游开发不同服务化内容的现象寻求规律性的解释，归纳案例来构建理论能更好地回答如何开发上游、下游服务以及它们之间的关系，而案例研究方法可以对既有现象寻求解释（罗伯特·K. 殷，2014）。（2）本书以三家案例企业的服务内容为研究着力点，探索不同阶段上游、下游服务内容开发的规律并构建理论模型，对比分析三家企业识别其上游、下游服务间的关系，案例独立分析与横向比较结合，使案例间相互印证补充，研究结论更具有普适性（许庆瑞等，2020）。

3.3.1.2　案例选择

深圳证券交易所创业板中的制造企业大多为中小企业，遵循目的抽样原则，本书选取北方华创、东方雨虹和大华股份为研究样本，原因在于：（1）本书选取的案例企业分别覆盖了制造业三类中的机械电子制造业和资源加工行业两类，三家企业通过服务转型，提供产品绩效服务，成功发展为上市的中型企业，能反映中小制造企业的一些共性。（2）案例企业不同发展阶段针对上游、下游匹配了不同的服务内容，贴合本项目研究的上游、下游服务内容开发与发展阶段匹配问题。（3）这三家企业在不同阶段服务内容提供方面做得较好，如东方雨虹 2019 年营业净利润率为 14.44%，而根据国家统计局，防水建材行业 2019 年平均销售利润率为 8.7%；大华股份为其供应商提供精益帮扶等服务，使得供应商得以快速发展，如浙江天盛机械与大华股份合作以来，每年销售目标期望值有望实现阶梯式增长，逐渐成为嵊州市工业企业三十强（戴克清，2020）。

3.3.1.3 数据收集与处理

本书收集的证据资料包括二手资料和一手资料，其中二手资料包括：（1）电子资料，包括三家企业对外界披露的官方信息，如近四年的年报、社会责任报告、北方华创电子宣传册。（2）内部资料，来源包括官网、官方微信公众号、淘宝官方客服。（3）媒体资料，包括70余篇相关报道、访谈。（4）文献资料，包括知网、维普等数据库的相关学术资料、杂志，以如"大华股份"为主题在知网、维普数据库进行搜索并筛选，得到114条数据资料。一手资料包括：（1）客户访谈资料，包括与12位产品使用者的沟通谈话。（2）对销售者的咨询资料，包括对线上官方客服、线下经销商和服务网点工作人员的多次沟通谈话记录。（3）用户评价，主要包括线上App及网店中筛选的关于"服务质量""使用感受"的用户评价。

综合收集到的一手资料和二手资料，整理得到不同企业服务内容、发展阶段的描述性文本54份，根据服务提供的内容，进一步剔除重复、无效文本后，保留41份描述性文本，对资料逐步进行处理：（1）根据结构化数据分析方法——乔亚方法（Gioia methodology）（Gioia et al.，2013），对资料进行概念化抽象归纳，提炼关键词，将企业提供的口语化的服务内容总结为书面化用语。（2）纵向根据各案例服务化发展历程，对各企业服务创新发展的过程进行梳理，鉴别案例企业服务开发中的重要事件和对应的服务化内容，形成节点。（3）对各节点归纳，划分发展阶段为初始、成长和转型阶段，将服务内容对应到每阶段，形成数据结构图。（4）邀请产品使用者、高校教师和线下线上服务人员阅读整理的资料及数据结构图，反复研讨并修改，规避个人的主观误差，增强研究数据的信度与效度。

3.3.2 制造企业服务内容分类模型构建

为了构建服务内容分类模型，本书首先以文献研究为基础，根据表3-1梳理的服务分类研究文献，建立了结合企业发展阶段的上游、下游服务内容分类模型。

表 3 – 1 　　　　　　　　　　　服务分类研究总结

来源	分类角度	服务类型			
马修 (Mathieu, 2001)	关系强度、服务的直接接受方、定制化	支持产品的服务（SSP）		支持客户的服务（SSC）	
		确保产品正常运行和/或方便客户访问产品。与其含义相同的包括以下服务分类：物流配送、技术支持，基本安装和维护服务（Oliva and Kallenberg, 2003）；产品支持（PS）和客户支持（CS）服务（Saccani et al., 2014）；面向产品的数字服务化（Paiola and Gebauer, 2020）；产品生命周期和效率服务（Ulaga and Reinartz, 2011）；基础安装和客户支持服务（Kujala et al., 2010）		包括研发阶段（主要是应用程序的设计）、生产过程和商业阶段的服务（如商定一些技术和交付条款的三方会议）。与其含义相同的包括以下服务分类：流程优化、研发、业务咨询或代表客户运营整个流程（Eggert et al., 2013）；专业和运营服务（Oliva and Kallenberg, 2003）；流程相关（PR）（Saccani et al., 2014）；面向结果的数字服务化（Paiola and Gebauer, 2020）；流程导向、研发和运营服务（Gebauer, 2008）；协助客户改进流程或代表客户执行流程（Ulaga and Reinartz, 2011）；运营、维护外包和生命周期解决方案服务（Kujala et al., 2010）	
塔克 (Tukker, 2004)	产品所有权、产品服务系统可持续性	产品导向	使用导向	结果导向	
		包括产品相关服务、咨询。均为产品使用阶段服务。如维护合同、融资计划、产品最有效使用的建议、维修服务（Windahl and Lakemond, 2010）	根据客户对产品是否拥有无限制的访问权分为产品租赁、产品出租或共享和产品池	包括运营活动管理、按服务单元或效用结果付费。后两种客户不需要拥有产品所有权，但合同均界定控制服务质量的绩效指标。如运营和绩效服务（Windahl and Lakemond, 2010）	
奥利娃和卡伦伯恩 (Oliva and Kallenberg, 2003)	针对已安装的产品，服务定价的方式、终端用户的价值主张的焦点（产品或客户流程）	基础安装服务	维护服务	专业服务	运营服务
		产品导向下与客户基于交易的关系。根据每次提供服务时的人工和部件定价，如安装/调试，翻修	产品导向下基于关系的服务。根据故障时的操作可用性和响应时间定价，如预防性维修、全面维护合同	客户流程导向下基于交易的服务。如流程导向下的工程优化、研发，业务导向下的咨询	客户流程导向下基于关系的服务。如管理维修功能、运营管理

来源	分类角度	服务类型			
		面向产品的服务	面向流程的服务	面向产品的服务捆绑	面向流程的服务捆绑
科瓦尔斯基等（Kowalko-wski et al.，2009）	服务重心（产品、流程），服务范围（非捆绑、捆绑）	如备件、检查、修复、维修、技术支持、客户训练，为单位价格，关系为短期	如绩效更新、技术咨询、绩效审查、技术支持、系统工程、运营、客户训练，为单位价格，关系为长期（或短期）	内部结构具有标准化流程和接口。如SLA，状态监管，为可变价格，关系为长期的、合同的	如安全检查服务水平协议（SLA）、可用性合同，固定或动态价格，长期、合同或合作伙伴关系

		产品生命周期	流程支持	产品绩效	流程委托	产品结果	混合解决方案
康尼等（Coreynen et al.，2017）	价值主张（即自己做、一起做和为他们做这件事的客户），服务焦点（产品和客户流程）	价值主张为输入，以产品为服务焦点。如备件和维修	价值主张为输入，以客户流程为服务焦点。如建议	价值主张为绩效，以产品为服务焦点。如预防性维修	价值主张为绩效，以客户流程为服务焦点。如外包	价值主张为结果，以产品为焦点。如减少能耗或浪费	价值主张为结果，以客户流程为焦点。如系统服务

表3-1中，关于下游服务内容分类的研究中，马修（2001）的面向产品和面向客户的划分方法和对应的服务内容，以及奥利娃和卡伦伯恩（2003）提出的划分方法和服务内容，均未涉及对上游服务内容的研究。对上游开发服务的文献中，简兆权和伍卓深（2011）基于价值链指出的下游、上游、上下游产业链服务化和完全去制造化的服务化路径划分方法，以及洛基特等（Lockett et al.，2011）对提供PSS的上下游供应链网络关系的研究中，未对企业不同发展阶段的具体服务内容进行研究。

当前对企业发展阶段的研究大多简化企业生命周期为初创期、成长期、成熟期、衰退期四个阶段，或为成长期、成熟期、衰退期三个阶段（李佳丽，2019）。在服务转型的案例研究文献中，大多把案例企业划分为三个发展阶段，即起步，发展和转型阶段，如张旭梅等（2021）在对产品和服务价值链的变化以及二者的作用关系研究中，将企业发展阶段划分为起步，发展和转型阶段；李靖华等（2019）从价值创造的角度，将杭氧案例划分为第0、第1、第2三个阶段。由于张旭梅等（2021）研究的振华重工案例与本项目的案例企业同属于供应链中核心制造企业，均在不同阶段发展了不同的服务内容并成功上市，与本项目的研究有相通之处，因此本项目借鉴其企业发展阶段划分方法，构建核心制造企业上游、下游服务内容分类模型，如表 3-2 所示。

表 3-2　　　　核心制造企业上游、下游服务内容分类模型

服务内容	发展阶段	面向产品的服务	面向客户的服务
核心制造企业 下游服务	初始阶段	咨询 安装/调试 检查/诊断 维修/保养	
	成长阶段	培训服务 备品备件 产学研合作研发	金融支持 系统解决方案
	转型阶段		租赁 备件管理
核心制造企业 上游服务	初始阶段		
	成长阶段	联合研发	
	转型阶段	联合质量管理	供应链协同管理 培训服务

由表 3-2 可得，企业服务化总体分为上游供应链服务化及下游供应链服务化。对于下游，多涉及支持客户产品的如安装调试等使产品可用的技术性服务；以及面向客户的服务，如针对不同需求客户的系统解决方案服务涉及销售商、合作伙伴等多个下游主体。

服务化的目的是形成独特的差异化竞争力，仅关注产成品相关的下游供应链的服务，对技术性资源占据关键地位的技术密集型企业存在不足，还应该关注上游供应链的服务。对于上游供应链的服务化，由于企业大多无法仅凭借自身研发能力发展，因此会向上游开发面向供应商产品的服务，如联合研发、联合质量管理等技术、知识型服务，不但是向上游供应商提供研发服务，也是和供应商共同提升研发能力；向上游开发的面向供应商的服务使得企业联合供应链上下游，提高业务流程效果。

此外，服务化的进程呈现阶段性、递进性，与企业自身能力、组织发展等方面关联性极强，总体划分为初始阶段、成长阶段、转型阶段，不同阶段涉及的服务类型不同。在初始阶段，企业仅凭借产品形成的优势便能在市场

上铺设产品，逐步增加市场占有率，因此主要延伸面向产品的服务以使产品可用；在成长阶段，单纯地面向产品的服务无法满足客户多样需求，因此更多地会提供面向客户的服务，如系统解决方案等使用绩效服务，从而提升产品的使用价值，同时技术密集型企业自身的技术资源逐渐无法满足发展要求，也会向上游延伸面向供应商产品的服务来获得更多技术性资源；在转型阶段，面向客户的服务在销售利润中的占比逐增，同时为了提升自身在供应链中的地位，占据更多优势，会向上游更深入地延伸支持供应商的服务，成为集成上下游企业的节点企业，共同协调发展。

3.3.3 案例背景与数据分析

3.3.3.1 案例企业背景

北方华创成立于 2001 年，2019 年上市，目前已成为国内高端集成电路工艺装备领域的先进企业；东方雨虹作为建筑建材优质系统服务商，成立于 1995 年，2008 年上市，为重大基础设施建设及各种建筑提供完备高质的综合解决方案；大华股份成立于 2001 年，2008 年上市，为下游提供视频监控智慧物联解决方案、数据分析及运营服务。三家企业的基本信息如表 3 – 3 所示。

表 3 – 3 　　　　　　　　　　　企业基本信息

企业名称	主营业务	行业地位
北方华创	新能源锂电装备及系统解决方案、半导体装备、真空装备及精密元器件	半导体设备行业领先地位
东方雨虹	建筑防水材料、修缮、民用建材、节能保温及防综合解决方案	建筑防水行业领先地位
大华股份	安防产品线的前端、中端、后端及智慧物联解决方案和数据运营	视频安防行业龙头地位

3.3.3.2 案例企业上游、下游服务内容数据分析

本书对整理保留的 41 份描述性文本资料进行处理，根据乔亚方法，首先对原始资料进行概念化抽象归纳，并发掘其所属范畴，将企业提供的口语性的服务内容描述进行概念化总结（杨水利和梁永康，2016）；根据各案例服务化发展历程，鉴别案例企业服务化转型中的重要事件和对应的服务化内容，形成节点；将节点划分发展历程为初始、成长和转型阶段，将归纳的服务内

容按各自的时间顺序对应到每阶段；对每阶段的服务内容根据服务提供的目的明确其服务重心，形成数据结构图。邀请 12 位产品使用者、2 位高校教师和 6 位硕士研究生阅读整理的资料及数据结构内容，反复研讨内容并修改，规避个人的主观误差，得到最终的数据结构，如图 3-1 所示。

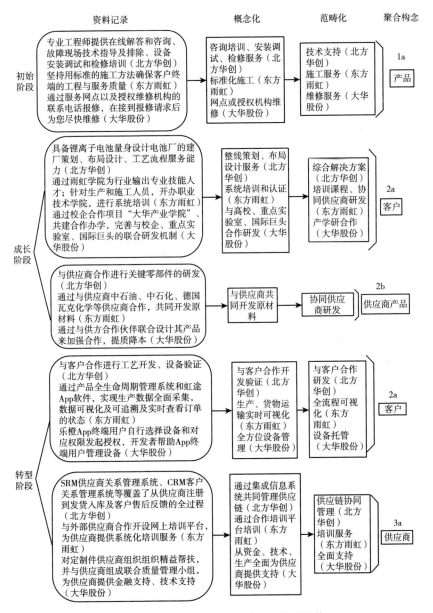

图 3-1 案例企业服务内容开发数据结构

对每阶段的服务内容按服务重心划分为面向产品、面向客户、面向供应商产品和面向供应商的服务，如检修等技术支持服务的目的为使产品正常使用，因此划分为面向产品的服务；全流程可视化的目的为提高客户从产品设计到售后的参与度及信任度，因此划分为面向客户的服务；联合质量管理的目的为使供应商产品更符合企业质量要求，因此划分为面向供应商产品的服务；供应链协同管理的目的为提高供应链运作效率，因此划分为面向供应商的服务。然后将初稿交由高校教师、研究生和被访者审阅，通过多次讨论修改，形成案例企业上游、下游服务内容分类模型，如表 3 - 4 所示。

表 3 - 4　　　　　　　案例企业上游、下游服务内容分类模型

服务内容分类	北方华创			东方雨虹			大华股份		
	初始阶段	成长阶段	转型阶段	初始阶段	成长阶段	转型阶段	初始阶段	成长阶段	转型阶段
支持产品	技术支持、保养	备品备件	*智能诊断* *	技术支持、施工	*产品真伪查询*		技术支持	备品备件、产品配套软件	"三包"服务、网络安全服务
支持客户		系统解决方案、产学研合作	与客户合作研发		产学研合作、系统解决方案、培训课程	*全流程可视化防水保险*		产学研合作、系统解决方案、培训课程	*全流程可视化设备托管共享生产自动化技术*
支持供应商产品		协同供应商研发	联合质量管理		协同供应商研发	联合质量管理、*联合推广供应商的产品*		协同供应商研发	联合质量管理
支持供应商			供应链协同管理、培训服务			供应链协同管理、培训服务			供应链协同管理、供应链全面支持

注：* 斜体表示基于初始模型增加的服务内容。

由表3－4可见，对于下游供应链服务化，首先，在企业发展的初始阶段，只会延伸面向产品的检查维修等技术性服务。其次，在成长阶段，企业资金和物资周转能力等提升，有时间和资本延伸面向产品的备品备件服务；随着市场越来越细分，客户需求变为个性化的产品和服务给他们带来的效用，企业联合科研院校等，针对不同细分需求提供从研发到售后的综合解决方案、设备托管之类的 PBC 服务。最后，在转型阶段，利用产业互联网平台，企业向下游延伸解决方案全生命周期和数据支持服务，使得客户订单到交付全流程可视化，如大华股份成立集成业务、运维服务，设计，培训的服务中心，通过"HOC 城市之心"智慧互联战略平台，为不同细分行业设计 HOC 智慧零售、乐橙智能家居等场景化解决方案，使2017～2019 年解决方案营收占比超过了50％；依托产业互联网平台提供智能诊断服务，使资源更充分地调配和利用；对下游渠道合作伙伴，共享专业自动化技术等资源。

对于上游供应链服务化，由于仅凭自身具有的技术资源无法支撑企业发展，需要联合供应链中的其他企业获得更多资源，从而更好发展，因此一方面在成长阶段，会向上游联合供应商共同研发企业生产所需的零件、原材料等，如东方雨虹携手中石油等国内一流企业、陶氏等全球优质供应商合作研发专用于公司的原料，推动产品的高质低成本生产。另一方面，在转型阶段，针对上游供应商，通过供应商管理系统、全供应链协同系统等产业互联网平台，协同管理供应链并联合管理质量、培训员工，丰富培训手段，促进企业内和供应链间管理水平和运营效率的提升；与供应商结成合作伙伴关系，提供金融支持等全面支持服务，共享技术等资源，帮助供应商成长，向集成零部件、服务、总成供应商、客户等产品服务供应链主体的制造集成体发展。

企业向下游延伸面向产品的服务主要是在发展的初始阶段。随着企业各方面能力和对资源的需求提升及客户需求的细分，重点向下游延伸面向客户的服务在企业的成长阶段；而随着发展的信息化、智能化技术，利用产业互联网平台，重点向下游延伸面向数据等信息服务的 PBC 系统服务是在企业的转型阶段。企业在起步时，一般只会关注于产品本身形成的竞争优势如高质低价，随着发展转型，无法只依靠下游的资源支撑企业转型，为了获取更多资源，进一步加强与供应商的联系，向上游延伸面向供应商产品的服务在企业的成长阶段；为了在整个供应链中匹配企业的信息化进程，重点向上游延伸面向供应商的服务在企业的转型阶段，从而使企业成为供应链中的制造集成体。

3.3.4 模型修正

将表3-2和表3-4对比发现，首先，案例企业提供的服务内容相较初始模型，成长和转型阶段面向客户的服务、转型阶段面向客户产品的服务有所不同；其次，转型阶段面向供应商产品和面向供应商的服务也有所不同。

在此基础上，对上游、下游服务内容分类模型进行如下修正：删除案例企业均未提供的面向客户的租赁、金融支持服务；增加案例企业会提供的面向产品的智能诊断服务，面向客户的培训课程、与客户合作研发、客户订单到交付全线可视化服务，面向供应商产品的联合市场推广供应商的产品服务，及面向供应商的金融支持、精益帮扶和按需共享技术服务，具体如表3-5所示。

表3-5　　　　核心制造企业上游、下游服务内容分类模型修正

服务内容	发展阶段	面向产品的服务	面向客户的服务
核心制造企业下游服务	初始阶段	咨询 安装/调试 检查/诊断 维修/保养	
	成长阶段	培训服务 备品备件 产学研合作研发	培训课程 系统解决方案
	转型阶段	*智能诊断*	备件管理 *与客户合作研发* *全流程可视化*
		面向供应商产品的服务	面向供应商的服务
核心制造企业上游服务	初始阶段		
	成长阶段	联合研发	
	转型阶段	联合质量管理 *联合市场推广* *供应商的产品*	供应链协同管理 培训服务 *供应链全面支持*

注：*斜体表示基于初始模型增加的服务内容。

从表 3 - 5 看出，核心制造企业在下游的服务中，一方面，在咨询、检查等技术性服务的基础上新增了面向产品的智能诊断服务，原因在于，作为技术密集型企业，这些企业的产品若出错人为检测效率较低，误检率较高，利用产业互联网平台，通过智能诊断系统降低误检率，实现设备的精细管理和高效运维，资源的高效匹配和共享，缩短服务响应时间，为 PBC 服务提供技术支持。另一方面，新增面向客户的培训课程、与客户合作研发、全流程可视化服务，原因为技术型人才和资源是限制技术密集型企业发展的关键因素，通过系统化培训课程和认证增加技术型人才的比例，提高技术型人才对企业的归属感，有利于降低技术型人才流失率；与客户合作研发不但能更精准满足客户需求，共享的知识可弥补一定的研发短板，进而为客户提供系统解决方案、托管服务等 PBC 服务；全流程可视化服务可增加客户对产品的信任，同时依托产业互联网平台的全流程可追踪监控有利于提高企业管理和客户服务的效率与质量，帮助企业服务化转型。

核心制造企业在上游的服务中，一方面，新增面向供应商产品的联合推广供应商产品服务，原因在于帮助建立了战略合作伙伴关系的原材料供应商推广其产品，供应商产品的高质间接有利于案例企业的品牌声誉建设，同时可促进企业采购成本的降低。另一方面，新增面向供应商的金融支持、精益帮扶和按需共享技术服务，组织上述服务可帮助自身资金、技术存在不足的中小供应商合作伙伴成长，提高供应商的生产技术等能力，使其满足案例企业生产所需的技术要求，与上游供应商合作伙伴建立共同目标，成为集成供应商、分销商、客户的制造集成体，占据供应链中的优势地位。

下游方面减少了面向客户的租赁、金融支持服务，原因在于，技术密集型企业的生产需要较多的资金投资，而金融、租赁服务回收资金又较慢，因此除非有雄厚的资本支持，企业不会轻易开发此类服务内容。

3.3.5　研究启示

基于供应链、企业发展阶段和服务重心角度，结合北方华创、东方雨虹和大华股份三个供应链中核心制造企业，本项目构建服务内容开发模型，并与初始服务内容开发模型及数据结构进行对比，形成供应链中核心制造企业上游、下游服务内容与发展阶段匹配模型，如图 3 - 2 所示。

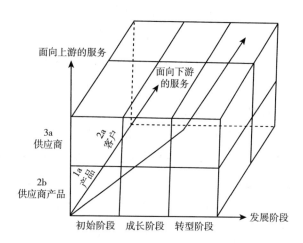

图 3 - 2   供应链中核心制造企业上游、下游服务内容与发展阶段匹配模型

中小制造企业在服务化的过程中，面向产品和面向客户的服务的发展阶段和条件不同。面向产品的服务包括咨询、维修等可用绩效服务，主要在初始阶段和成长阶段提供。技术密集型企业在技术、人才等资源难以满足市场对产品需求的条件下，只会向下游提供面向产品的技术支持服务，如安装/调试、检查/诊断等；随着企业的能力和资源可以跟上市场对产品的要求，其会依托产业互联网平台，与实力更强的国际一流供应商加强合作，共同研发原材料，如大华股份细分行业建立了八大事业部，分别针对各行业为下游客户提供从设计到售后的解决方案（徐建新等，2020），同时联通上游供应商如英特尔，共同开发视频监控产品。

面向使用者的服务内容包括设备托管、系统解决方案等使用绩效服务，主要在成长和转型阶段提供，从面向对象角度包括面向客户的服务和面向供应商的服务。在企业人才、技术等资源占据行业优势地位，其技术可以引领市场需求时，向下游提供的服务变为面向客户的一站式综合解决方案服务，主要收费方式变为按使用量或使用时长收费，利润来源变为服务；同时承担更多责任，依托产业互联网平台，向上游针对较弱供应商，提供面向供应商的如精益帮扶等全面支持服务。如大华股份提供按设备使用量收费的设备托管服务，同时通过对定制件供应商组织帮扶小组帮助供应商生产发展。企业通过协同供应链上下游，推动供应链发展，逐步占据供应链主导地位。

3.4　产品绩效服务的内容与特征

传统产品服务主要针对客企交互、所有权、产品与服务关系等一维模型，或客企交互与服务焦点、服务焦点与服务水平等二维模型展开，但上述分类难以解决产品服务的复杂性（Ostaeyen et al.，2013），如租赁和共享，按所有权分配理论应当属于面向使用的服务，但实际上以高度服务化的劳斯莱斯公司为例，对飞机发动机的成本是由客户（航空公司）按每小时的飞行固定成本支付给供应商，供应商选择"租"给客户，但实际上发动机的所有权却不属于供应商，而是发生了转移，因此这种服务应属于面向产品的服务，而不是面向使用的服务。

因此，本书针对制造企业不同的收入机制，将服务划分为可用绩效服务和使用绩效服务。可用绩效服务收入机制即企业将客户可用产品或服务的时间作为收入的来源，服务的内容主要围绕"产品"展开，如维修、咨询等；使用绩效服务收入机制，即企业将客户实际使用产品或服务的时间作为收入来源，服务内容主要围绕"人（客户或供应商）"展开，包括面向解决方案的服务、结果导向服务等具体形式。

3.4.1　可用绩效服务

可用绩效服务即提供面向产品可用的一系列服务。基于案例研究可知，大华股份等制造企业向下游为客户提供咨询、维修等可用绩效服务，并通过与供应商联合研发零部件，或者通过供应商管理系统、质量管理小组，联合管理供应商提供的产品质量，从而为稳固自身的产品产出，降低生产成本，夯实后续的运营和服务提供基础。

可见，当核心企业主要向下游提供支持产品的技术支持、产学研合作等可用绩效服务，以及向上游提供支持供应商产品的研发等可用绩效服务时，可用绩效服务的特征有以下几点。

（1）更注重上游。此时，制造企业以产品作为战略重点，为了保证产品的高质量供应及支持产品的服务提供，提供可用绩效服务的产品服务供应链更注重与关键供应商的整合（Ayala et al.，2019；Shah et al.，2020）。制造企业通过与关键供应商发展牢固的关系，利用供应商的资源和能力实现服务化目标，同时以协作关系和耦合系统为手段管理服务中供应商的不确定性和复杂性，从而加强与关键供应商的集成和信息交流。由于供应商的更多支持，制造企业创造出更多的服务化效益（肖挺，2021）。

（2）制造商更关注自身产品的产出质量和成本。在提供可用绩效服务的战略下，产品是服务的基础，因此制造商更关注自身产品的产出质量和成本。此时，具备协同研发服务能力的关键供应商在技术和地位上优于制造商。同时，服务实现的方式不仅包括制造企业成立服务部门或专门的服务子公司的形式，制造业务相对较弱的公司可外包服务，从而专注于核心产品的提供（Adrodegari and Saccani，2020；但斌等，2016）。

（3）制造商的利润来源为产品服务，服务被视为促进产品销售的手段。以产品为中心的服务提供不仅可以有效优化客户使用体验，还可以促进产品销售，从而为制造商带来额外利润。同时，服务可以促进制造商与客户的交流，制造商得以进一步明晰客户需求，针对不同的需求设计或改进产品，提高产品销量和利润，为后续提供使用绩效服务并成功转型奠基（但斌等，2016）。

因此，结合王康周等（2013）和但斌等（2016）提出的产品服务供应链结构，构建提供可用绩效服务的产品服务供应链模型，如图3-3所示。

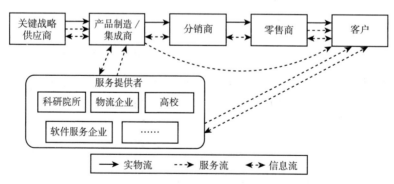

图3-3　提供可用绩效服务的产品服务供应链模型

在图3-3中，一方面，制造商向客户提供服务的方式不仅包括成立服务部门或专门的服务子公司的形式，还包括将服务分包给服务提供商或零售商的形式；另一方面，制造企业与实力更有优势的关键供应商合作，利用关键供应商的资源和能力实现自身的服务化目标。关键供应商向制造商提供原材料和相应的研发服务，保证了制造商对市场的高质量产品和产品支持服务的供应。

3.4.2　使用绩效服务

使用绩效服务即提供面向产品使用的一系列服务。基于案例研究可知，制造企业通过负责产品的运行维护，从研发到售后为客户提供系统解决方案服务。如大华股份推出的设备托管服务，通过获得购买该服务的企业的设备托管权限，利用控制台和 API 接口实现设备的全方位接管。可见，使用绩效服务具有以下几点特征。

（1）更注重下游，供应链长度比提供可用绩效服务的供应链长度短。由于服务在设计阶段便发生，为了使产品和服务组成的系统解决方案能准确适应客户需求，制造企业更注重客户整合，在内部标准化和组织化服务和与客户相关的流程。制造商倾向于缩短供应链下游的长度，从而更直接地接触客户（Kowalkowski et al.，2017；Paiola and Gebauer，2020）。顾客整合可以促进新服务收益的增加，同时促进已有产品和服务收益的进一步提高（曾经莲，2019）。

（2）制造商的服务收入占据其收入的主要部分。供应链的核心企业为拥有产品和服务客户群体的产品制造商，其往往承担着集成商的角色。产品制造商通过集成化的信息系统，联合上游供应商和下游客户，形成覆盖全生命周期的系统解决方案服务。由于此时服务是制造企业的核心竞争力和利润来源，服务实现的方式往往为制造企业成立专门的服务部门或服务子公司的形式，而不是外包的形式（但斌等，2016）。

（3）客户为产品的使用价值付费，产品无偿提供给客户。这一类型的供应链中，产品制造商一般不通过销售产品获得收益，而是基于产品使用时间内客户获得的收益或使用量收费。如大华股份的设备托管服务和陕鼓动力的工程成套服务，便是以此种方式进行收费。

结合莫尔等（Maull et al.，2014）和但斌等（2016）提出的产品服务供应链结构，构建提供使用绩效服务的产品服务供应链，如图 3-4 所示。

由图 3-4 可以看出，在提供使用绩效服务的产品服务供应链中，制造商

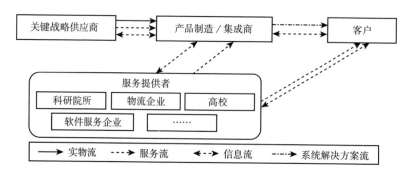

图 3 - 4　提供使用绩效服务的产品服务供应链模型

倾向于缩短供应链下游长度，直接向客户提供服务，通过以客户服务为利润源提高核心竞争力。即制造商将产品与服务直接提供给客户，同时客户不再按每次服务所耗费的资源付费，而是为产品的使用价值付费，费用的多少以产品使用时间或使用量为标准。

3.5　本章小结

本章首先界定了中小制造企业及产业互联网环境下中小制造企业产品绩效服务特征，然后通过对服务内容分类文献进行梳理，从供应链延伸方向、企业发展阶段和服务重心三方面构建产品服务供应链的服务内容匹配初始模型；选取北方华创、东方雨虹、大华股份三家供应链核心制造企业的上游、下游服务化转型案例，采用三级编码对该模型进行了分析与修正。进而利用该模型识别供应链中核心制造企业服务提供的内容，为制造企业发展中应提供的产品绩效服务内容提供理论参考；然后基于中小制造企业不同的服务提供重心，研究可用绩效服务和使用绩效服务的内容和特征。

| 第 4 章 |

产业互联网环境下中小制造企业
绩效服务开发路径与能力

本章首先采用模糊集定性比较分析方法研究绩效服务开发路径；其次，考虑中小型制造企业在配置产品和服务过程中需要考虑两者的差异化动态关系，分别以可用绩效服务与使用绩效服务作为研究对象，利用云模型、信息公理、Choquet 积分算子和灰色关联分析组合设计方法确定服务与产品的差异化动态关系并实现方案配置；再次，基于案例企业研究两类绩效服务下的协调问题；最后，对产品绩效服务性能匹配方法进行研究，采用区间数展现属性指标的波动及不确定性，考虑指标间的关联性，构建灰色模糊积分关联度模型，结合属性权重和属性间的关联性刻画服务质量（quality of service，QoS）测度模型，并进行数值计算。

4.1 产业互联网环境下中小制造企业
绩效服务开发路径

4.1.1 制造企业绩效服务化开发路径概念模型

以数字技术为代表的产业互联网，在驱动制造企业服务化中的作用属于技术实施与采纳框架，在这方面，技术—组织—环境（technology-organization-environment，TOE）作为一种基于技术应用情境的综合性分析框架（邱泽奇，2017），在电子商务、区块链、工业互联网平台、政府网站建设等领域广泛应用，因此，本书顺延文献研究传统，采纳 TOE 构建数字技术及其互补因素模型，在此基础上，构建制造企业服务化路径理论框架，如图 4-1 所示。

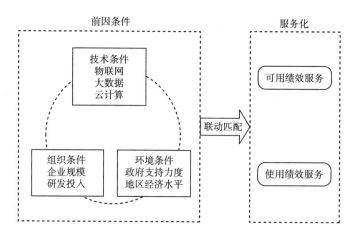

图 4 - 1 制造企业服务化路径概念模型

（1）技术条件与服务化。

数字技术是制造企业进行服务化转型的关键推动因素。其中，物联网、大数据分析与云计算受到广泛关注，并且大部分数字技术与服务化的研究重点阐述了这三种数字技术的功能及对服务化的作用（Ardolino et al.，2018；Gianmarco et al.，2018；Naik et al.，2020；Rymaszewska et al.，2017），因此本书选择物联网、大数据和云计算这三种数字技术探讨其对制造企业服务化路径的影响。物联网是制造企业服务转型的基础（Ardolino et al.，2018），可以通过缩短产品开发周期、支持客户流程、创造新的商业模式和数据分析等方式为企业创造价值（Rymaszewska et al.，2017），并体现在制造企业服务化过程中，物联网辅助的服务化使组织能够扩展其价值链，以便更好地为客户服务，从而提高盈利能力。大数据的应用可以显著提高企业的生产效率和研发投入从而提高企业的市场价值（张叶青等，2021），并能够在创造新的收入来源的同时降低产品和服务的价格（David and Marco，2015）。所以大数据的应用不仅可以帮助企业发掘商业价值，而且可以帮助制造企业进行服务化。而云计算技术允许无限制地访问共享的计算资源池并按需配置供给，因此云计算的应用对企业服务化的作用主要包括能够以方便高效的方式存储大量现场数据、允许数据聚合和处理以及信息收集（Ardolino et al.，2018）。

（2）组织条件与服务化。

制造企业内部存在着影响自身服务化转型的关键因素，其中，企业规模的不同会影响企业的资源禀赋（Jing et al.，2021），并且企业规模在企业竞争力和绿色技术创新的关系中起着正向的调节作用（苏媛和李广培，2021）。另外，研发投入对企业创新绩效有显著正向影响（马文聪等，2013），并且能够推动技术进步（郑江淮和荆晶，2021）。由此可见，企业规模决定了制造企业的资源禀赋和转型能力，而研发投入强度则反映了制造企业的转型意向和创新能力。对于中小制造企业而言，企业规模直接决定制造企业的生产能力和服务能力，研发投入强度反映了制造企业服务化转型的意向，所以本书认为企业规模和研发投入强度是影响制造企业服务化转型的两个关键内部因素。

（3）环境条件与服务化。

制造企业外部同样存在着影响企业服务化的关键因素，其中，政府的支持力度会影响企业的财务绩效（Yu et al.，2020），而且在环境存在高度不确定性时，企业对政府存在高度资源依赖性，政府的支持力度也是企业转型的创新动力。另外，地区经济水平会影响创新投入和创新绩效等方面，并且地区经济发展水平同样会影响技术创新，而技术创新是阻碍发展中经济体实施工业4.0的主要因素（Raj et al.，2019）。由此说明，政府支持力度和地区经济水平对于制造企业进行技术创新和转型尤为重要。对于制造企业而言，企业可以借助政府补助或政策扩大规模、技术创新或加大研发来促进服务化转型；另外，某一地区的经济发展水平往往决定了该地区技术的先进程度与企业的发展水平，那么企业就可以借助区位优势率先应用先进技术，借鉴转型经验，从而促进自身的服务化转型。所以本书认为政府支持力度和地区经济水平是影响制造企业服务化转型的两个关键外部因素。

4.1.2　研究方法与数据构建

4.1.2.1　模糊集定性比较分析

相对于案例研究以小样本的研究结论应用于较大群体时效度下降的不足、统计研究无法处理因果复杂性的不足，定性比较分析（qualitative comparative analysis，QCA）适用于大中小样本的研究，并能够解释因果复杂机制（Ragin，1987）。组态视角与定性比较分析法也被认为是管理学研究的一条新道路，基于此方法可以识别出产生同一结果的多种等效的条件组态（即殊途同归），能为企业提供基于其自身条件的实现成功避免失败的多种路径选择（杜运周等，2017）。而在定性比较分析法中，fsQCA 应用最为广泛，主要是因为模糊集定性比较分析对数据来源和样本量要求低，并且结果的稳健性分析与样本量关联性弱，适合中小样本的研究。另外，模糊集定性比较分析适合处理连续变量，并可以通过模糊集表示前因条件对于结果集合的隶属程度。本书选取的样本属于中小制造企业样本且前因条件均为连续变量，所以本书采用 fsQCA 尝试在组态视角下探究技术、组织和环境多重因素对制造企业服务化路径选择的联动效应以及多元驱动机制，并进行实证检验。

4.1.2.2　数据构建

（1）数据收集。

本书以 2020 年深交所创业板上市的制造企业年度报告为基础数据源，从年度报告中可以得到企业提供的服务情况、数字技术应用情况、研发投入、员工数量、政府补助等数据。同时本书结合所选取企业的官方网站、公众号、讨论社区等途径对企业数据进行核对，以保证数据的可靠性。依据年度报告和企业官网，共收集深交所上市的 101 家制造企业的样本数据。

（2）测量与校准。

本书对组织条件和环境条件的各个前因变量采用直接校准法（Ragin and Fiss，2008），将数据转换为模糊集隶属分数。本书选取的锚点为完全隶属临界值选取 95% 分位点，交叉临界值选取 50% 分位点，完全不隶属临界值选取 5% 的分位点。本书使用 fsQCA3.0 提供的校准程序进行模糊值校准，各条件和变量的校准结果如表 4-1 所示。

表 4-1　　　　　　　　　　　结果变量和前因条件的校准

项目	结果变量和前因条件	校准		
		完全隶属	交叉点	完全不隶属
结果变量	使用绩效服务	1	—	0
	可用绩效服务	1	—	0
技术条件	物联网	23.9	2	0
	大数据	16.9	2	0
	云计算	27	1	0

项目	结果变量和前因条件	校准		
		完全隶属	交叉点	完全不隶属
组织条件	企业规模	8 644.1	1 507	246.4
	研发投入	11.082	4.95	1.531
环境条件	政府支持力度	18.154	16.54	14.517
	地区经济水平	5	4	3

针对表 4 - 1，相关数据测量与校准过程如下。

（1）结果变量。

本书关注的结果变量是制造企业进行服务化的服务类型，即可用绩效服务和使用绩效服务，其中可用绩效服务是基于可用性的与产品相关的服务，例如，技术文件服务、保养维修服务、租赁和金融服务等；使用绩效服务包括按单位付费的服务或与活动管理和功能结果有关的服务等，例如，人事培训服务、设备运营服务、软件开发服务、创业辅导服务和包括个性化定制的产品设计、咨询服务及项目规划的工程服务等。而对于服务化路径的衡量是从年报看某一企业是否开展某类服务，"是"取值为1，"否"取值为0。

（2）前因条件。

关于技术条件，本书使用 Python 从各个制造企业的年报中获取物联网、大数据和分析及云计算核心技术的关键词的数量对物联网的应用、大数据和分析的应用与云计算的应用这三个技术前因条件进行衡量。其中，物联网核心技术关键词包括："物联网""射频识别（RFID）""WSN""红外感应器""全球定位系统""Internet 与移动网络""网络服务""行业应用软件"；大数据和分析的核心技术关键词包括："大数据""大数据采集""大数据存储及管理""大数据预处理""大数据分析""大数据挖掘"；云计算核心技术关键词包括："云""云计算""云服务""云平台""私有云""公有云""工业云"。

关于组织条件，员工数量作为企业规模的衡量指标最为常见，本书也选取企业在职员工数量的总数作为企业规模的测量指标。数据来源于深交所上市公司 2020 年年度报告。衡量企业研发投入最常用的指标是研发经费支出占销售收入的比重，本项目选用企业 2020 年研发费用占营业收入的比重作为研发投入的衡量指标。

关于环境条件，本书对地区经济水平的衡量采用的赋值衡量方式，依据制造企业总部所处的城市等级作为划分依据，按（新）一线、二线、三线、四线、五线及其他分别赋值为5、4、3、2、1。本书选择企业计入当期损益的政府补助（与企业业务密切相关，按照国家统一标准定额或定量享受的政府补助除外）对数值作为政府支持力度的衡量指标。

4.1.3 数据分析与实证结果

4.1.3.1 必要条件分析

在进行条件组态分析前，有必要对各个前因条件进行必要性（necessity）检验。本书根据主流的 QCA 研究观点，将一致性 0.9 作为判断必要条件的标准。如果某一条件的一致性大于 0.9，则认为该条件是结果的必要条件；否则，该条件不是结果的必要条件。表 4-2 是通过 fsQCA3.0 软件分析的企业选择可用绩效服务和使用绩效服务作为服务化路径的必要条件检验结果。从表 4-2 可以看出，所有前因条件的一致性都小于 0.9，这说明任何单一的前因条件都不能成为结果变量的必要条件，所以不存在影响企业服务路径的必要条件。

表 4-2 必要条件分析

条件	使用绩效服务		可用绩效服务	
	一致性	覆盖度	一致性	覆盖度
物联网	0.429 070	0.919 283	0.530 588	0.795 414
~物联网	0.570 931	0.806 770	0.469 412	0.557 003
大数据	0.413 605	0.918 623	0.501 372	0.782 915
~大数据	0.586 396	0.809 743	0.498 628	0.573 523
云计算	0.456 163	0.903 501	0.518 431	0.833 543
~云计算	0.543 837	0.812 261	0.481 569	0.542 403
企业规模	0.491 163	0.910 345	0.432 745	0.641 197
~企业规模	0.508 837	0.801 465	0.567 255	0.679 427
研发投入	0.538 953	0.892 892	0.563 137	0.719 980

条件	使用绩效服务		可用绩效服务	
	一致性	覆盖度	一致性	覆盖度
~研发投入	0.461 046	0.807 700	0.436 863	0.600 377
政府支持力度	0.540 581	0.876 178	0.521 961	0.664 835
~政府支持力度	0.459 419	0.824 155	0.478 039	0.659 632
地区经济水平	0.571 628	0.865 950	0.543 725	0.661 972
~地区经济水平	0.428 372	0.832 919	0.456 275	0.662 774

注：符号"~"代表前因条件的缺乏状态或者相反状态。

4.1.3.2　条件组态分析

组态分析是为了揭示由多个前因条件构成的不同组态产生结果的充分性，即组态分析是在探讨由多个前因条件构成的组态是否为结果集合的子集。判断条件组态是否为结果的充分条件的指标仍是一致性，但是与必要条件的标准不同。有研究认为确定充分性的一致性阈值不能低于 0.75，但根据研究情景的不同，大多数研究将一致性阈值设置成 0.8。而对于频数阈值的设置要根据样本量来确定，大多数研究将中小样本的频数阈值设置为 1。根据本书的研究问题，最终将一致性阈值设置为 0.8，频数阈值设置为 1。然后通过 fsQCA3.0 软件分别对企业选择可用绩效服务和使用绩效服务作为服务化路径的结果变量进行组态分析，结果如表 4 - 3 所示。

表 4 - 3　　　　　　　　　　服务化路径的组态分析

条件组合	可用绩效服务				使用绩效服务			
	HA1	HA2	HA3	HA4	HU1	HU2	HU3	HU4
物联网	●	●	●	⊗	●	●	⊗	●
大数据		●	⊗	●	●	●		
云计算	⊗						●	●
企业规模	●	⊗	⊗		⊗	⊗		⊗
研发投入	●	⊗						⊗
政府支持力度	●	⊗				●		⊗
地区经济水平	⊗	⊗	●	●	●		●	⊗

条件组合	可用绩效服务				使用绩效服务			
	HA1	HA2	HA3	HA4	HU1	HU2	HU3	HU4
一致性	0.865 0	0.851 8	0.850 5	0.845 9	0.845 9	0.847 1	0.809 3	0.808 0
原始覆盖度	0.141 1	0.107 0	0.130 4	0.187 2	0.222 7	0.205 3	0.195 5	0.138 6
唯一覆盖度	0.050 3	0.015 9	0.042 4	0.062 8	0.041 8	0.018 8	0.041 6	0.010 6
解的一致性	0.882 4				0.844 7			
解的覆盖度	0.270 7				0.305 7			

注：●表示核心条件存在；●表示边缘条件存在；⊗表示核心条件缺失；⊗表示边缘条件缺失；空白部分表示条件存在也可以缺失。

表4-3呈现了用以解释制造企业选择可用绩效服务和使用绩效服务的多类条件组态。对于可用绩效服务路径而言，解的一致性（solution consistency）为0.93，这说明在所有满足可用绩效服务路径的4类条件组态的案例中，有88%的制造企业选择了可用绩效服务作为服务化路径。解的覆盖度（solution coverage）为0.27，这说明可用绩效服务路径的4类条件组态可以解释27%选择可用绩效服务作为服务化路径的案例企业。同理，从表4-3可以看出在所有满足可用绩效服务路径的4类条件组态的案例中，有84%的制造企业选择了使用绩效服务作为服务化路径，而使用绩效服务路径的4类条件组态可以解释31%选择使用绩效服务作为服务化路径的案例企业。

具体而言，可用绩效服务路径中的条件组态HA1表明物联网应用程度高、企业规模大和研发投入高并能够得到政府的高支持力度会导致企业选择可用绩效服务作为服务化路径；HA4表明大数据和云计算技术应用程度高、企业规模大、企业研发投入高、企业所处地区经济发展水平高以及政府支持力度大会导致企业选择可用绩效服务作为服务化路径。由于这两条件组态技术、组织和环境方面都有前因条件作为核心条件，所以本书将其命名为"平衡型"。这两个条件组态分别能够解释约14%和18%的可用绩效服务路径案例，其中约5%仅能被HA1所解释，约6%仅能被HA4所解释。HA2表明物联网、大数据和云计算技术应用程度高会导致企业选择可用绩效服务作为服务化路径。由于这一条件组态只有技术条件作为核心条件，所以本书将其命名为"技术型"。该条件组态能够解释约11%的可用绩效服务路径案例，其中约 2% 仅能被这个条件组态所解释。HA3 表明物联网和云计算技术应用程度高、企业研发投入高以及企业所处地区经济发展水平高会导致企业选择可用绩效服务作为服务化路径。由于这一条件组态技术和组织有前因条件作为核心条件，所以本书将其命名为"协同型"。该条件组态能够解释约 13% 的可用绩效服务路径案例，其中约 4% 仅能被这个条件组态所解释。

而对于使用绩效服务路径而言，有 4 个条件组态，其中 HU1 表明物联网、大数据和云计算技术应用程度高和企业研发投入高以及企业所处地区经济水平高会导致企业选择使用绩效服务作为服务化路径。HU3 表明大数据和云计算技术应用程度高、企业研发投入高和企业所处地区政府支持力度大以及经济发展水平高会导致企业选择使用绩效服务作为服务化路径。由于这两个条件组态技术、组织和环境方面都有前因条件作为核心条件，所以本书将其都命名为"平衡型"。这两个条件组态分别能够解释约 22% 和 20% 的使用绩效服务路径案例，其中都有约 4% 能被这两个条件组态所解释。HU2 表明物联网、大数据和云计算技术应用程度高和企业研发投入高以及政府支持力度大会导致企业选择使用绩效服务作为服务化路径。由于这一条件组态技术和组织有前因条件作为核心条件，所以本书将其命名为"协同型"。该条件组态能够解释约 21% 的使用绩效服务路径案例，其中约 2% 仅能被这个条件组态所解释。HU4 表明物联网应用程度高、企业规模大和研发投入高会导致企业选择使用绩效服务作为服务化路径。由于这一条件组态只有技术条件作为核心条件，所以本书将其命名为"技术型"。该条件组态能够解释约 14% 的使用绩效服务路径案例，其中约 1% 仅能被这个条件组态所解释。

因此，综合而言，企业在选择两种服务作为服务化路径时主要依靠技术驱动，选择可用绩效服务路径时也要依靠技术、组织、环境三重条件联动适配和技术组织协同并发来驱动；选择使用绩效服务路径时还需依靠技术组织协同并发和技术、组织、环境三重条件联动适配来驱动。

4.1.4 研究结果

通过上述研究，可以发现：（1）可用绩效服务路径存在 4 个条件组态，以物联网、研发投入和政府支持力度为主导或以大数据、政府支持力度和地区经济水平为主导并分别以企业规模或云计算、企业规模和研发投入为辅助构成的平衡型路径；以物联网、大数据及云计算为基础构成的技术型路径；以物联网、云计算和研发投入为主导并以地区经济水平为辅助构成的协同型路径。（2）使用绩效服务路径存在 4 个条件组态，分别以物联网、大数据、云计算、研发投入和地区经济水平为主导或以大数据、云计算、研发投入、政府支持力度和地区经济水平为主导构成的平衡型路径；以物联网、大数据、云计算和研发投入为主导并以政府支持力度为辅助构成的协同型路径；以物联网、大数据及云计算为构成的技术型路径。

4.2　可用绩效服务能力与方法

4.2.1　可用绩效服务配置能力与逻辑模型

4.2.1.1　可用绩效服务配置能力

可用绩效服务配置是一个在客户和制造商协同交互行为中有效配置产品与服务的过程。模块化设计作为方案配置的一个重要方法，是指产品组件或服务活动以结构、流程和功能相关性为准则，通过聚类分析构成能够满足特定功能的子模块，子模块之间再根据标准化接口组合设计实现方案的定制集成（姚树俊等，2012）。模块化设计思想目前已经普遍应用于产品制造或服务集成领域，例如，宋等（2015）针对产品延伸服务模块进行组合优化；李浩等（2019）将产品和服务均划分为必选模块和可选模块并作配置设计；耿秀丽等（2015）基于模块组合效应对配置方案进行评价优选。

在产品服务集成过程中采用模块化设计思想考虑研究对象之间的关联关系，一方面能够大幅提高产品服务组合的交付效率，降低资源、时间等业务流程成本；另一方面以差异化组合代替标准化设计有利于适应客户的个性化需求，满足客户的真实诉求。因此，采用模块化设计思想，结合产品模块与服务模块的差异化动态关系，以客户和制造商为利益主体，以客户满意度最大化和制造商利润最大化为目标函数，构建双层目标规划模型。

假设产品模块集 $P = (i = 1, 2, \cdots, m)$，可用绩效服务模块集 $S = \{S_{m+1}, S_{m+2}, \cdots, S_j, \cdots, S_n\}(j = m+1, m+2, \cdots, n)$；每个产品模块内包含 t_i 个模块实例，每个服务模块内包含 t_j 个模块实例，即 $P_i = \{P_{i1},$

P_{i2}，$\cdots$，P_{iu}，$\cdots$，$P_{it_i}\}$，$S_j = \{S_{j1}$，S_{j2}，$\cdots$，S_{jv}，$\cdots$，$S_{jt_j}\}$，其中 P_{iu} 表示产品模块 P_i 的第 u 个模块实例，S_{jv} 表示服务模块 S_j 的第 v 个实例；服务模块与产品模块的差异化动态关系符号化为 ε。

在产品模块与可用绩效服务模块交互配置过程中，制造企业根据产品的结构和功能以及服务的性质和用途，选择合适的模块实例组合以满足特定的功能需求，生成一套满意的集成解决方案交付给客户，实现双方的价值共创。由于解决方案中的产品模块和服务模块具有相互依赖、相互作用、共同发展的互补关系（杨旭和李文强，2020），尤其是可用绩效服务模块实例的服务功效发挥程度特别依赖于与之组合的实体产品模块实例，因此引入差异化动态关系作为影响配置结果的重要因素，具体配置方案形成过程如图 4 – 2 所示。

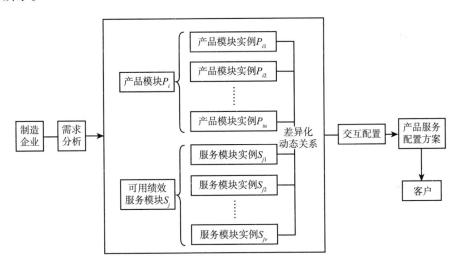

图 4 – 2　产品模块与可用绩效服务模块关系及配置描述

4.2.1.2　可用绩效服务配置逻辑模型

可用绩效服务与实体产品在配置过程中，除了考虑产品属性、服务功效等影响因素外，还需要引入两者之间的差异化动态关系。这种差异化动态关系具体体现在当服务模块中的具体实例配置不同的产品模块实例时，由于产品实例面向功能需求的支持程度不同，因此同一服务为补充不同产品功能而发挥的实际效用有所差异。以面向手机主板产品模块定制开发的云服务空间模块为例，由于 128G 产品实例相比 256G 产品实例关于存储空间充足的功能需求支持程度较弱，因此 30G 云服务空间作为其中一种服务模块实例搭配 128G 主板产品要比搭配 256G 主板产品更能凸显其功效，即 30G 云服务空间与 128G 主板产品的关系要强于与 256G 主板产品的关系。

结合上述分析，发现以功能需求为中介，可用绩效服务模块实例与产品模块实例的关系强弱依赖于产品的基本属性，产品对于功能需求的支持程度越高与服务的关系反而越弱。

考虑产品服务配置方案中可用绩效服务模块与产品模块的关系特点，孙等（2017）以功能需求为研究对象，通过功能需求的聚类分析，计算产品模块或服务模块与功能需求的关联映射实现强关联性产品与服务的集成。张在房等（2017）以功能需求为基点，利用 U/C 矩阵和双向领域映射矩阵分析产品模块和服务模块间存在的相关性。据此，建立功能需求域——产品服务域关系模型，以功能需求为中介，在产品模块和可用绩效服务模块存在关联关系的基础上，确定两者之间的差异化动态关系。假设采用 k 均值、图论等聚类分析方法对模块进行了合理划分，即产品服务模块满足所有的功能需求且模块之间不存在冗余和重复，功能域中的功能需求集 $FR = \{FR_1, FR_2, \cdots, FR_k, \cdots, FR_l\}$ $(k=1, 2, \cdots, l)$，在此基础上，构建了基于功能需求的产品服务关系模型，如图 4-3 所示。

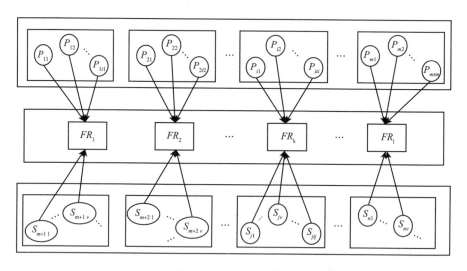

图 4-3　功能需求域——产品服务域关系模型

在关系模型中，产品模块实例 P_{iu} 支持功能需求 FR_k，可用绩效服务模块实例 S_{jv} 影响功能需求 FR_k，因此 P_{iu} 与 S_{jv} 以功能需求 FR_k 为中介存在关联关系。本节将产品模块实例 P_{iu} 与服务模块实例 S_{jv} 是否存在关联关系符号化表达为：

$$cor(P_{iu} - FR_k, S_{jv} - FR_k) = \begin{cases} 1, P_{iu} \text{ 与 } S_{jv} \text{ 关于 } FR_k \text{ 存在关联关系} \\ 0, P_{iu} \text{ 与 } S_{jv} \text{ 关于 } FR_k \text{ 不存在关联关系} \end{cases}$$

（4.1）

4.2.2　可用绩效服务配置方法

4.2.2.1　可用绩效服务配置模型构建

（1）目标函数设计。

参考罗建强和吴启飞（2020）、伊辉勇和张露（2020）的产品服务配置模型，选择客户满意度 f_1 最大化和制造商利润 f_2 最大化进行可用绩效服务配置目标函数设计。

第一，客户满意度最大化。在客企协同交互中，顾客根据自身需求选择产品模块和可用绩效服务模块，相应的产品属性 Q 和可用绩效服务功效 F 是影响客户满意度 f_1 的主要因素。

产品属性最大化。为避免由于不同产品模块属性使用不同的度量指标而导致方案生成的不准确性，需要将模块内各实例的属性值归一化处理。模块属性可分为积极型属性和消极型属性。积极型属性值越大越好，消极型属性值越小越好。已知模块 P_i 内共有 t_i 个模块实例，令 Q'_{iu} 表示模块 P_i 的第 $u(1 \leqslant u \leqslant t_i)$ 个实例属性值，Q_{iu} 表示经归一化后的实例属性值。

积极型属性的归一化数值为：

$$Q_{iu} = \frac{Q'_{iu} - \min_{t_i} Q'_{iu}}{\max_{t_i} Q'_{iu} - \min_{t_i} Q'_{iu}}$$

（4.2）

消极型属性的归一化数值为：

$$Q_{iu} = \frac{\max_{t_i} Q'_{iu} - Q'_{iu}}{\max_{t_i} Q'_{iu} - \min_{t_i} Q'_{iu}}$$

（4.3）

经归一化后产品模块 P_i 的第 u 个模块实例属性值大小为 Q_{iu}，x_{iu} 是 $0-1$ 变量，x_{iu} 为 1 时表示配置时选择该产品模块实例，x_{iu} 为 0 时表示不选择该模块实例。产品属性值最大化目标函数表示为：

$$\max Q = \sum_{i=1}^{m} \sum_{u=1}^{t_i} Q_{iu} x_{iu} \qquad (4.4)$$

在可用绩效服务功效最大化方面，假设可用绩效服务模块 S_j 的第 v 个模块实例服务功效为 F_{jv}，x_{jv} 是 $0-1$ 变量，x_{jv} 为 1 时表示该服务模块实例在最终配置方案中存在，x_{jv} 为 0 时表示该服务实例在最终配置方案中不存在。可用绩效服务功效最大化的目标函数表示为：

$$\max F = \sum_{j=m+1}^{n} \sum_{v=1}^{t_j} \varepsilon_{jv} F_{jv} x_{jv} \qquad (4.5)$$

其中，ε_{jv} 记作可用绩效服务模块实例 S_{jv} 与产品模块实例基于功能需求的差异化动态关系因子。ε_{jv} 越大，表示可用绩效服务与产品的关系越显著，对产品的功能补偿效用越高，所发挥的实际效用也就越高，意味着提供此项服务对于最终方案的价值增值作用越大。

第二，制造商利润最大化。制造商利润 f_2 由可用绩效服务配置价格与成本的差额表示，其中配置总成本由产品生产成本和可用绩效服务提供成本组成，产品生产成本包括设计、研发、制造以及产业互联网平台下产品资源统筹规划等成本，可用绩效服务提供成本为除产品之外的所有服务成本（胡有林和韩庆兰，2018），例如，云空间服务成本、碎屏保服务成本以及产业互联网平台下服务资源协调匹配等成本。假设产品模块实例销售价格为 p_{iu}，可用绩效服务模块实例销售价格为 p_{jv}；c_{iu} 是产品实例 P_{iu} 的生产成本，c_{jv} 是服务实例 S_{jv} 的实施成本。制造商利润最大化目标函数表示为：

$$\max f_2 = \sum_{i=1}^{m} \sum_{u=1}^{t_i} (p_{iu} - c_{iu}) x_{iu} + \sum_{j=m+1}^{n} \sum_{v=1}^{t_j} (p_{jv} - c_{jv}) x_{jv} \qquad (4.6)$$

（2）约束条件设计。

参考张在房等（2017）、伊辉勇和张露（2020）在方案配置优化模型中提出的多种关联约束条件，选择强制性约束、非强制性约束进行约束条件设计。

第一，模块实例约束。模块实例约束是指由于模块本身的状态导致的实例之间的关系变化，具体分为强制性约束和非强制性约束。假设产品模块适用强制性约束，是一种必须提供的以满足产品功能正常实现的模块，例如，智能手机的主板模块；可用绩效服务模块适用于非强制约束，是企业扩大竞争优势、满足多元化的市场需求并建立持久客户忠诚度的可选模块，如云服务空间模块。

$$\sum_{i=1}^{m} x_{iu} = m, \sum_{u=1}^{t_i} x_{iu} = 1$$

$$\sum_{j=m+1}^{n} x_{jv} \leqslant n - m, \sum_{v=1}^{t_j} x_{jv} \leqslant 1$$

(4.7)

第二，资源性约束。为了迅速把握住市场机遇并赢得顾客的偏爱，方案提供报价必须低于顾客所能接受的最高价格，这样才能在激烈的市场竞争中实现可持续发展，即：

$$\sum_{i=1}^{m} \sum_{u=1}^{t_i} p_{iu} x_{iu} + \sum_{j=m+1}^{n} \sum_{v=1}^{t_j} p_{jv} x_{jv} \leqslant p_{\max}$$

(4.8)

其中，$p_{\max}$ 表示顾客所能接受的最大方案报价。

（3）配置模型构建。

综上所述，基于产品属性、可用绩效服务功效和差异化动态关系，以客户满意度和制造商利润最大化构建双层目标规划模型：

$$\max f_1 = \sum_{i=1}^{m} \sum_{u=1}^{t_i} Q_{iu} x_{iu} + \sum_{j=m+1}^{n} \sum_{v=1}^{t_j} \varepsilon_{jv} F_{jv} x_{jv}$$

$$\max f_2 = \sum_{i=1}^{m} \sum_{u=1}^{t_i} (p_{iu} - c_{iu}) x_{iu} + \sum_{j=m+1}^{n} \sum_{v=1}^{t_j} (p_{jv} - c_{jv}) x_{jv}$$

$$\text{s. t.} \begin{cases} \sum_{i=1}^{m} \sum_{u=1}^{t_i} p_{iu} x_{iu} + \sum_{j=m+1}^{n} \sum_{v=1}^{t_j} p_{jv} x_{jv} \leqslant p_{\max} \\ \sum_{i=1}^{m} x_{iu} - m; \sum_{u=1}^{t_i} x_{iu} = 1; \sum_{j=m+1}^{n} x_{jv} \leqslant n - m; \sum_{v=1}^{t_j} x_{jv} \leqslant 1 \\ i = 1,2,\cdots,m; j = m+1, m+2,\cdots,n; u = 1,2,\cdots,t_i; v = 1,2,\cdots,t_j \\ x_{iu} = 0 \text{ 或 } 1; x_{jv} = 0 \text{ 或 } 1 \end{cases}$$

(4.9)

其中，在目标函数设计中，将产品属性和可用绩效服务功效作为客户满意度最大化的影响因素，ε_{jv} 是可用绩效服务模块实例与产品模块实例基于功能需求的差异化动态关系因子；以产品/服务的价格与成本差额表示制造商利润最大化。在约束条件设计中，将可接受最大方案报价作为资源性约束条件；令产品模块适用于强制性约束，表示只能选择一个且必须选择一个模块实例；可用绩效服务模块适用于非强制性约束，表示可以根据配置要求确定是否选择其中的模块实例。

4.2.2.2 可用绩效服务配置模型求解

为求解可用绩效服务配置模型，本节利用云模型和信息公理对产品与服务的差异化动态关系建模，并嵌入配置模型中，采用加权和算法求解双层目标规划模型，生成一套满足客企双方利益诉求的集成解决方案。

（1）面向功能需求的产品支持度定量化设计。

针对实体产品面向功能需求支持度的定性决策问题，大多是将其转化为模糊数并利用梯度平均等隶属度函数得到精确数值，这使得模糊数学问题改变为精确数学问题，违背了模糊问题的基本理念（赵坤等，2015）。此外，模糊数、粗糙集或犹豫模糊数等方法主要处理语义评价的模糊性和犹豫性问题，没有考虑到定性决策的随机性问题，更无法反映模糊性和随机性之间的关联（李磊等，2019）。而客户受环境、经验等因素的影响，其决策评价确实存在一定的随机性。

对此，李德毅等（1995）在概率论和模糊集理论基础上提出了定量描述和定性概念相互转换的云模型，同时反映了语义评价的随机性和模糊性特点，目前已广泛应用于系统评价的各个领域。例如，刘伟强等（2022）针对发动机装配系统评估中存在的随机性和模糊性问题，运用云模型理论实现指标值和评语集之间的不确定映射，基于云重心评价法完成对系统健康状态的评估；杨玉丽等（2022）提出基于云模型的云制造服务可信评价方法，用于统一表征不同类型的评价指标；李楠博和孙弘远（2021）引入政策、经济、社会和创新 4 个维度，采用云模型评价方法对企业绿色技术创新环境进行评估。以上述文献作为研究基础，本节通过引入云模型理论以解决面向功能需求的产品支持度定性评价的模糊性和随机性问题。

第一，云模型描述。假设 X 是一个普通集合，$X = \{x\}$，称为论域。云模型（Ex，En，He）的三个数字特征中 Ex 表示面向功能需求的产品支持度语义评价的期望值，熵值 En 表示该语义评价的不确定性，超熵 He 则反映了熵值的不确定性。利用云模型将定性评价定量化，既保证了输出数值在期望值附近波动，又没有遗失该语义评价模糊不确定的性质，同时还包含了评价所对应的数值范围，因此采用云模型处理定性评价是合理的。

第二，云评价标度确定。本节采用黄金分割法生成面向功能需求的云评价标度（耿秀丽和董雪琦，2018），假设语义评价数量为5，选取论域 $[X_{min}$，$X_{max}]$ 为 $[0$，$10]$，给定超熵 $He_0 = 0.1$，根据表 4 - 4 计算云评价标度。

表 4 - 4　　　　　可用绩效服务下黄金分割法计算云评价标度

云评价标度	期望值 Ex	熵 En	超熵 He
$E_2(Ex_2, En_2, He_2)$	X_{max}	$En_1/0.618$	$He_1/0.618$
$E_1(Ex_1, En_1, He_1)$	$Ex_0 + 0.382 \times (X_{max} + X_{min})/2$	$0.382 \times (X_{max} - X_{min})/6$	$He_0/0.618$
$E_0(Ex_0, En_0, He_0)$	$(X_{max} + X_{min})/2$	$0.618En_1$	He_0
$E_{-1}(Ex_{-1}, En_{-1}, He_{-1})$	$Ex_0 - 0.382 \times (X_{max} + X_{min})/2$	$0.382 \times (X_{max} - X_{min})/6$	$He_0/0.618$
$E_{-2}(Ex_{-2}, En_{-2}, He_{-2})$	X_{min}	$En_1/0.618$	$He_1/0.618$

由表 4 - 4 可知，面向功能需求的云评价标度依次为：E_2 满意（10，1.030 2，0.261 8），E_1 比较满意（6.91，0.636 7，0.161 8），E_0 一般（5，0.393 5，0.1），E_{-1} 比较不满意（3.09，0.636 7，0.161 8），E_{-2} 不满意（0，1.030 2，0.261 8），结果如图 4 - 4 所示。

第三，正向云发生器。结合云评价标度，正向云发生器将面向功能需求的定性评价数字特征（Ex，En，He）作为输入，云滴数设为 n^*；将每个云滴的定量值 x 和确定度 y 作为输出，共产生 n^* 个云滴。具体步骤如下。

一是以 En 为期望、He 为标准差生成正态分布随机数 En'。

二是以 Ex 为期望、En' 的绝对值为标准差生成正态分布随机数 x。

三是计算 $y = e^{\frac{-(x-Ex)^2}{2(En')^2}}$ 作为确定度。

四是生成（x，y）为论域中 1 个云滴。

五是重复一～四步，直至产生 n^* 个云滴。

第四，面向功能需求的支持度语义评价定量化。利用正向云发生器云滴

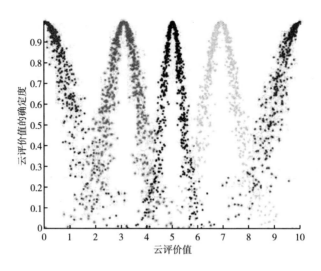

图 4 – 4　可用绩效服务云评价标度

化面向功能需求的语义评价信息，将定性评价定量化，具体步骤如下：

一是将面向功能需求的云评价标度数字特征（Ex，En，He）和 $n^* = R$ 输入正态云模型，得到 R 个云滴（x_r，y_r），$r = 1, 2, \cdots, R$。

二是每个云滴的相对权重分别为：

$$\omega_r = y_r / \sum_{r=1}^{R} y_r \qquad (4.10)$$

三是该云评价转化为定量评价值：

$$q_h = \sum_{r=1}^{R} \omega_r x_r \qquad (4.11)$$

其中，q_h 表示数值化后的面向功能需求的语义评价信息，$h = 1, \cdots, 5$。

（2）产品模块与可用绩效服务模块差异化动态关系建模。

目前，研究对象之间的相关性计算大多是基于相似性度量实现的，例如余弦相似度、Jaccrad 系数、欧氏距离等。这些方法都是通过强调比较对象与参考对象的相似程度选择最优设计，相似性越强，二者的关系越强。结合产品模块与可用绩效服务模块的关系特征，发现这些方法均不能反映当产品满足功能需求的支持程度越大或者产品设计得越好，产品对于服务弥补制造或功能不足的需求反而越低，当提供服务时两者关系反而越弱的情况。

美国麻省理工学院的舒赫（Suh. N. P）教授在 20 世纪 90 年代初期以香农的信息论为基础提出了公理化设计这一决策理论（耿秀丽和徐轶才，2018）。信息公理作为公理化设计的重要组成部分，能体现出在各功能需求相互独立的条件下，面向功能需求支持度最大的产品信息量最小，反馈给决策者的"最优产品关于服务弥补生产制造或功能不足"的需求性最低，即当提供可用绩效服务时与产品关系越弱，服务所能够发挥的实际功效越小。

信息公理的优点在于决策者不必给出各个功能需求的权重，只需确定设计范围和系统范围，避免了决策者主观判断对配置结果的影响，目前已被广泛地应用到设计方案评价、控制决策选择等领域。例如，赵金辉等（2020）运用信息公理计算各候选企业的信息量，帮助虚拟企业选择最优合作伙伴；耿秀丽和董雪琦（2018）以各候选规格的信息量为目标函数构建 0 - 1 规划模型，寻求信息量最小的最优设计方案；张殿峰等（2020）为解决水利工程规划问题，利用模糊信息公理计算备选方案在各个设计指标下的信息量，确定方案的优劣排序。

信息量 I 由满足给定功能需求的概率确定（徐新照和方峻，2019），若满足给定功能需求的成功概率为 p，则信息量为：

$$I = -\log_2 p \qquad (4.12)$$

在实际设计中概率 p 一般是通过给定功能需求的设计范围 DR 和满足功能需求的候选产品模块实例的系统范围 SR 来计算，设计范围和系统范围的重叠部分称为公共范围 CR（耿秀丽等，2020）。因此，对于简单的均匀分布，信息量 I 可以表示为：

$$I = \log_2 \left\{ \frac{SR}{CR} \right\} \qquad (4.13)$$

面向功能需求的产品模块实例支持度一般难以定量化精确表示，常常采用语义术语加以描述，例如，一般、较高、高等。为避免应用模糊信息公理时出现信息量无穷大的情况，以云模型作为理论基础，利用正向云发生器将语义评价转换为精确数值，使满足功能需求的产品模块实例支持度数值化，然后利用信息公理计算各语义评价相应的信息量。

为保证语义评价的有效性，根据第 h 个语义术语对应的精确数值为 q_h，以定量化后的"高（H）"作为最优支持度 q_{01}，以"低（L）"作为最劣支持度 q_{02}（耿秀丽和董雪琦，2018），计算每个语义评价相应的信息量：

$$I_h = \frac{q_{01}}{q_{01} - q_{02}} \log_2 \frac{q_{01}}{q_h} \tag{4.14}$$

邀请 E 位专家进行打分评价，对评价结果取平均值，得到面向功能需求 FR_k 的产品模块实例 P_{iu} 支持度的综合信息量：

$$I(P_{iu}, k) = \frac{1}{E}\left[I^1(P_{iu}, k) + I^2(P_{iu}, k) + \cdots + I^e(P_{iu}, k) + \cdots + I^E(P_{iu}, k) \right] \tag{4.15}$$

其中，$I^e(P_{iu}, k)$ 表示第 e 位专家对产品模块实例 P_{iu} 关于第 k 个功能需求支持度语义评价的信息量。

在此基础上，根据归一化设计思想对信息量 $I(P_{iu}, k)$ 作标准化处理以保证最终获得的差异化动态关系隶属于 [0，1] 之间。设"低（L）"的信息量为 I_{max}，"高（H）"的信息量为 I_{min}，结合式（4.16）确定每一个产品模块实例和每一个可用绩效服务模块实例的差异化动态关系，记作 μ_{iu-jv}：

$$\mu_{iu-jv} = \frac{I(P_{iu}, k) - I_{min}}{I_{max} - I_{min}} \times cor(P_{iu} - FR_k, S_{jv} - FR_k) \tag{4.16}$$

最后，确定可用绩效服务模块实例 S_{jv} 与方案中所有相关产品模块实例之间的关系，并记作差异化动态关系因子 ε_{jv} 嵌入配置模型中，为之后的模型求解奠定基础。

$$\varepsilon_{jv} = \sum_{u=1}^{t_i} \mu_{iu-jv} x_{iu} \tag{4.17}$$

（3）双层目标规划求解设计。

考虑加权和算法能解决两个目标之间因量级大小的关系而影响各个分目标在整个优化问题中的重要程度（黄柏雄等，2016），这一关键问题，本书采用该方法求解双层目标规划模型。具体实现过程如下。

首先，在模型求解之前，分别计算同一约束条件下单个目标函数的最优值，令 f_1^* 和 f_2^* 分别为只考虑客户满意度和制造商利润的最优值。

其次，在使用过程中，利用之前求得的最优值作统一量纲处理。

最后，对两个目标函数分别赋予相应权重，假设 α_1 和 α_2 分别是客户满意度和制造商利润在整个优化问题中的权重，且满足 $0 \leqslant \alpha_1$、$\alpha_2 \leqslant 1$ 以及 $\alpha_1 + \alpha_2 = 1$。将双层目标规划模型目标函数转化为：

$$\max f = \alpha_1 \frac{1}{f_1^*} f_1 + \alpha_2 \frac{1}{f_2^*} f_2 \tag{4.18}$$

作为影响配置结果的重要指标，产品属性、可用绩效服务功效和制造商利润的重要程度一般是以语义评价的形式表达，而在处理语义变量的诸如正态型、梯型、三角模糊数等方法中，三角模糊数具有形式表达直观简便、计算过程相对容易以及运用广泛的特点（欧阳中辉等，2020），能更好地表达语义评价的不确定性信息（丁珍妮等，2019），弥补了实数和区间数的不足（谢小军等，2020）。因此，本书将产品属性、可用绩效服务功效和制造商利润对配置方案的影响程度以三角模糊数表示；然后利用相对偏好分析将模糊重要度转化为各影响指标对配置方案的相对重要度；最后归一化处理客户满意度以及制造商利润在配置模型中的权重。

假设 o_1'、o_2'、o_3' 是影响指标对应的一组三角模糊数，$o_k' = (o_{kl}, o_{kh}, o_{ku})$，$o_{kl}$、$o_{kh}$、$o_{ku}$ 分别是三角模糊数的下确界、中值和上确界。该组三角模糊数的平均数为：

$$\bar{o} = \frac{1}{3}(o_1' + o_2' + o_3') = (\bar{o}_l, \bar{o}_h, \bar{o}_u) \tag{4.19}$$

其中，$\bar{o}_l$、$\bar{o}_h$、$\bar{o}_u$ 分别为该组三角模糊数均值的下确界、中值和上确界。

相对偏好分析采用 Up^* 算子，通过计算每个三角模糊数与平均数的相对偏好关系，将模糊数转换为精确数值。具体实现如下：

$$o_k = Up^*(o_k', \bar{o}) = \frac{1}{2}\left[\frac{(o_{kl} - \bar{o}_u) + 2(o_{kh} - \bar{o}_h) + (o_{ku} - \bar{o}_l)}{2\|T\|} + 1\right] \tag{4.20}$$

其中：

$$\|T\| = \begin{cases} \dfrac{(t_l^+ - t_u^-) + 2(t_h^+ - t_h^-) + (t_u^+ - t_l^-)}{2}, t_l^+ \geq t_u^- \\[4mm] \dfrac{(t_l^+ - t_u^-) + 2(t_h^+ - t_h^-) + (t_u^+ - t_l^-)}{2} + 2(t_u^- - t_l^+), t_l^+ < t_u^- \end{cases}$$

$$t_l^+ = \max\{o_{kl}\} ; t_h^+ = \max\{o_{kh}\} ; t_u^+ = \max\{o_{ku}\}$$

$$t_l^- = \min\{o_{kl}\} ; t_h^- = \min\{o_{kh}\} ; t_u^- = \min\{o_{ku}\}$$

最后，归一化处理获得客户满意度和制造商利润在配置问题中的影响权重：

$$\alpha_1 = \frac{o_1 + o_2}{\sum o_k}, \alpha_2 = 1 - \alpha_1 \tag{4.21}$$

4.2.2.3 数值检验

本部分选取广东欧珀移动通信有限公司（以下简称"OPPO"）作为研究对象，主要基于以下三方面的考虑：一是 OPPO 作为国内手机厂商的重要企业，近年来国际市场份额占比逐步提升，国内市场销量稳居前三，2021 年更是以 20.5% 的市场份额排名首位，并且仍然以健康态势持续发展，因此案例选择具有典型性；二是 OPPO 作为国内手机行业中的知名企业，在学术文献或是新闻报道等多种渠道中都有相对丰富的资料，对于信息的收集和整理提供了方便；三是 OPPO 坚持"用户导向"的文化价值观，与客户深入合作交流以定制集成产品和服务，不断向服务型制造转型升级，符合本项目的研究要求。因此，选择 OPPO 作为研究案例构建制造企业服务分类模型。

为保证数据资料的信效度，案例信息来源应该多元化，以形成相互印证。本部分主要从以下渠道收集信息：一是通过访问 OPPO 官方网站、关注官方公众号、线上咨询客服人员与浏览客户购买评价获得一手数据；二是跟踪专业新闻报道，浏览中国知网数据库以及 Wind、同花顺等财经网站获取二手案例素材。

基于以上多种渠道收集 OPPO 智能手机硬件产品和服务活动的信息和数据，得到如表 4-5 所示的产品模块与实例，如表 4-6 所示的可用绩效服务模块与实例以及各自对应的属性、功效、成本和价格。其中产品模块包括主板 P_1、屏幕 P_2、电池 P_3 和机身 P_4，可用绩效服务模块包括云服务空间、碎屏保服务、VOOC 闪充和后盖保服务。

表 4 – 5　　　　　　　　　　　**OPPO 手机产品模块及相应实例**

模块名称	模块实例及编码	产品属性	成本（元）	价格（元）
主板 P_1	高通骁龙 730G（P_{11}）	6G + 128G	700	1 200
	天玑 1000 +（P_{12}）	8G + 256G	1 080	1 780
	高通骁龙 865（P_{13}）	12G + 256G	1 550	2 450
屏幕 P_2	OLED 材质、全面屏（P_{21}）	402ppi	320	520
	AMOLED 材质、全面屏（P_{22}）	409ppi	480	720
	AMOLED 材质、曲面屏（P_{23}）	410ppi	1 030	1 280
电池 P_3	电池配件 I（P_{31}）	4 000mAh	200	380
	电池配件 II（P_{32}）	4 300mAh	350	550
	电池配件 III（P_{33}）	4 500mAh	520	750
机身 P_4	塑料机身（P_{41}）	2.0H	230	350
	玻璃机身（P_{42}）	7.0H	300	480
	陶瓷机身（P_{43}）	8.5H	350	560

表 4 – 6　　　　　　　　　**OPPO 手机可用绩效服务模块及相应实例**

模块名称	模块实例及编码	服务功效	成本（元）	价格（元）
云服务空间 S_5	5G（S_{51}）	0.44	20	48
	15G（S_{52}）	0.51	30	68
	30G（S_{53}）	0.58	50	98
碎屏保服务 S_6	高清塑料膜 + 1 年碎屏保修（S_{61}）	0.82	65	130
	水凝膜 + 1 年碎屏换屏（S_{62}）	0.88	120	270
	钢化玻璃膜 + 2 年碎屏换屏（S_{63}）	0.94	300	450
VOOC 闪充 S_7	闪充移动电源（S_{71}）	0.80	80	150
	车载闪充（S_{72}）	0.87	120	250
	闪充加油站（S_{73}）	0.92	230	360
后盖保服务 S_8	硅胶（S_{81}）	0.75	60	120
	凯夫拉（S_{82}）	0.82	110	240

　　在求解目标规划之前，首先需要确定产品模块实例与可用绩效服务模块实例的差异化动态关系。参照功能需求域——产品服务域关系模型，经系统化综合分析之后选取运行速度快（FR_1）、屏保功能（FR_2）、续航功能

（FR_3）和机身保护（FR_4）作为功能域中的功能需求，并将存在关联关系的产品和服务列于表4-7。

表4-7   **基于功能需求的产品服务关系模型**

功能需求	产品模块实例			服务模块实例		
FR_1	P_{11}	P_{12}	P_{13}	S_{51}	S_{52}	S_{53}
FR_2	P_{21}	P_{22}	P_{23}	S_{61}	S_{62}	S_{63}
FR_3	P_{31}	P_{32}	P_{33}	S_{71}	S_{72}	S_{73}
FR_4	P_{41}	P_{42}	P_{43}	S_{81}	S_{82}	—

以功能需求域——产品服务域关系模型为基础，针对实体产品关于功能需求的满足程度或支持程度作语义评价，并利用正向云发生器转换为精确数值。各语义术语的支持度分别为低 $L(1.006\ 9)$、比较低 $ML(2.969\ 4)$、一般 $M(5.097\ 2)$、比较高 $MH(7.006\ 8)$ 和高 $H(9.013\ 1)$。计算每个语义术语数值化后相应的信息量，即 $L(3.559\ 8)$、$ML(1.803\ 3)$、$M(0.925\ 7)$、$MH(0.408\ 9)$、$H(0)$。邀请20位专家对不同功能需求下的产品模块实例支持度进行评价（见附录A1），处理后的综合信息量如表4-8所示。

表4-8   **产品模块实例支持度的评价结果及综合信息量**

$P_{iu} - FR_k$	语义评价变量					$I(P_{iu},\ k)$
	L	ML	M	MH	H	
$P_{11} - FR_1$	9	8	2	1	0	2.436 2
$P_{12} - FR_1$	0	4	5	6	5	0.714 7
$P_{13} - FR_1$	0	0	0	11	9	0.224 9
$P_{21} - FR_2$	6	10	3	1	0	2.128 9
$P_{22} - FR_2$	0	5	5	6	4	0.804 9
$P_{23} - FR_2$	13	5	2	0	0	2.857 3
$P_{31} - FR_3$	8	7	5	0	0	2.286 5
$P_{32} - FR_3$	3	6	8	2	1	1.486 1
$P_{33} - FR_3$	0	10	7	1	2	1.246 1
$P_{41} - FR_4$	12	4	3	1	0	2.655 8
$P_{42} - FR_4$	3	5	7	4	1	1.390 5
$P_{43} - FR_4$	0	4	8	4	4	0.812 7

结合基于功能需求的产品服务关系模型和各产品模块实例信息量，当产品和可用绩效服务共同满足同一个功能需求时归一化处理两者的差异化动态关系，结果如表 4 – 9 所示，其中可以清晰直观地看到当可用绩效服务模块实例搭配不同的产品模块实例时，二者的关系特征是动态变化的。

表 4 – 9　　　　　　　　　　　产品与服务差异化动态关系

$P_{iu} - S_{jv}$	μ_{iu-jv}	$P_{iu} - S_{jv}$	μ_{iu-jv}	$P_{iu} - S_{jv}$	μ_{iu-jv}
$P_{11} - S_{5v}$	0.684 4	$P_{22} - S_{6v}$	0.226 1	$P_{33} - S_{7v}$	0.350 1
$P_{12} - S_{5v}$	0.200 8	$P_{23} - S_{6v}$	0.802 7	$P_{41} - S_{8v}$	0.746 1
$P_{13} - S_{5v}$	0.063 2	$P_{31} - S_{7v}$	0.642 3	$P_{42} - S_{8v}$	0.390 6
$P_{21} - S_{6v}$	0.598 1	$P_{32} - S_{7v}$	0.417 5	$P_{43} - S_{8v}$	0.228 3

依据耿秀丽等（2020）总结的三角模糊数和语义术语的相互转化关系，如表 4 – 10 所示，邀请 10 位专家针对产品属性、可用绩效服务功效和制造商利润对配置方案的影响程度进行语义评价（见附录 A3），然后基于指标权重计算过程确定各影响指标的相对重要度，计算结果如表 4 – 11 所示。

表 4 – 10　　　　　　　语义术语和三角模糊数的转化关系

语义评价变量	三角模糊数
不重要（L）	(0, 0.1, 0.3)
比较不重要（ML）	(0.1, 0.3, 0.5)
一般（M）	(0.3, 0.5, 0.7)
比较重要（MH）	(0.5, 0.7, 0.9)
重要（H）	(0.7, 0.9, 1)

表 4 – 11　　　产品属性、服务功效和利润的语言评价及其相对重要度

指标	语义评价变量					模糊重要度	相对重要度
	L	ML	M	MH	H		
产品属性	0	1	3	3	3	(0.46, 0.66, 0.83)	0.569 6
服务功效	2	2	3	2	1	(0.28, 0.46, 0.67)	0.335 4
企业利润	0	1	2	4	3	(0.48, 0.68, 0.85)	0.594 9

由表 4 – 11 可知，产品属性、可用绩效服务功效和制造商利润对配置方案的相对重要程度分别为：0.569 6、0.335 4、0.594 9。产品属性和可用绩效服务

功效作为影响客户满意度的主要因素，计算 $(0.5696 + 0.3354)/(0.5696 + 0.3354 + 0.5949)$ 可得权重 $\alpha_1 = 0.6034$，制造商利润所占权重 $\alpha_2 = 1 - \alpha_1 = 0.3966$。

借助 Lingo17.0 软件求解数学模型，分析可接受最大方案报价分别为 2 500 元、3 500 元、4 500 元、6 000 元和 6 500 元资金约束下的模块配置方案，结果如表 4 – 12 所示。

表 4 – 12 不同报价下的模块配置方案

方案编号	p_{max}	模块配置方案							
		P_1	P_2	P_3	P_4	S_5	S_6	S_7	S_8
I	2 500	P_{11}	P_{21}	P_{31}	P_{41}	S_{51}	×	×	×
II	3 500	P_{11}	P_{22}	P_{33}	P_{42}	S_{53}	S_{61}	×	S_{81}
III	4 500	P_{12}	P_{22}	P_{33}	P_{43}	S_{52}	S_{61}	S_{72}	S_{82}
IV	6 000	P_{13}	P_{23}	P_{33}	P_{43}	S_{53}	S_{62}	S_{72}	S_{82}
V	6 500	P_{13}	P_{23}	P_{33}	P_{43}	S_{53}	S_{63}	S_{73}	S_{82}

由表 4 – 12 可知，在方案配置过程中考虑产品模块与可用绩效服务模块差异化动态关系的现实意义主要体现在面向中端市场的用户。这是因为在过低的方案预算（$p_{max} = 2\,500$）下，顾客只能购买满足基本需求的配置方案，没有更多选择购买实现价值增值的其他服务模块；而当有充足的方案预算（$p_{max} = 6\,500$）时，客户有能力购买最好的产品和服务，不存在方案选择困难的情况。

在中端市场（$3\,500 \leqslant p_{max} \leqslant 5\,500$）下，就整体而言，随着可接受最大方案报价的不断提升，客户更倾向于选配属性值更优的模块实例，同时也会选择更多的可用绩效服务模块。例如，当最大方案报价从 3 500 元增加至 4 500 元时，产品模块 P_1、P_4 和服务模块 S_8 随着方案价格的上升，属性值也变得更优；VOOC 闪充服务 S_7 由未选变为被选。通过比较分析方案 II 和方案 III，发现云服务空间 S_5 属性值出现了反弹现象，原因在于与其相关的主板模块属性值不断增加，当产品本身能很好地满足功能需求时对服务的需求性就会降低，即云服务空间与主板产品的关系不断减弱，云空间服务功效相对降低；与此同时，云服务空间节省的资金将帮助顾客购买属性值更优的其他产品（如

P_{43}）。这些研究发现均与现实应用情况相符，为今后更深层次地研究产品模块与可用绩效服务模块的差异化动态关系及方案配置奠定基础。图4-5显示了不同报价约束下的模块配置方案。

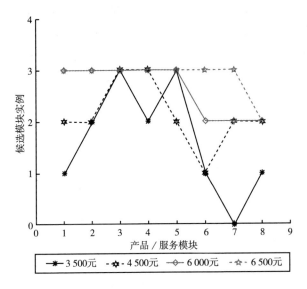

图4-5　不同报价下的模块配置方案

同时为证明所提方法的有效性，在最大方案报价都为5 500元的约束条件下分别求得本项目模型的模块配置方案和未考虑差异化动态关系的传统模型的模块配置方案，对比结果如表4-13所示。

表4-13　　　　　　　　　本项目方法和对比方法的模块配置方案

配置方法	模块配置方案							
	P_1	P_2	P_3	P_4	S_5	S_6	S_7	S_8
本项目方法	P_{13}	P_{23}	P_{33}	P_{42}	×	S_{61}	S_{71}	S_{82}
对比方法	P_{13}	P_{22}	P_{33}	P_{43}	S_{53}	S_{62}	S_{73}	S_{82}

方案对比情况如图4-6所示，基于本书方法求得的模块配置方案中，产品模块 P_1、P_2 和 P_3 都已达到各自属性的最优值，对相关服务弥补功能不足的需求性相对较低，因此，可用绩效服务模块 S_5、S_6 和 S_7 的属性值较小甚至未选；产品模块 P_4 未能实现最优属性，所以提供与之匹配的最优服务模块实例 S_{82} 以弥补产品制造不足。以上结果分析说明了本书方法的合理性。相比而

言，在传统模型中产品模块 P_1、P_3 和 P_4 属性值均已实现最优化，此时将资金用于购买与这些产品模块相关的最优服务模块实例 S_{53}、S_{73} 和 S_{82} 所能带来的服务功效实际上并不突出，相反能显著提高客户满意度的屏幕模块 P_2 的产品属性值却没有实现最优化，相应的碎屏保服务模块 S_6 也没有达到最优化以弥补产品功能的不足。由此可见，孤立产品和可用绩效服务而单独考虑各自属性和功效的配置方法与现实情况相悖。经对比分析后，本书配置模型更符合现实应用环境。

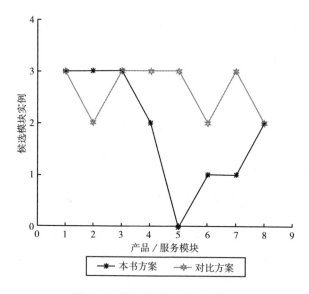

图 4-6　模块配置方案对比情况

4.2.3　可用绩效服务协调能力与逻辑模型

中小制造企业在能力和资源限制下，不能单枪匹马提供可用服务，而是需要借助产业互联网平台与上游企业合作。

4.2.3.1　可用绩效服务协调能力

结合第 3 章案例研究，东方雨虹根据不同地区的市场情况，建立了具有不同生产容量的生产基地，为下游的苏州轨道交通集团提供技术支持、施工等服务，具有典型的可用绩效服务的特征；同时，东方雨虹与中石油、瓦克化学等战略合作伙伴联合研发原材料，在供应商大会上表彰合作中表现优异的供应商，从而与这些供应商共同构建高效供应链，并提高合作水平以向下游客户提供高质量的服务。可见，提供可用绩效服务的产品服务供应链中的共性服务为研发服务，具体协调能力体现如下。

（1）研发服务水平配置协调。联合研发通常有两种结果，即提高市场需求和降低成本，前者主要包括新产品开发或产品质量提升等，后者主要包括生产效率的提高或生产成本的节约等（Levin and Reiss，1988）。制造商在生产运营中，希望对供应商产品的使用可以尽量节省自身的生产成本，从而平滑自身的现金流。但在与上游供应商联合开发更高性价比的原材料时，供应商不一定有提高服务水平的动力，这会导致制造商对原材料的使用无法节省足够的生产成本，即绩效指标的完成情况较差。因此，如何通过激励供应商投入合适的研发服务能力为制造商使用原材料提供绩效保障，是提供可用绩效服务的产品服务供应链协调研究的主要内容。

（2）研发原材料订购量协调。在订购供应商研发出的原材料后，制造商需要根据市场情况生产产品，并向市场供应产成品。由于原材料特性，制造商的生产过程存在产出的不确定性，制造商需要制定合适的原材料采购量，生产适当的产成品量，从而提高自身的利益。

PBC 中的绩效主要围绕产品的使用价值（Glas et al.，2018）、可靠性能力（秦绪伟等，2018）、客户要求的运行时间（Orsdemir et al.，2019）、产出效益（许飞雪等，2021）等。在提供可用绩效服务的产品服务供应链中，制造商更加注重与供应商建立紧密的合作关系，以便共同为客户开展优质服务。中小制造企业通过租用产业互联网平台，借助供应商的研发服务，为自身产品生产和可用绩效服务的提供打下基础，因此需要针对供应商向制造商提供的联合研发进行协调。现实中，供应商、制造商均会将每年收入的一部分投入到研发中，并在年报等报告中披露研发投入的比例，可以看出，研发服务对产品的生产制造和客户服务至关重要。联合研发通常有两种结果，即扩大市场需求和降低生产成本，前者主要包括新产品开发或产品质量提升等，后者主要包括生产效率的提高或生产成本的节约等（Levin and Reiss，1988），如东方雨虹通过与乳液供应商塞拉尼斯联合开发原材料，从而获得高性价比的产品，使东方雨虹的产品生产成本进一步降低。

因此，本书界定：面向可用绩效服务的产品服务供应链的绩效是供应商提供的合作研发服务给核心制造企业带来的生产成本的节省，并以单位原材料带来的单位生产成本节约作为绩效指标。

4.2.3.2 可用绩效服协调逻辑模型

在服务化转型的实践中，受制造和服务等资源的限制，制造企业一般无法单独完成产品服务供应链中产品服务的制造和传递，需要借助产业互联网平台，达成与供应链中各成员的合作。其中，制造商在产品主导战略下，更专注于作为业务重点的产品提供，将资源更多地投入于产品，如案例中的三家企业与战略供应商合作联合开发企业生产所需的原材料、零部件等。在制造商的产品主导战略下，供应链由供应商所主导，这是由于与制造商合作研发的供应商，多为国际一流企业，研发服务水平和整体实力均在制造商之上。

在制造商产品主导战略下，战略供应商投入的研发服务能力关系到作为业务重点的制造商产品的质量和成本，若供应商投入的研发水平不高，给制造商带来理想的利润，会对企业造成难以估量的损失。

学术界对研发服务的研究主要集中于研发效果等因素与研发服务决策、社会与供应链成员利润的关系，如王慧和王谦（2021）针对包括一个供应商和两个权利结构不同的制造商的供应链，探索研发水平影响市场规模的情况下，下游制造商的优先定价对各参与方的作用；王伟等（2021）针对由一个具有研发能力、一个不具有研发能力的制造商和一个零售商构成的供应链，考虑研发结果的不确定性，探讨两个制造商之间技术授权的最优策略选择。

在生产制造的具体实践过程中，制造商也面临许多不确定问题，如使用新材料带来的产出不确定性。在产出不确定性的研究中，彭等（Peng et al.，2018）探索了由单个供应商和制造商构成的供应链在碳排放具有限定额度下产品的生产、价格和碳减排决策问题，并通过数量折扣契约和收益分享契约协调供应链；李伟和李凯（2019）针对由两个制造商和一个零售商组成的供应链，探索了不同渠道权利结构下研发溢出程度的变化对研发水平及供应链成员利润的影响。

综上所述，现有研究主要考虑研发服务对市场的影响，研发出的新材料对制造商生产成本的影响不是研究重点，供应链协调主要通过收益共享合同、成本分担合同等传统方式。新材料的使用可以为制造商带来生产成本的节约，因此，在制造商产出不确定下，考虑研发出的材料对制造商生产成本的影响，使得强势供应商投入合适的研发服务水平设计产品，并利用单位生产成本的节约协调供应商的利润，是提供可用绩效服务的产品服务供应链需要解决的问题。

因此，将制造商下游的分销商、零售商集合成市场，即假设制造商的产出与市场需求是相等的，忽略中小制造企业服务外包的情况，加入协调变量，即原材料批发价、研发服务水平和原材料订购量，如图4-7所示。

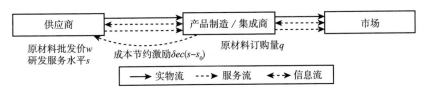

图4-7 可用绩效服务协调逻辑模型

在图4-7中，供应商通过研发服务为制造商提供其生产所用的原材料，研发服务为制造商的生产带来一定的成本节约，制造商以单位生产成本节约作为评价供应商服务水平的绩效指标，因此供应商为了获得更多利润，有动力提供更高水平的服务。

4.2.4 可用绩效服务协调方法

4.2.4.1 符号说明

本节相关变量符号及其说明如表4-14所示，其中所涉及的变量均为无量纲量。

表4-14　　　　　　　　相关变量符号及其说明

变量符号	说明
a	市场最高价格
b	需求对价格的敏感系数
p	制造商所生产产品的市场价格
q	研发出的材料订购量
s	供应商实际研发服务水平
e	研发服务带来的单位生产成本节约
c	制造商单位原材料订购量的生产成本
c_1	供应商单位原材料生产成本

变量符号	说明
w	单位材料批发价
δ	生产成本节约激励系数
u	研发服务水平成本系数
qX	制造商利用供应商研发出的材料生产时的产出
F_1	制造商的产业互联网平台协调成本
F_2	供应商的产业互联网平台协调成本

4.2.4.2 相关函数说明

在提供可用绩效服务的产品服务供应链中，制造商更关注供应商提供的服务在自身产品生产中的作用，故本节假设该作用为制造商生产成本的节约，并建立由强势供应商和制造商构成的提供可用绩效服务的产品服务供应链，二者进行斯塔克尔伯格博弈。一方面，供应商为制造商提供研发服务，将研发出的原材料销售给制造商，同时努力提高研发服务水平，为制造商带来更高的成本节约，从而通过单位生产成本节约这一绩效指标获得更大的利润；另一方面，制造商根据原材料批发价和研发服务带来的单位生产成本节约，决策原材料的订购量。在制造商生产中，由于新材料的使用改变了原有的工艺流程，导致产出存在不确定性问题，在此基础上，研究原材料订购量、批发价格和研发服务水平对供应链产生的影响。

（1）逆向需求函数。

考虑制造商产品生产过程存在产出不确定现象，由于本节以原材料订购量为决策变量，假设逆向需求函数如式（4.22）所示：

$$p = a - bqX \tag{4.22}$$

其中，p 为制造商所生产产品的市场价格，a 为市场最高价格，q 为研发出的材料订购量，qX 为制造商利用供应商研发出的材料生产时的产出，X 为服从 $N(1, \sigma^2)$ 的随机变量，σ^2 代表产出不确定性（Peng et al.，2018；林志炳，2021）。

（2）成本函数。

由于随着研发服务水平越高，单位研发服务水平的提高需要付出更多成本, 即类似于文献李伟和李凯 (2019) 和王慧和王谦 (2021), 研发成本函数为凸函数, 研发成本函数如式 (4.23) 所示:

$$C_s = \frac{us^2}{2} \tag{4.23}$$

其中, u 为研发服务水平成本系数, $s(0 < s < 1)$ 为研发服务水平。

由于供应商研发出的材料会为制造商的生产带来成本节约, 则制造商生产成本如式 (4.24) 所示:

$$C_h = (1 - es)cq \tag{4.24}$$

其中, $e(0 < e < 1)$ 为研发服务带来的单位生产成本节约, c 为单位原材料订购量带来的生产成本, cq 为制造商的生产成本, es 为服务水平带来的单位生产成本节约。

(3) 协调函数。

供应商会将每年收入的一部分投入研发服务中, 并在年报等报告中披露研发投入的比例, 可以看出, 研发服务对产品的生产制造至关重要。因此, 本节以单位订购量带来的成本节约为绩效指标, 激励供应商提高研发服务水平, 为制造商带来更多的成本节约, 协调函数如式 (4.25) 所示:

$$C_\delta = \delta(ecs - ecs_0) \tag{4.25}$$

其中, $\delta(\delta > 0)$ 为单位生产成本节约激励系数, s_0 为制造商能接受的最低研发服务水平, ecs 为单位订购量带来的成本节约, ecs_0 为制造商能接受的最低成本节约。

4.2.4.3　协调前的供应链博弈

协调前制造商不对供应商进行激励, 则分散决策下, 制造商决策原材料订购量, 其期望利润如式 (4.26) 所示:

$$E(\pi_m) = E\big[(a - bqX)qX - wq - (1 - es)cq - F_1\big]$$
$$= aq - b(1 + \sigma^2)q^2 - wq - (1 - es)cq - F_1 \tag{4.26}$$

在式 (4.26) 中, 前两项为制造商的销售收入, 第三项为制造商的采购成本, 第四项为制造商的生产成本, 最后一项为制造商的产业互联网平台协调成本。

供应商决策服务水平和原材料批发价格，其期望利润如式（4.27）所示：

$$E(\pi_s) = (w - c_1)q - us^2/2 - F_2 \tag{4.27}$$

在式（4.27）中，第一项为供应商的销售利润，第二项为供应商的研发服务成本，第三项为供应商的产业互联网平台协调成本。

集中决策下，制造商与供应商作为共同体决策原材料订购量和研发服务水平，则集中决策的产品服务供应链利润如下：

$$\begin{aligned}
\pi_t &= E(\pi_m) + E(\pi_s) = aq - b(1 + \sigma^2)q^2 - c_1 q \\
&\quad - (1 - es)cq - us^2/2 - F_1 - F_2
\end{aligned} \tag{4.28}$$

在式（4.28）中，前两项为供应链的收入，第三、第四项为供应链的生产成本，最后一项为供应链的研发成本。

根据主从博弈，强势供应商先对原材料批发价格和研发水平做出决策，然后制造商对原材料订购量做出决策，则根据逆向归纳法，求得最优订购量的反应函数如式（4.29）所示：

$$q = \frac{a - w - (1 - es)c}{2b(1 + \sigma^2)} \tag{4.29}$$

当研发投入为 0 时，订购量大于 0，且 $w > c_1$，则 $a - c_1 - c > 0$。

将式（4.29）代入式（4.27）中，可求得关于 w 和 s 的海森矩阵如式（4.30）所示：

$$\begin{vmatrix}
\dfrac{\partial^2 E(\pi_s)}{\partial w^2} & \dfrac{\partial^2 E(\pi_s)}{\partial w \partial s} \\[3mm]
\dfrac{\partial^2 E(\pi_s)}{\partial s \partial w} & \dfrac{\partial^2 E(\pi_s)}{\partial s^2}
\end{vmatrix} = \begin{vmatrix}
\dfrac{-1}{b(1 + \sigma^2)} & \dfrac{ec}{2b(1 + \sigma^2)} \\[3mm]
\dfrac{ec}{2b(1 + \sigma^2)} & -u
\end{vmatrix} = \dfrac{4bu(1 + \sigma^2) - e^2 c^2}{4b^2(1 + \sigma^2)}$$

$$\tag{4.30}$$

由于 $\partial^2 E(\pi_s)/\partial w^2 = -1/[b(1 + \sigma^2)]$，当 $4bu(1 + \sigma^2) - e^2 c^2 > 0$ 时，矩阵负定，$E(\pi_s)$ 存在极大值，联立求得分散决策下最优原材料批发价和研发水平分别如式（4.31）和式（4.32）所示：

$$w^{F*} = \frac{2bu(1 + \sigma^2)(a + c_1 - c) - c_1 e^2 c^2}{4bu(1 + \sigma^2) - e^2 c^2} \tag{4.31}$$

$$s^{F*} = \frac{ec(a - c_1 - c)}{4bu(1 + \sigma^2) - e^2c^2} \tag{4.32}$$

代入式（4.29）中求得最优订购量如式（4.33）所示：

$$q^{F*} = \frac{u(a - c_1 - c)}{4bu(1 + \sigma^2) - e^2c^2} \tag{4.33}$$

由于以上变量均为非 0 变量，则需要满足 $c_1 < [2bu(1 + \sigma^2)(a + c_1 - c)]/e^2c^2$，即 c_1 足够小。

假设 $4bu(1 + \sigma^2) - e^2c^2 = E$，则制造商的最优利润如式（4.34）所示：

$$E(\pi_m^{F*}) = \frac{bu^2(1 + \sigma^2)(a - c_1 - c)^2 - F_1E^2}{E^2} \tag{4.34}$$

最优供应商利润如式（4.35）所示：

$$E(\pi_s^{F*}) = \frac{u(a - c_1 - c)^2 - 2F_2E}{2E} \tag{4.35}$$

集中决策下，对式（4.28）关于原材料订购量 q 和研发水平 s 求导，可以得到海森矩阵如式（4.36）所示：

$$\begin{vmatrix} \dfrac{\partial^2 \pi_t}{\partial q^2} & \dfrac{\partial^2 \pi_t}{\partial q \partial s} \\ \dfrac{\partial^2 \pi_t}{\partial s \partial q} & \dfrac{\partial^2 \pi_t}{\partial s^2} \end{vmatrix} = \begin{vmatrix} -2b(1 + \sigma^2) & ec \\ ec & -u \end{vmatrix} = 2bu(1 + \sigma^2) - e^2c^2 \tag{4.36}$$

由于 $\partial^2 \pi_t / \partial q^2 = -2b(1 + \sigma^2) < 0$，当 $2bu(1 + \sigma^2) - e^2c^2 > 0$ 时，矩阵负定，π_t 存在极大值。则求得集中决策下最优的原材料订购量和研发水平分别如式（4.37）和式（4.38）所示：

$$q_c^* = \frac{u(a - c_1 - c)}{2bu(1 + \sigma^2) - e^2c^2} \tag{4.37}$$

$$s_c^* = \frac{ec(a - c_1 - c)}{2bu(1 + \sigma^2) - e^2c^2} \tag{4.38}$$

供应链的最优利润如式（4.39）所示：

$$\pi_t^* = \frac{u\,(a - c_1 - c)^2}{2\left[\,2bu(1 + \sigma^2) - e^2c^2\,\right]} - F_1 - F_2 \tag{4.39}$$

4.2.4.4 绩效保障协调下的供应链博弈

绩效保障协调时，分散决策下，制造商的期望利润如式（4.40）所示：

$$
\begin{aligned}
E(\pi_m) &= E\left[\,(a - bqX)qX - wq - (1 - es)cq - \delta(ecs - ecs_0) - F_1\,\right] \\
&= aq - b(1 + \sigma^2)q^2 - wq - (1 - es)cq - \delta(ecs - ecs_0) - F_1
\end{aligned}
$$

$$\tag{4.40}$$

在式（4.40）中，前两项为制造商的销售收入，第三项为制造商的采购成本，第四项为制造商的生产成本，第四项为制造商给予供应商的绩效奖励，最后一项为制造商的互联网租用成本。

供应商的期望利润如式（4.41）所示：

$$E(\pi_s) = (w - c_1)q - us^2/2 + \delta(ecs - ecs_0) - F_2 \tag{4.41}$$

在式（4.41）中，第一项为供应商的销售利润，第二项为供应商的研发服务成本，第三项为供应商获得的绩效收入，最后一项为供应商的产业互联网租用成本。

根据主从博弈，强势供应商先对原材料批发价格和研发水平做出决策，然后制造商对原材料订购量做出决策，此时供应商利润关于 w 和 s 的海森矩阵同式（4.30），则 $E(\pi_s)$ 存在极大值。联立求得绩效保障协调时，分散决策下最优的原材料批发价、研发水平和订购量分别为：

$$w^* = \frac{2b(1 + \sigma^2)\left[\,u(a + c_1 - c) + \delta e^2 c^2\,\right] - c_1 e^2 c^2}{4bu(1 + \sigma^2) - e^2 c^2} \tag{4.42}$$

$$s^* = \frac{ec(a - c_1 - c) + 4b\delta ec(1 + \sigma^2)}{4bu(1 + \sigma^2) - e^2 c^2} \tag{4.43}$$

$$q^* = \frac{u(a - c_1 - c) + \delta e^2 c^2}{4bu(1 + \sigma^2) - e^2 c^2} \tag{4.44}$$

由于以上变量均为非 0 变量，则需要满足 $2b(1 + \sigma^2)\left[\,u(a + c_1 - c) + \delta e^2 c^2\,\right]/e^2 c^2 > c_1$，即 c_1 足够小。

则制造商的最优利润为：

$$E(\pi_m^*) = \frac{bu^2(1+\sigma^2)(a-c_1-c)^2+\delta e^4c^4(a-c_1-c)+5b\delta^2e^4c^4(1+\sigma^2)+\delta ecs_0E^2}{E^2}$$

$$-\frac{2bu\delta e^2c^2(a-c_1-c)(1+\sigma^2)+16ub^2\delta^2e^2c^2(1+\sigma^2)^2+F_1E^2}{E^2}$$

$$(4.45)$$

供应商的最优利润为：

$$E(\pi_s^*) = \frac{u(a-c_1-c)^2+2\delta e^2c^2(a-c_1-c)+4b\delta^2e^2c^2(1+\sigma^2)-2\delta ecs_0E-2F_2E}{2E}$$

$$(4.46)$$

若要达到供应链协调，需要满足 $(q^*,s^*)=(q_c^*,s_c^*)$，$E(\pi_s^*) \geqslant E(\pi_s^{F*})$，$E(\pi_m^*) \geqslant E(\pi_m^{F*})$，即绩效保障合同下的最优解等于集中决策下的最优解，绩效保障合同下的供应商和制造商利润均大于协调前分散决策下的利润。根据上述条件可求得达成协调时的条件下：

$$s_0 \geqslant [5b\delta^2e^4c^4(1+\sigma^2)+6bu^2(1+\sigma^2)(a-c_1-c)^2+$$
$$\delta e^4c^4(a-c_1-c)]/4bu\delta ec(1+\sigma^2)E \qquad (4.47)$$

4.2.4.5　数值分析

由于全面的真实数据具有保密性，为了更直观地印证上述模型各参数之间的关系，验证上述命题的合理性，本节结合彭等（Peng et al.，2018）和林志炳（2021）的参数设置，以及从东方雨虹的年报、新闻报道及对内部人员的访谈中获取的企业采购成本、生产成本数据，通过 Matlab 软件进行数值分析。具体的参数设置如表 4-15 所示。

表 4-15　　　　　　　　　　　　　参数取值

a	b	e	c	c_1	u	δ	σ^2	s_0	F_1	F_2
5	1	0.4	2	1	0.8	0.3	1	0.3	0.01	0.01

求得存在绩效保障协调下，分散决策下最优的原材料批发价为 2.244，研发服务水平为 0.611，原材料订购量为 0.311，制造商利润为 0.109，供应商利润为 0.302；集中决策下最优的研发服务水平为 0.625，原材料订购量为 0.625，供应链利润为 0.625。接下来对相关参数的变化进行分析。

（1）单位生产成本节约激励系数分析。

当单位生产成本节约激励系数 δ 在（0，0.6）间变化时，绩效保障协调下制造商利润 $E(\pi_m)$ 及供应商利润 $E(\pi_s)$ 的变化如图4-8所示。

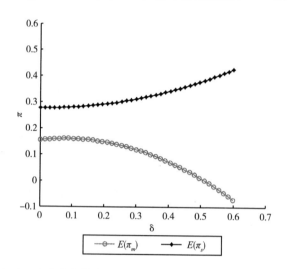

图4-8　生产成本节约激励系数与制造商和供应商利润的关系

由图4-8可知，单位生产成本节约激励系数对供应链成员利润的作用为：随着该系数的增加，制造商的利润由增加转变为降低，且降低速度逐渐加快，与此同时，供应商的利润不断增长且增长速度逐渐加快。究其原因，δ 的增加使得原材料批发价和原材料订购量均增加，从而促进供应商利润的提高；激励系数的增加对供应商研发服务水平的提高具有正向作用，从而降低制造商的生产成本，但原材料订购量和原材料批发价的增加会使得制造商采购成本的增加，当节省的生产成本大于增加的采购成本时，制造商利润增加，反之则制造商利润下降。因此，对于供应商，绩效保障合同相比于传统的以资源为基础的合同能够带来更多的利润；对于制造商，在一定的绩效激励系数范围内，绩效保障合同同样能为企业带来更多的利润，这与秦绪伟等（2017）和许飞雪等（2021）的研究结论一致。

这暗含的管理启示为：相较于不实施激励措施，即 $\delta = 0$ 的情况，在对供应商实施绩效激励措施下，当激励系数保持在较小的范围内时，供应商和制造商的利润均增加，从而协调供应链成员利润；但当激励系数过大时，激励措施只对占主导地位的供应商有利。

（2）单位生产成本节约分析。

当单位生产成本节约 e 在（0，1）间变化时，绩效保障协调下制造商利润 $E(\pi_m)$ 和供应商利润 $E(\pi_s)$ 的变化如图4-9所示。

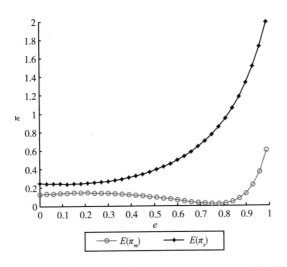

图4-9 单位生产成本节约与制造商和供应商利润的关系

由图4-9可知，制造商的利润随单位生产成本节约 e 的增加先增加再降低，当 e 大于0.784时，利润再次增加，与此同时，供应商的利润则在略微降低后一直保持增加趋势。当单位生产成本节约这一绩效指标低于制造商可接受的水平时，供应商将为制造商提供绩效补偿，因此供应商的利润减少。当单位生产成本节约这一绩效指标高于制造商可接受的水平时，e 的增加使得制造商给予供应商的绩效激励增多，同时促进原材料订购量和批发价增加，从而使供应商的利润增加，制造商的利润下降。

这暗含的管理启示为：当单位生产成本节约位于区间（0，0.176）和（0.922，1）时，制造商和供应商的利润呈增长趋势；但当单位生产成本节约较大时，单位生产成本节约的增加只对占主导地位的供应商有利。

（3）研发服务水平成本系数分析。

为了保证利润大于0，当研发服务水平成本系数 u 在（0.3，1）间变化时，绩效保障协调下制造商利润 $E(\pi_m)$、供应商利润 $E(\pi_s)$ 和集中决策下供应链的利润 π_t 的变化如图4-10所示。

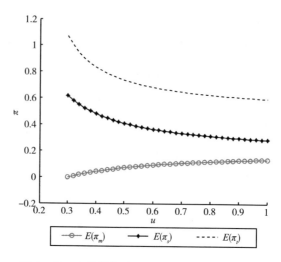

图 4 - 10　研发服务水平成本系数与利润的关系

由图 4 - 10 可知，提高研发服务水平的难度系数与制造商的利润呈正相关关系，与供应商的利润和集中决策下供应链的利润呈负相关关系。当研发服务水平难以提高时，供应商将会降低研发服务水平，同时为了促进原材料订购量的提高会降低批发价格，而制造商倾向于降低原材料采购量，导致供应商获取的收入减少（Peng et al.，2018）。原材料批发价格和采购量的降低导致采购成本的减少，此时制造商向市场供给的产品量的减少将促进产品价格的升高，从而使得制造商的利润增多。

（4）产出不确定性程度分析。

当产出不确定性程度 σ^2 在（0，1）间变化时，绩效保障协调下制造商利润 $E(\pi_m)$、供应商利润 $E(\pi_s)$ 和集中决策下利润 π_t 的变化如图 4 - 11 所示。

由图 4 - 11 可知，当产出不确定性程度增加时，分散决策下制造商和供应商的利润、集中决策下供应链的总利润均减少。究其原因，随着产出不确定程度增加，为了避免不必要的产出损失，制造商会减少原材料订购量。供应商为了销售更多原材料会减少原材料批发价格，同时为了减少成本会降低研发水平，造成制造商得到的成本节约减少。减少的原材料批发价、订购量和成本节约激励的综合作用下使得供应商利润减少。减少的原材料订购量和增加的产出不确定程度使得制造商从市场上获得的收入减少，加上成本节约减少的作用，使得制造商利润减少。

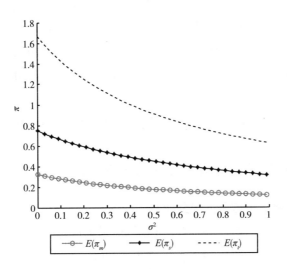

图 4 - 11　产出不确定程度与利润的关系

（5）市场最高价格分析。

为了保证利润大于 0，当市场最高价格 a 在（4，10）间变化时，绩效保障协调下制造商利润 $E(\pi_m)$、供应商利润 $E(\pi_s)$ 和集中决策下利润 π_t 的变化如图 4 - 12 所示。

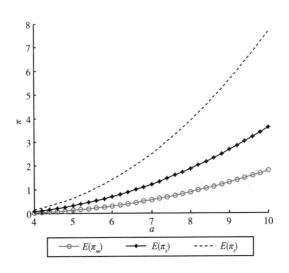

图 4 - 12　市场最高价格与利润的关系

由图 4 - 12 可知，市场最高价格的提高对分散决策下制造商和供应商的利润、集中决策下供应链的总利润具有正向作用。当市场最高价格增加时，原材料批发价格、订购量和研发服务水平均增加，原材料批发价格、订购量的增加使得供应商利润提高，研发服务水平的增加使得制造商的生产成本降低，加上向市场售出的产成品收益增加，综合作用下制造商的利润增加。

4.3 使用绩效服务能力与方法

4.3.1 使用绩效服务配置能力与逻辑模型

4.3.1.1 使用绩效服务配置能力

使用绩效服务配置是在强调客户参与前提下通过客企双方协同交互实现产品与服务的集成设计过程。假设产品模块集 $P = \{P_1, P_2, \cdots, P_i, \cdots, P_m\}$ ($i = 1, 2, \cdots, m$)，使用绩效服务模块集 $S = \{S_{m+1}, S_{m+2}, \cdots, S_j, \cdots, S_n\}$ ($j = m+1, m+2, \cdots, n$)；每个产品模块内包含 t_i 个模块实例，每个服务模块内包含 t_j 个实例，即 $P_i = \{P_{i1}, P_{i2}, \cdots, P_{iu}, \cdots, P_{it_i}\}$，$S_j = \{S_{j1}, S_{j2}, \cdots, S_{jv}, \cdots, S_{jt_j}\}$，其中 P_{iu} 表示产品模块 P_i 的第 u 个模块实例，S_{jv} 表示服务模块 S_j 的第 v 个实例；服务模块与产品模块的差异化动态关系符号化为 ε。

在大多数情况下，使用绩效服务配置方案作为以差异化动态关系为特征的产品模块 P_i 和使用绩效服务模块 S_j 的多样化组合，很难同时最大化满足客户和制造商的利益需求，这是因为顾客的目标是尽可能获得最大的满意度，反映为产品属性或服务功效最大化，而制造商关注的则是成本最小化或销售利润最大化，因此制造商和客户需要基于业务需求共同参与产品模块与使用绩效服务模块的组合设计。具体实现过程如图 4 - 13 所示。

4.3.1.2 使用绩效服务配置逻辑模型

使用绩效服务与实体产品在配置过程中，两者之间的关联关系在于服务不仅仅适用于唯一产品模块，其往往具有很强的普适性，即与产品模块是松散耦合的关系，但是需要制造商和客户有着相当明确深刻的交流。例如，咨询服务作为一种使用绩效服务模块，既可以为手机屏幕保养提供建议，也可以回复客户关于主板信息的查询，服务交付是通过与客户的交流互动实现的。

基于上述分析，结合秦昌媛和雷春昭（2021）、罗建强等（2017）的研

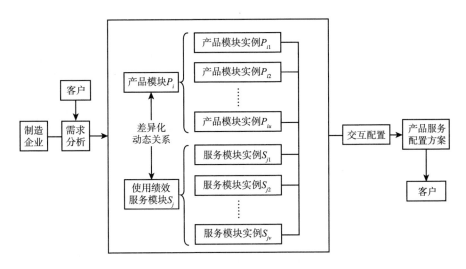

图 4 – 13　产品模块与使用绩效服务模块关系及配置描述

究内容，发现使用绩效服务模块与产品模块的差异化动态关系主要体现在不同服务模块与各种产品模块基于产品服务关联属性的匹配满意度的差异性，面向关联属性的匹配满意度越高，产品模块与服务模块的关系就越强。

因此，制造商在选择与产品模块高度匹配的服务模块过程中，需要客户深入制造企业提供的标准化模块库，基于产品服务关联属性对产品模块与使用绩效服务模块的匹配满意度作评价交互，选择高度相关的实体产品和服务内容，最终实现解决方案的集成优化和最大化客户消费体验的设计目标。基于属性关联的产品服务关系模型如图 4 – 14 所示。

依据图 4 – 14，将产品寿命、服务功效等重要属性作为产品模块与使用绩效服务模块之间的关联基础，同时各个属性之间也存在关联关系，例如，产品成本和服务价格、服务功效和产品寿命等，以此研究属性关联下的产品模块与使用绩效服务模块的差异化动态关系及方案配置。

4.3.2　使用绩效服务配置方法

4.3.2.1　使用绩效服务配置模型构建

（1）目标函数设计。

结合可用绩效服务配置模型构建过程，选择以使用绩效服务功效与产品属性作为影响因素的客户满意度 f_1、制造商利润 f_2 进行使用绩效服务配置目

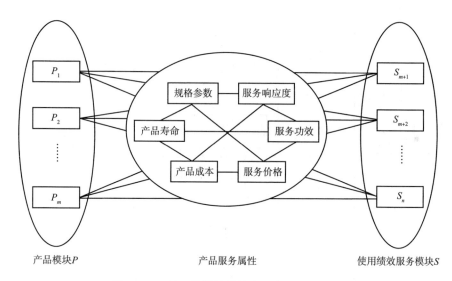

产品模块P　　　　　　　　产品服务属性　　　　　　使用绩效服务模块S

图4－14　基于属性关联的产品服务关系模型

标函数设计。

第一，客户满意度最大化。制造企业和客户基于协同交互选择产品模块和使用绩效服务模块，相应的产品属性 Q 和使用绩效服务功效 F 是影响客户满意度 f_1 的主要因素。

产品属性最大化。为避免由于不同产品模块属性使用不同的度量指标而导致方案生成的不准确性，需要将模块内各实例的属性值归一化处理。模块属性可分为积极型属性和消极型属性。积极型属性值越大越好，消极型属性值越小越好。已知模块 P_i 内共有 t_i 个模块实例，令 Q'_{iu} 表示模块 P_i 的第 $u(1 \leq u \leq t_i)$ 个实例属性值，Q_{iu} 表示经归一化后的实例属性值。

积极型属性的归一化数值为：

$$Q_{iu} = \frac{Q'_{iu} - \min_{t_i} Q'_{iu}}{\max_{t_i} Q'_{iu} - \min_{t_i} Q'_{iu}} \tag{4.48}$$

消极型属性的归一化数值为：

$$Q_{iu} = \frac{\max_{t_i} Q'_{iu} - Q'_{iu}}{\max_{t_i} Q'_{iu} - \min_{t_i} Q'_{iu}} \tag{4.49}$$

经归一化后产品模块 P_i 的第 u 个模块实例属性值大小为 Q_{iu}，x_{iu} 是 $0-1$ 变量，x_{iu} 为 1 时表示配置时选择该产品模块实例，x_{iu} 为 0 时表示不选择该模块实例。产品属性值最大化目标函数表示为：

$$\max Q = \sum_{i=1}^{m} \sum_{u=1}^{t_i} Q_{iu} x_{iu} \tag{4.50}$$

在使用绩效服务功效最大化方面，假设使用绩效服务模块 S_j 的第 v 个模块实例服务功效为 F_{jv}，x_{jv} 是 $0-1$ 变量，x_{jv} 为 1 时表示该服务模块实例在最终配置方案中存在，x_{jv} 为 0 时表示该服务实例在最终配置方案中不存在。使用绩效服务功效最大化的目标函数表示为：

$$\max F = \sum_{j=m+1}^{n} \sum_{v=1}^{t_j} \varepsilon_j F_{jv} x_{jv} \tag{4.51}$$

其中，ε_j 记作使用绩效服务模块与产品模块基于属性关联的差异化动态关系因子，ε_j 越大表示使用绩效服务模块与产品模块的关系越显著，对应的服务功效越大，即提供此项服务对于客户满意度和最终配置方案的价值增值作用越大。

第二，制造商利润最大化。制造商利润 f_2 由使用绩效服务配置价格与成本的差额表示，其中配置总成本由产品生产成本和使用绩效服务提供成本组成，产品生产成本包括设计、研发、制造以及产业互联网平台下产品资源统筹规划等成本，使用绩效服务提供成本为除产品之外的所有服务成本，例如，维修服务成本、配送服务成本以及产业互联网平台下服务资源协调匹配等成本。假设产品模块实例销售价格为 p_{iu}，使用绩效服务模块实例销售价格为 p_{jv}；c_{iu} 是产品实例 P_{iu} 的生产成本，c_{jv} 是服务实例 S_{jv} 的实施成本。制造商利润最大化目标函数表示为：

$$\max f_2 = \sum_{i=1}^{m} \sum_{u=1}^{t_i} (p_{iu} - c_{iu}) x_{iu} + \sum_{j=m+1}^{n} \sum_{v=1}^{t_j} (p_{jv} - c_{jv}) x_{jv} \tag{4.52}$$

（2）约束条件设计。

针对强制性约束、非强制性约束、互斥约束、依赖约束进行约束条件设计。

第一，模块内实例约束。模块内实例约束是指由于模块本身的状态导致的实例之间的关系变化，具体分为强制性约束和非强制性约束。假设产品模块适用强制性约束，是一种必须提供的以满足产品功能正常实现的模块，例如，智能手机的主板模块；使用绩效服务模块适用于非强制约束，是企业扩大竞争优势、满足多元化的市场需求并建立持久客户忠诚度的可选模块，如咨询服务模块。

$$\sum_{i=1}^{m} x_{iu} = m, \sum_{u=1}^{t_i} x_{iu} = 1$$

$$\sum_{j=m+1}^{n} x_{jv} \leqslant n - m, \sum_{v=1}^{t_j} x_{jv} \leqslant 1 \quad (4.53)$$

第二，模块间实例约束。模块间实例约束是指产品模块与使用绩效服务模块之间的实例关系状态，具体可分为共生性约束、互斥性约束、依赖性约束。

共生性约束，即组合约束或捆绑约束，是指制造商所供应的产品已嵌入了使用绩效服务活动，这类产品服务组合在顾客购买时无须选择而自主配置，即当产品模块实例与使用绩效服务模块实例是互为依存的关系时，它们将会以组合包的形式共生，同时选中或同时舍弃。具体表示为：

$$x_{iu} - x_{jv} = 0 \quad (4.54)$$

互斥性约束。因产品结构冲突、技术水平限制或与使用绩效服务活动不兼容等因素导致模块实例之间具有排他性。约束关系描述为：

$$x_{iu} + x_{jv} \leqslant 1 \quad (4.55)$$

特别地，若在多个互斥性实例之间要求只能选择一个且必须选择一个，则这样的约束关系称为完整互斥性约束，即：

$$x_{iu} + x_{jv} = 1 \quad (4.56)$$

依赖性约束，也称存在性约束。使用绩效服务模块的价值实现需要特定的实体产品作为载体，即使用绩效服务模块实例依赖产品模块实例而存在。因此产品模块实例占据主导地位，使用绩效服务模块实例处于从属地位。具体表示为：

$$x_{iu} - x_{jv} \geqslant 0 \quad (4.57)$$

这些产品服务模块间约束关系类型可以拓展到产品—产品约束关系或服务—服务约束关系，以便更好地实现方案配置，满足客户多样化需求。

第三，资源性约束。为了迅速把握住市场机遇并赢得顾客的偏爱，方案提供报价必须低于顾客所能接受的最高价格，这样才能在激烈的市场竞争中实现可持续发展，即：

$$\sum_{i=1}^{m} \sum_{u=1}^{t_i} p_{iu} x_{iu} + \sum_{j=m+1}^{n} \sum_{v=1}^{t_j} p_{jv} x_{jv} \leqslant p_{\max} \tag{4.58}$$

其中，$p_{\max}$ 表示顾客所能接受的最大方案报价。

（3）配置模型构建。

综上所述，制造企业为客户提供产品模块与使用绩效服务模块集成解决方案时，不仅需要考虑产品属性、使用绩效服务功效等影响因素，还需要考虑差异化动态关系。以客户满意度和制造企业利润最大化为目标函数构建双层目标规划模型：

$$\max f_1 = \sum_{i=1}^{m} \sum_{u=1}^{t_i} Q_{iu} x_{iu} + \sum_{j=m+1}^{n} \sum_{v=1}^{t_j} \varepsilon_j F_{jv} x_{jv}$$

$$\max f_2 = \sum_{i=1}^{m} \sum_{u=1}^{t_i} (p_{iu} - c_{iu}) x_{iu} + \sum_{j=m+1}^{n} \sum_{v=1}^{t_j} (p_{jv} - c_{jv}) x_{jv}$$

$$\text{s. t.} \begin{cases} \sum_{i=1}^{m} \sum_{u=1}^{t_i} p_{iu} x_{iu} + \sum_{j=m+1}^{n} \sum_{v=1}^{t_j} p_{jv} x_{jv} \leqslant p_{\max} \\ \sum_{i=1}^{m} x_{iu} = m; \sum_{u=1}^{t_i} x_{iu} = 1; \sum_{j=m+1}^{n} x_{jv} \leqslant n-m; \sum_{v=1}^{t_j} x_{jv} \leqslant 1 \\ x_{iu} - x_{jv} = 0; x_{iu} + x_{jv} \leqslant 1; x_{iu} - x_{jv} \geqslant 0 \\ i = 1, 2, \cdots, m; j = m+1, m+2, \cdots, n; u = 1, 2, \cdots, t_i; v = 1, 2, \cdots, t_j \\ x_{iu} = 0 \text{ 或 } 1; x_{jv} = 0 \text{ 或 } 1 \end{cases}$$

$$\tag{4.59}$$

其中，在目标函数设计中，将产品属性和使用绩效服务功效作为客户满意度最大化的影响因素，ε_j 是使用绩效服务模块与产品模块基于属性关联的差异化动态关系因子；以产品服务的价格与成本差额表示制造商利润最大化。

在约束条件设计中，假设产品模块适用于强制性约束，表示只能选择一个且必须选择一个模块实例；使用绩效服务模块适用于非强制性约束，表示可以根据配置要求确定是否选择该模块中的实例；将可接受最大方案报价作为资源性约束条件，并考虑产品模块实例与使用绩效服务模块实例之间的互斥、依赖、捆绑等多种关联约束关系。

4.3.2.2 使用绩效服务配置模型求解

为求解产品模块与使用绩效服务模块配置模型，本节首先以基于属性关联的产品服务关系模型为基础，利用云模型将产品服务面向关联属性的匹配满意度定性评价转换为精确数值。其次，采用 Choquet 积分算子和灰色关联分析组合设计方法确定使用绩效服务模块与产品模块的差异化动态关系，并嵌入配置模型中。最后，利用加权和算法求解双层目标规划模型。

（1）产品模块与使用绩效服务模块匹配满意度定量化设计。

结合基于属性关联的产品服务关系模型，参考可用绩效服务配置模型求解过程，利用云模型理论解决产品模块与使用绩效服务模块面向关联属性的匹配满意度定性决策问题。

第一，云模型描述。假设 X 是一个普通集合，$X = \{x\}$，称为论域。云模型 (Ex, En, He) 的三个数字特征中 Ex 表示产品模块与使用绩效服务模块基于关联属性的匹配满意度期望值，熵值 En 表示该定性评价的不确定性，超熵 He 则反映了熵值的不确定性。利用云模型将定性评价定量化，既保证了输出数值在期望值附近波动，又没有遗失该语义评价模糊不确定的性质，同时还包含了评价所对应的数值范围，因此采用云模型处理定性评价是合理的。

第二，云评价标度确定。本节采用黄金分割法生成产品模块与使用绩效服务模块基于关联属性的匹配满意度相应的云评价标度，假设语义评价数量为 5，选取论域 $[X_{min}, X_{max}]$ 为 $[0, 10]$，给定超熵 $He_0 = 0.1$，根据表 4-16 计算云评价标度。

表 4-16　　　　　使用绩效服务下黄金分割法计算云评价标度

云评价标度	期望值 Ex	熵 En	超熵 He
$E_2(Ex_2, En_2, He_2)$	X_{max}	$En_1/0.618$	$He_1/0.618$
$E_1(Ex_1, En_1, He_1)$	$Ex_0 + 0.382 \times (X_{max} + X_{min})/2$	$0.382 \times (X_{max} - X_{min})/6$	$He_0/0.618$

续表

云评价标度	期望值 Ex	熵 En	超熵 He
$E_0(Ex_0, En_0, He_0)$	$(X_{max} + X_{min})/2$	$0.618En_1$	He_0
$E_{-1}(Ex_{-1}, En_{-1}, He_{-1})$	$Ex_0 - 0.382 \times (X_{max} + X_{min})/2$	$0.382 \times (X_{max} - X_{min})/6$	$He_0/0.618$
$E_{-2}(Ex_{-2}, En_{-2}, He_{-2})$	X_{min}	$En_1/0.618$	$He_1/0.618$

由表 4 – 16 可知，产品模块与使用绩效服务模块基于关联属性的匹配满意度云评价标度依次为：E_2 满意（10，1.030 2，0.261 8），E_1 比较满意（6.91，0.636 7，0.161 8），E_0 一般（5，0.393 5，0.1），E_{-1} 比较不满意（3.09，0.636 7，0.161 8），E_{-2} 不满意（0，1.030 2，0.261 8），结果如图 4 – 15 所示。

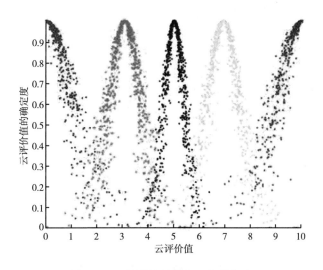

图 4 – 15　使用绩效服务云评价标度

第三，正向云发生器。结合云评价标度，正向云发生器将产品模块与使用绩效服务模块基于关联属性的匹配满意度数字特征（Ex，En，He）作为输入，云滴数设为 n^*；将每个云滴的定量值 x 和确定度 y 作为输出，共产生 n^* 个云滴。具体步骤如下。

一是以 En 为期望、He 为标准差生成正态分布随机数 En'。

二是以 Ex 为期望、En' 的绝对值为标准差生成正态分布随机数 x。

三是计算 $y = e^{\frac{-(x-Ex)^2}{2(En')^2}}$ 作为确定度。

四是生成 (x, y) 为论域中 1 个云滴。

五是重复一～四步，直至产生 n^* 个云滴。

第四，匹配满意度定量化。通过访谈和调研，获取客户 $E_r (1 \leqslant r \leqslant R)$ 采用云评价标度对产品模块 P_i 与使用绩效服务模块 S_j 基于关联属性 $a_{i'}(i'=1,$ $2, \cdots, n')$ 匹配满意度的定性评价；然后通过正向云发生器云滴化客户的语义评价信息；最后集成考虑所有客户的定量化评价结果，具体步骤为：

一是将云评价标度数字特征 (Ex, En, He) 作为输入，令 $r=1$，利用正向云发生器输出一个确定点 (x, y)。若每个客户分别对其匹配满意度进行语义评价，共获得云模型 R 个，则每个客户评价通过正向云发生器云滴化为 (x_r, y_r)，$r=1, 2, \cdots, R$。

二是每个云滴的相对权重分别为：

$$\omega_r = y_r / \sum_{r=1}^{R} y_r \tag{4.60}$$

三是该云评价转化为定量评价值：

$$f(a_{i'}) = \sum_{r=1}^{R} \omega_r x_r \tag{4.61}$$

其中，$f(a_{i'})$ 表示客户对产品模块与使用绩效服务模块基于关联属性 $a_{i'}$ 的匹配偏好。

（2）基于属性关联的产品模块与使用绩效服务模块关系设计。

针对基于属性关联的产品模块与使用绩效服务模块的关系量化问题，TOPSIS、AHP、VIKOR 和复杂比例评价等方法都没有考虑到属性之间复杂的关联关系（Tiwari et al.，2016），因此无法对基于属性关联的产品服务关系模型进行有效界定。DEMATEL 和 ANP 等方法虽然考虑了属性之间的关系，但不能将这种关系纳入面向不同属性的匹配满意度的集成过程中（邱华清等，2018）。

模糊测度以较弱的单调性和连续性约束条件替代了可加性刚性约束（陈岩等，2017），能够很好地描述产品模块属性和服务模块属性之间的交互作用与集成过程。基于模糊测度的 Choquet 积分算子作为处理客户匹配满意度的有力工具，有效解决了基于属性关联的产品服务关系设计问题。例如，秦昌媛和雷春昭（2021）基于 Choquet 积分算子构建了在产品服务属性关联下的产品模块与服务模块决策模型；邱华清等（2018）通过模糊测度刻画了属性间关系的类型和强弱，采用 Choquet 积分算子对各产品服务方案的评价值进行集结，并对方案排序优选。

因此，本节通过引入 Choquet 积分算子，基于产品服务关联属性确定每一个使用绩效服务模块与每一个产品模块的关系大小。主要定义如下。

定义 1：假设产品服务属性集合为非空集合，$A = \{a_1, a_2, \cdots, a_{n'}\}$，其中 $a_{i'}$ 表示产品服务属性集中的第 i' 个元素。函数 μ 是从 A 的幂级 $P(A)$ 到 $[0, 1]$ 的映射函数，即函数 $\mu: P(A) \to [0, 1]$，满足以下公理（彭定洪和黄子航，2019）。

一是有界性，$\mu(\varnothing) = 0, \mu(A) = 1$。

二是单调性，$\forall B, D \in P(A), B \subseteq D$ 且有 $\mu(B) \leqslant \mu(D)$，则称 μ 是 A 上的模糊测度。如果 A 是无限的，则要加上一个连续性条件。

三是连续性，若 $\{B_{i'} \subset P(A)\}_{i'=1}^{\infty}$ 是递增可测集序列，则 $\mu(\lim_{i' \to \infty} B_{i'}) = \lim_{i' \to \infty} \mu(B_{i'})$。

定义 2：若 $\forall B, D \in P(A), B \cap D = \varnothing$，如果 μ 满足模糊测度 $\mu(B \cup D) = \mu(B) + \mu(D) + \lambda \mu(B) \mu(D)$，$\lambda \in (-1, +\infty)$，则称 μ 为 A 上的 λ 模糊测度（陈岩等，2017）。

其中，λ 表示产品服务属性集合 B 和 D 的关联程度。当 $\lambda = 0$ 时，表示产品服务属性相互独立；当 $\lambda > 0$ 时，表示属性之间具有互补增益关系；当 $-1 < \lambda < 0$ 时，表示属性之间具有重复冗余关系。

若 μ 是产品服务属性集合 $A = \{a_1, a_2, \cdots, a_{n'}\}$ 上的 λ 模糊测度，$\mu(a_{i'})$ 为属性 $a_{i'}$ 的模糊测度，则对于任意的 $i', j' = 1, 2, \cdots, n'$ 且 $i' \neq j'$，$a_{i'} \cap a_{j'} = \varnothing$，且 $\bigcup_{i'=1}^{n'} a_{i'} = A$，满足：

$$\mu(A) = \begin{cases} \dfrac{1}{\lambda} \left\{ \prod_{i'=1}^{n'} [1 + \lambda \mu(a_{i'})] - 1 \right\}, & 若 \lambda \neq 0 \\ \displaystyle\sum_{i'=1}^{n'} \mu(a_{i'}), & 若 \lambda = 0 \end{cases} \quad (4.62)$$

由此计算产品服务属性子集 $B \in P(A)$ 的模糊测度为：

$$\mu(B) = \begin{cases} \dfrac{1}{\lambda}\left\{ \prod_{a_{i'} \in B}[1 + \lambda\mu(a_{i'})] - 1 \right\}, & \text{若 } \lambda \neq 0 \\ \sum_{a_{i'} \in B}\mu(a_{i'}), & \text{若 } \lambda = 0 \end{cases} \tag{4.63}$$

由边际条件 $\mu(A) = 1$，根据式（4.62），考虑到产品服务属性间的关联性，确定唯一参数 λ：

$$\lambda + 1 = \prod_{i'=1}^{n'}[1 + \lambda\mu(a_{i'})], \ -1 < \lambda < \infty \ \text{且} \ \lambda \neq 0 \tag{4.64}$$

定义3：若 f 为定义在产品服务属性集合 A 上的非负函数，f 关于模糊测度 μ 的 Choquet 积分算子可定义为：

$$CI_\mu[f(a_1), f(a_2), \cdots, f(a_{n'})] = \sum_{i'=1}^{n'} f(a_{\sigma(i')})[\mu(B_{\sigma(i')}) - \mu(B_{\sigma(i'+1)})] \tag{4.65}$$

其中，σ 是函数 f 在 A 上的一个转置，使得 $0 \leqslant f(a_{\sigma(1)}) \leqslant f(a_{\sigma(2)}) \leqslant \cdots \leqslant f(a_{\sigma(n')})$，同时 $B_{\sigma(i')} = \{a_{\sigma(i')}, a_{\sigma(i'+1)}, \cdots, a_{\sigma(n')}\}$ 且 $B_{\sigma(n'+1)} = 0$；$f(a_{i'})$ 是利用云模型获得的特定属性 $a_{i'}$ 下产品模块与使用绩效服务模块的匹配满意度。

（3）产品模块与使用绩效服务模块差异化动态关系建模。

针对研究得到的每一个产品模块与每一个使用绩效服务模块关系的分散化信息，常见的集成处理方式有欧氏距离、余弦相似度、灰色关联分析等。其中欧氏距离可能因个别异常值的出现导致结果的严重偏差；余弦相似度强调对象之间发展方向是否一致，对具体值的大小并不敏感；而灰色关联分析因分辨系数的引入克服了异常值的影响，并且重点关注研究对象之间的接近程度（Malinda and Chen, 2021）。因此，本节提出基于灰色关联分析的差异化动态关系模型，帮助制造商选择与所有产品模块都紧密贴合的使用绩效服务模块。

灰色关联分析方法是邓聚龙教授提出的一种利用灰色关联度来分析和确定服务模块和产品模块间的相互影响程度或服务模块对配置方案的贡献

测度的方法（徐建中和翟佳琦，2021）。例如，邱娟（2013）在灰色关联度的基础上，建立了一种量化分析产品服务投入比重对配置方案影响的产品服务关联度模型；杨旭和李文强（2020）针对产品服务价值类型，提出了基于灰色关联度的产品服务集成设计方法，实现了产品模块与服务模块的匹配关系。

假设关联对象为使用绩效服务模块和理想服务模块，其中理想服务模块假设是与各个产品模块都最为相关的一种服务模块。如果使用绩效服务模块越接近于理想服务模块，则表现为与所有产品模块关联度增大，反之关联度减弱。通过这样一个量化指标，分析服务模块与所有产品模块之间的关联程度。基本步骤为：

一是确定理想服务模块和使用绩效服务模块。通常将理想服务模块记为 X_0，表示为 $X_0 = [X_0(1), X_0(2), X_0(3), \cdots, X_0(m)]$，一般是由所有使用绩效服务模块与各个产品模块的关系最佳值组成，使用绩效服务模块通常记为 X_j，表示为 $X_j = [X_j(1), X_j(2), X_j(3), \cdots, X_j(m)], j = m + 1, m + 2, \cdots, n$。

二是计算灰色关系系数。将使用绩效服务模块 X_j 与理想服务模块 X_0 进行比较，计算 $\Delta_j(i) = |X_0(i) - X_j(i)|$，其中 $\Delta_j(i)$ 表示 X_0 与 X_j 关于第 i 个产品模块关系的绝对差。

关系系数计算公式为：

$$\xi_j(i) = \frac{\min\limits_{j}\min\limits_{i} |X_0(i) - X_j(i)| + \rho \max\limits_{j}\max\limits_{i} |X_0(i) - X_j(i)|}{|X_0(i) - X_j(i)| + \rho \max\limits_{j}\max\limits_{i} |X_0(i) - X_j(i)|}$$

$$(4.66)$$

其中，$\xi_j(i)$ 是 $X_j(i)$ 点的关系系数，ρ 为分辨系数，$\rho \in (0, 1)$，一般取 0.5。

三是计算差异化动态关系。基于单一产品模块的使用绩效服务模块关系系数是十分松散的，无法从矩阵信息中得到服务模块与所有产品模块的精准结果，因此采用求平均值的方法使得信息集中起来，即：

$$\varepsilon_j = \frac{1}{m} \sum_{i=1}^{m} \xi_j(i)$$

$$(4.67)$$

将 ε_j 记作使用绩效服务模块与产品模块基于属性关联的差异化动态关系因子，处于区间（0，1）之间。若 ε_j 越大，则第 j 个使用绩效服务模块越接近理想服务模块，说明与所有产品模块的关系越强。至此，实现了不同使用绩效服务模块与所有产品模块差异化动态关系的量化设计，为下一小节配置模型求解奠定基础。

（4）双层目标规划求解设计。

本书采用加权和算法求解双层目标规划模型。具体实现过程如下。

首先，在模型求解之前，分别计算同一约束条件下单个目标函数的最优值，令 f_1^* 和 f_2^* 分别为只考虑客户满意度和制造商利润的最优值。

其次，在使用过程中，利用之前求得的最优值作统一量纲处理。

最后，对两个目标函数分别赋予相应权重，假设 α_1 和 α_2 分别是客户满意度和制造商利润在整个优化问题中的权重，且满足 $0 \leqslant \alpha_1 、 \alpha_2 \leqslant 1$ 以及 $\alpha_1 + \alpha_2 = 1$。将双层目标规划模型目标函数转化为：

$$\max f = \alpha_1 \frac{1}{f_1^*} f_1 + \alpha_2 \frac{1}{f_2^*} f_2 \tag{4.68}$$

作为影响配置结果的重要指标，产品属性、使用绩效服务功效和制造商利润的重要程度一般是以语义评价的形式表达，而在处理语义变量的诸如正态型、梯型、三角模糊数等方法中，三角模糊数具有形式表达直观简便、计算过程相对容易以及运用广泛的特点（欧阳中辉等，2020），能更好地表达语义评价的不确定性信息（丁珍妮等，2019），弥补了实数和区间数的不足（谢小军等，2020）。因此，本项目将产品属性、使用绩效服务功效和制造商利润对配置方案的影响程度以三角模糊数表示；然后利用相对偏好分析将模糊重要度转化为各影响指标对配置方案的相对重要度；最后归一化处理客户满意度以及制造商利润在配置模型中的权重。

假设 o_1'、o_2'、o_3' 是影响指标对应的一组三角模糊数，$o_k' = (o_{kl}, o_{kh}, o_{ku})$，$o_{kl}$、$o_{kh}$、$o_{ku}$ 分别是三角模糊数的下确界、中值和上确界。该组三角模糊数的平均数为：

$$\bar{o} = \frac{1}{3}(o_1' + o_2' + o_3') = (\bar{o}_l, \bar{o}_h, \bar{o}_u) \tag{4.69}$$

其中，$\bar{o}_l$、$\bar{o}_h$、$\bar{o}_u$ 分别为该组三角模糊数均值的下确界、中值和上确界。

相对偏好分析采用 Up^* 算子，通过计算每个三角模糊数与平均数的相对偏好关系，将模糊数转换为精确数值。具体实现如下：

$$o_k = Up^*(o'_k, \bar{o}) = \frac{1}{2}\left[\frac{(o_{kl} - \bar{o}_u) + 2(o_{kh} - \bar{o}_h) + (o_{ku} - \bar{o}_l)}{2\|T\|} + 1\right]$$

$$(4.70)$$

其中：

$$\|T\| = \begin{cases} \dfrac{(t_l^+ - t_u^-) + 2(t_h^+ - t_h^-) + (t_u^+ - t_l^-)}{2}, & t_l^+ \geq t_u^- \\[3mm] \dfrac{(t_l^+ - t_u^-) + 2(t_h^+ - t_h^-) + (t_u^+ - t_l^-)}{2} + 2(t_u^- - t_l^+), & t_l^+ < t_u^- \end{cases}$$

$$t_l^+ = \max\{o_{kl}\}; t_h^+ = \max\{o_{kh}\}; t_u^+ = \max\{o_{ku}\}$$

$$t_l^- = \min\{o_{kl}\}; t_h^- = \min\{o_{kh}\}; t_u^- = \min\{o_{ku}\}$$

最后，归一化处理获得客户满意度和制造商利润在配置问题中的影响权重：

$$\alpha_1 = \frac{o_1 + o_2}{\sum o_k}, \alpha_2 = 1 - \alpha_1 \tag{4.71}$$

4.3.2.3　数值检验

通过多种渠道收集 OPPO 智能手机硬件产品和服务活动的信息和数据，包括官网、微信公众号、文献资料、专业新闻报道、客服交流等，得到如表 4-17 和表 4-18 的产品模块/使用绩效服务模块和模块实例以及各自对应的属性、功效、成本和价格。其中产品模块包括主板 P_1、屏幕 P_2、电池 P_3 和机身 P_4，使用绩效服务模块包括维修方式 S_5、备件提供 S_6、知识支持 S_7 和调试服务 S_8。不同服务模块与产品模块的差异化动态关系影响着服务功效的实现程度，最终带给客户不同的体验感知。因此，OPPO 需要结合服务模块与产品模块的差异化动态关系配置集成解决方案，以实现客户满意度最大化和企业利润最大化的协同交互。

表4-17　　　　　　　　　　　OPPO手机产品模块及相应实例

模块名称	模块实例及编码	产品属性	成本（元）	价格（元）
主板 P_1	高通骁龙730G（P_{11}）	6G＋128G	700	1 200
	天玑1000＋（P_{12}）	8G＋256G	1 080	1 780
	高通骁龙865（P_{13}）	12G＋256G	1 550	2 450
屏幕 P_2	OLED材质、全面屏（P_{21}）	402ppi	320	520
	AMOLED材质、全面屏（P_{22}）	409ppi	480	720
	AMOLED材质、曲面屏（P_{23}）	410ppi	1 030	1 280
电池 P_3	电池配件Ⅰ（P_{31}）	4 000mAh	200	380
	电池配件Ⅱ（P_{32}）	4 300mAh	350	550
	电池配件Ⅲ（P_{33}）	4 500mAh	520	750
机身 P_4	塑料机身（P_{41}）	2.0H	230	350
	玻璃机身（P_{42}）	7.0H	300	480
	陶瓷机身（P_{43}）	8.5H	350	560

表4-18　　　　　　　　　　OPPO手机使用绩效服务模块及相应实例

模块名称	模块实例及编码	服务功效	成本（元）	价格（元）
维修方式 S_5	到店维修（S_{51}）	0.80	80	180
	寄修（S_{52}）	0.85	110	240
	上门维修（S_{53}）	0.91	160	340
备件提供 S_6	非原厂备件供应（S_{61}）	0.92	110	320
	原厂备件供应（S_{62}）	0.96	130	360
知识支持 S_7	远程在线服务知识支持（S_{71}）	0.83	90	210
	远程电话服务知识支持（S_{72}）	0.88	120	290
	人工现场服务知识支持（S_{73}）	0.93	150	350
调试服务 S_8	远程指导调试（S_{81}）	0.77	180	250
	委托调试（S_{82}）	0.82	210	320
	专人现场调试（S_{83}）	0.89	230	380

　　根据罗建强等（2017）的研究，确定影响产品模块与使用绩效服务模块关系强弱的关联属性 $G = \{G_1$：规格参数/复杂程度，G_2：产品寿命，G_3：产品成本，G_4：服务功效，G_5：服务响应度，G_6：服务价格$\}$。邀请10位客户对产品模块与服务模块基于关联属性的匹配满意度作语义评价，云评价标度依次为：E_2 满意（10，1.030 2，0.261 8），E_1 比较满意（6.91，0.636 7，

0.161 8），E_0 一般（5，0.393 5，0.1），E_{-1} 比较不满意（3.09，0.636 7，0.161 8），E_{-2} 不满意（0，1.030 2，0.261 8）。运用正向云发生器将云评价标度转换为精确数值并计算相对重要度。

以主板模块 P_1 和维修方式 S_5 关于产品寿命属性 G_2 的匹配满意度数值化为例，结果如表 4 – 19 所示。正向云发生器将每位客户关于 G_2 属性的云评价值定量化为云滴，例如第一位客户的评价值为一般，云滴为（5.327 2，0.760 8），其对应的相对权重就是 0.760 8/（0.760 8 + 0.981 3 + 0.703 0 + 0.562 8 + 0.992 3 + 0.146 2 + 0.482 2 + 0.711 4 + 0.573 1 + 0.963 6）= 0.110 7。以此类推，获得每一位客户的定性评价定量化结果及相对权重。

表 4 – 19　　　　　　　　　$P_1 - S_5$ 关于 G_2 满意度定量化

E_0	E_0	E_0	E_0	E_1	E_1	E_1	E_1	E_2	E_2
5.327 2	4.890 4	4.849 2	4.432 9	7.008 3	5.205 7	6.179 6	7.823 7	8.527 8	9.752 7
0.760 8	0.981 3	0.703 0	0.562 8	0.992 3	0.146 2	0.482 2	0.711 4	0.573 1	0.963 6
0.110 7	0.142 7	0.102 2	0.081 9	0.144 3	0.021 3	0.070 1	0.103 5	0.083 1	0.140 2

根据匹配满意度计算过程，综合所有客户的云评价信息，基于属性 G_2 的主板模块 P_1 和维修方式 S_5 的匹配满意度为 6.587 3。同样地，可以求得客户基于其他属性的所有产品服务模块组合的匹配满意度结果（评价表见附录 A2），如表 4 – 20 所示。

表 4 – 20　　　　　　基于属性关联的产品服务匹配满意度

$P_i - S_j$	G_1	G_2	G_3	G_4	G_5	G_6
$P_1 - S_5$	7.214 8	6.587 3	7.429 3	6.661 7	7.003 1	7.501 6
$P_1 - S_6$	7.256 9	8.363 1	7.995 7	8.059 6	7.638 2	6.905 3
$P_1 - S_7$	8.762 8	8.031 9	8.886 4	8.967 3	8.802 6	9.101 7
$P_1 - S_8$	8.863 7	8.659 4	9.237 1	9.380 6	8.735 5	8.756 2
$P_2 - S_5$	8.251 6	8.786 6	8.087 5	8.887 4	7.829 1	8.654 3
$P_2 - S_6$	8.927 3	9.314 9	9.250 6	9.117 3	8.999 4	8.876 7
$P_2 - S_7$	7.261 3	7.076 1	7.819 5	8.125 9	7.430 8	8.329 0
$P_2 - S_8$	7.253 5	7.803 3	6.890 6	7.546 0	8.111 4	7.006 5
$P_3 - S_5$	6.328 9	7.556 2	6.715 3	6.592 8	7.082 4	6.643 7
$P_3 - S_6$	7.141 2	7.648 2	6.914 9	7.512 8	7.857 3	6.788 7

$P_i - S_j$	G_1	G_2	G_3	G_4	G_5	G_6
$P_3 - S_7$	8.318 3	7.797 1	8.064 5	9.013 4	8.698 9	8.559 2
$P_3 - S_8$	6.703 9	6.985 4	7.289 1	7.010 4	7.213 4	6.835 9
$P_4 - S_5$	8.023 9	8.524 7	7.428 1	8.786 5	8.354 6	7.879 2
$P_4 - S_6$	8.469 1	9.137 6	8.162 3	8.905 9	7.976 1	8.747 2
$P_4 - S_7$	6.302 7	7.138 1	6.775 4	6.421 2	5.890 7	6.944 5
$P_4 - S_8$	2.972 6	3.579 1	3.664 3	3.370 2	3.158 5	2.739 6

将产品服务属性集合 $G = \{G_1, G_2, G_3, G_4, G_5, G_6\}$ 作为匹配满意度评价指标，依据秦昌媛和雷春昭（2021）研究内容确定产品服务属性的模糊测度分别为：$\mu(G_1) = 0.15$、$\mu(G_2) = 0.15$、$\mu(G_3) = 0.10$、$\mu(G_4) = 0.20$、$\mu(G_5) = 0.15$、$\mu(G_6) = 0.10$。计算 $\lambda + 1 = (1 + 0.15\lambda)(1 + 0.15\lambda)(1 + 0.10\lambda)(1 + 0.20\lambda)(1 + 0.15\lambda)(1 + 0.10\lambda)$，求解 $\lambda = 0.462\ 8$。说明产品服务属性之间互补增益，产品模块与使用绩效服务模块相互促进，最终实现价值共创。

利用 Choquet 积分算子确定在关联属性下产品模块 P_i 与使用绩效服务模块 S_j 的关系大小，仍以模块 P_1 和 S_5 为例，计算可得：

$$\sum_{i'=1}^{6} f(G_{\sigma(i')})\mu(G_{\sigma(i')}) \prod_{i'=i'+1}^{6} [1 + \lambda\mu(G_{\sigma(i')})] = 6.9616$$

采用同样的方法，得到其他产品模块与使用绩效服务模块的 Choquet 积分结果，以矩阵的形式输出如下：

$$\begin{bmatrix} 6.961\ 6 & 8.405\ 4 & 6.781\ 9 & 8.213\ 9 \\ 7.701\ 7 & 9.068\ 8 & 7.335\ 5 & 8.554\ 1 \\ 8.710\ 9 & 7.611\ 6 & 8.407\ 8 & 6.492\ 8 \\ 8.928\ 3 & 7.453\ 6 & 6.979\ 9 & 3.219\ 2 \end{bmatrix}$$

矩阵反映了每一个产品模块与每一个使用绩效服务模块的关系大小，但是反馈给决策者的信息过于松散，难以准确地判断出在方案配置过程中模块间的组合选择是否合适，因此需要利用灰色关联分析获得服务模块与所有产品模块的差异化动态关系。以矩阵各列最佳值构成理想服务模块 $X_0 = (8.928\ 3,$

9.068 8, 8.407 8, 8.554 1), 使用绩效服务模块与所有产品模块的差异化动态关系因子 $\varepsilon_j = (0.721\ 1, 0.849\ 6, 0.783\ 8, 0.651\ 9)$。由此可以知道，使用绩效服务模块与产品模块的差异化动态关系从强到弱依次是备件提供 > 知识支持 > 维修方式 > 调试服务，为之后的服务优选和配置奠定基础。

依据耿秀丽和徐轶才（2018）总结的三角模糊数和语义术语的相互转化关系（见表 4 - 21），邀请 10 位专家针对产品属性、使用绩效服务功效和制造商利润对配置方案的影响程度进行语义评价（见附录 A3），然后基于指标权重计算过程确定各影响指标的相对重要度，计算结果如表 4 - 22 所示。

表 4 - 21　　　　　　　　语义术语和三角模糊数的转化关系

语义评价变量	三角模糊数
不重要（L）	(0, 0.1, 0.3)
比较不重要（ML）	(0.1, 0.3, 0.5)
一般（M）	(0.3, 0.5, 0.7)
比较重要（MH）	(0.5, 0.7, 0.9)
重要（H）	(0.7, 0.9, 1)

表 4 - 22　　　　产品属性、服务功效和利润的语言评价及其相对重要度

指标	语义评价变量					模糊重要度	相对重要度
	L	ML	M	MH	H		
产品属性	0	1	3	3	3	(0.46, 0.66, 0.83)	0.569 6
服务功效	2	2	3	2	1	(0.28, 0.46, 0.67)	0.335 4
企业利润	0	1	2	4	3	(0.48, 0.68, 0.85)	0.594 9

由表 4 - 22 可知，产品属性、使用绩效服务功效和制造商利润对配置方案的相对重要程度分别为：0.569 6, 0.335 4, 0.594 9。产品属性和使用绩效服务功效作为影响客户满意度的主要因素，计算 (0.569 6 + 0.3354)/(0.569 6 + 0.335 4 + 0.594 9) 可得权重 $\alpha_1 = 0.603\ 4$，制造商利润所占权重 $\alpha_2 = 1 - \alpha_1 = 0.396\ 6$。

假设当客户选择质量最优的手机主板时，考虑到这类人群对性能体验更为看重，对价格敏感性相对较弱，因此更容易向高端客户发展，拥有潜在的深入合作价值，企业为保持其高度满足感，更倾向于提供专人现场调试服务，

反之亦然；当客户选择曲面屏时，受制于屏幕结构的特殊性，为避免发生破裂后在配送过程中出现二次损伤，客户一般都会要求上门维修，但这种维修服务方式不仅限于曲面屏，同时也面向普通全面屏等产品；电池配件Ⅲ因技术专利只能由原厂供应。

综合以上研究内容，在考虑产品模块与使用绩效服务模块差异化动态关系和多种约束条件设计基础上，借助 Lingo17.0 软件求解双层目标规划模型，分析不同最大方案报价 p_{max} 下的模块配置方案，结果如表 4 - 23 所示。

表 4 - 23　　　　　　　　　不同报价下的模块配置方案

方案编号	p_{max}	模块配置方案							
		P_1	P_2	P_3	P_4	S_5	S_6	S_7	S_8
Ⅰ	2 500	P_{11}	P_{21}	P_{31}	P_{41}	×	×	×	×
Ⅱ	3 500	P_{11}	P_{22}	P_{31}	P_{42}	S_{51}	S_{61}	S_{71}	×
Ⅲ	4 500	P_{11}	P_{22}	P_{33}	P_{43}	S_{52}	S_{62}	S_{73}	S_{82}
Ⅳ	5 200	P_{12}	P_{22}	P_{33}	P_{43}	S_{53}	S_{62}	S_{73}	S_{82}
Ⅴ	6 500	P_{13}	P_{23}	P_{33}	P_{43}	S_{53}	S_{62}	S_{73}	S_{83}

在表 4 - 23 显示的配置结果中可以看到，随着方案预算价格的不断提高，产品模块和使用绩效服务模块整体表现为倾向于选配属性值更优的模块实例，例如模块 P_1、P_2、P_3 和 P_4 等随着方案价格的上升，属性值也变得更高。此外，当方案报价不断提升时，与产品模块关系更强的服务模块会优先选配更优的模块实例，而与产品模块差异化动态关系较弱的服务模块更倾向于选配稍差的实例。例如，使用绩效服务模块与产品模块的关系由强到弱依次是备件提供 S_6、知识支持 S_7、维修方式 S_5、调试服务 S_8，当可接受最大方案报价由 3 500 元提高到 4 500 元时，与产品模块关系较强的备件提供服务和知识支持服务都选择了最优模块实例 S_{62} 和 S_{73}，而差异化关系较弱的维修方式和调试服务属性值虽有所提升（S_{52} 和 S_{82}），但并没有选择最优模块实例。同理，当可接受最大方案报价由 4 500 元提高到 5 200 元时，在服务模块 S_6 和 S_7 已经实现最优属性基础上，由于维修服务相较于调试服务与产品模块的关系更强，因此优先选择"上门维修" S_{53} 这一最优模块实例。这些研究发现均与现实应用情况相符，以此验证了本节模型的有效性。不同最大方案报价下的模块配置方案如图 4 - 16 所示。

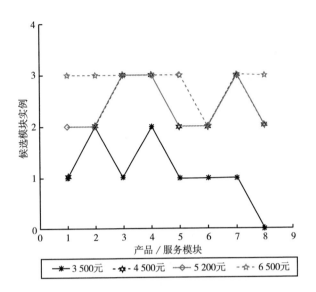

图 4 - 16　不同报价下的模块配置方案

为进一步说明所提数学模型的有效性，将配置结果与不同方案报价下的传统推荐方案（见表 4 - 24）进行对比分析，如图 4 - 17 所示。研究发现，在 4 500 元同一价格约束条件下，本书优化方案和对比方案都会选择相同的产品模块实例，而使用绩效服务模块实例却有所不同。本书方案优先选择的是备件提供服务 S_6 和知识支持服务 S_7 的最优模块实例，这些都是与产品模块具有最强关联性的使用绩效服务模块，以此满足预期的方案配置效果；对比方案优先选择的是维修服务 S_5 的最优模块实例，相较于备件提供服务 S_6 和知识支持服务 S_7，S_5 与产品的关系相对较弱，选择模块 S_5 的最优实例并不符合实际期望的配置效果。综上所述，传统推荐方案仅考虑了产品模块或使用绩效服务模块的基本属性、功效，忽视了两者之间的差异化动态关系，导致解决方案偏离了预期的产品服务配置效果，借此验证了本书模型的有效性。

表 4 - 24　　　　　　　　　　不同方案报价下的对比方案

p_{max}	模块配置方案							
	P_1	P_2	P_3	P_4	S_5	S_6	S_7	S_8
3 500	P_{11}	P_{22}	P_{31}	P_{42}	S_{51}	×	S_{71}	S_{81}
4 500	P_{11}	P_{22}	P_{33}	P_{43}	S_{53}	S_{61}	S_{72}	S_{82}
5 200	P_{12}	P_{22}	P_{33}	P_{43}	S_{53}	S_{62}	S_{73}	S_{82}

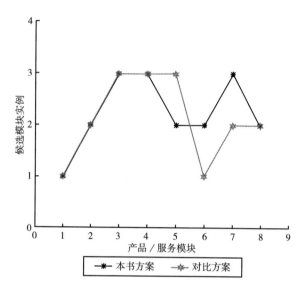

图 4 - 17　模块配置方案对比情况

4.3.3　使用绩效服务协调能力与逻辑模型

中小制造企业利用产业互联网平台，通过负责产品的运行维护，从研发到售后为客户提供系统解决方案服务之类的使用绩效服务。如大华股份推出的设备托管服务，通过获得购买该服务的企业的设备托管权限，利用控制台和 API 接口实现设备的全方位接管。制造商利用产业互联网平台，联结上下游资源，将产品与服务直接提供给客户，同时客户不再按每次服务所耗费的资源付费，而是为产品的使用价值付费，费用的多少以产品使用时间或使用量为标准。供应链需要协调可用性和系统解决方案使用时长，从而使客户获得更多的产品使用绩效，即可用性。

4.3.3.1　使用绩效服务协调能力

提供可用绩效服务的产品服务供应链主要提供系统解决方案服务，收费方式为按使用时间或使用量收费，在客户使用产品的时间内，制造商多关注于客户产品的使用价值，在产品维修、备件更换等方面则无偿提供。例如，大华股份提供的设备托管服务，对客户的设备运营进行全方位接管，并根据开通的托管通道数和各通道产生的效益与客户共享收益。具体协调能力如下。

（1）追求利润最大化的客户产品使用时长协调。由于追求利润最大化的客户需要在使用期内与制造商共享产品使用产生的价值，如果产品的使用并不能带来足够的利润，客户的满意度将降低，因此，如何选择使用时长为客户带来最大利润，对产品服务供应链协调研究具有重要意义。

（2）企业可用性服务资源协调。对于不同的产品使用时长，制造企业获得的产品使用收益不同。在合同期内，制造商根据产品的使用时长配置相应的可用性服务水平，如维修、备件、财务服务等。如大华股份提供的设备托管服务，客户按使用量付费，同时大华负责全方位的设备管理，若客户的使用量较小，则大华提供的服务内容只包含售后成本、维修等必要服务，不包括专家联络、解决方案等进一步保障可用性的服务。

在使用绩效服务中，制造商向客户提供的共性服务为系统解决方案，因此本节所指的服务为系统解决方案，即从产品设计到售后为客户提供系统服务；同时，服务一般按产品使用量或使用时长收费，绩效可以指产品可用性（产品可用时间的占比，即一定时间内可用时间与总时间的比例）的提高等（刘振等，2020；许飞雪等，2021）。假设提供可用绩效的服务中，作为集成商的制造商直接向客户提供包括产品和服务的系统解决方案包，这一解决方案包中，制造商利用租用的产业互联网平台，在产品使用期间免费为客户提供服务，并以客户使用产品的时间内获取的收益为收费标准。客户通过租用的产业互联网平台，在产品使用期间，对制造商提供的产品可用性具有较高要求，要求产品在客户使用时尽可能可以正常工作（Orsdemir et al.，2019）。

因此，本节界定：提供可用绩效的产品服务供应链的绩效是制造商提供的按使用时间收费的系统解决方案给客户带来的高可用性，并以产品可用性作为绩效指标。

4.3.3.2　使用绩效服协调置逻辑模型

随着产品和产品支持服务的竞争更加激烈，制造企业为了寻找新的利润源，将服务方式由提供可用绩效的转为提供使用绩效服务的，即聚焦客户使用产品产生的价值转型为产品服务集成商。制造企业通过产业互联网平台，从产品及其承载的服务设计阶段便与客户交互，不但能在某种程度上提升产品性能，如可用性，也扩大了其服务业务范围，得以与客户长期绑定。制造商与客户签署合同，直接向客户提供系统解决方案包，并按使用时长内产品为客户带来的收益收费，在客户使用解决方案的时间内，为客户带来满意的使用价值，即较高的可用性。但在这一过程中仍有较多问题亟待解决，例如，随着制造商投入成本的不断增加，服务投入能否给制造商带来的相应的回报，客户应选择多久的使用时长以保证较高的可用性。

在以可用性为绩效指标的研究中，主要以成本最小化或利润最大化为目标，对维修策略或备件库存策略进行研究，如许飞雪等（2021）以维修服务供应商利润最大化为导向，以预防性维修和机会维修阈值作为决策变量，利用改进的灰狼算法研究多部件串联系统的维修策略；秦绪伟等（2018）分阶段探索 PBC 和 RBC 合同中，企业制造阶段的可靠性能力和售后阶段的维修能力对供应商的投资服务能力的影响。综上可见，在现有研究中，可用性在绩效保障合同中的应用多从维修服务或备件服务的视角出发，鲜有研究从以使用时长为收费标准的系统解决方案服务视角出发对可用性展开分析，但产品的使用与其可用性紧密相连，若产品的可用性较低，则难以有较长的使用时长。因此，可用性可以应用于以使用时长为收费标准的系统解决方案服务中。

在此背景下，为了分析制造商在产品使用期间提供的可用性水平与获得利润的关系，以及在以可用性为绩效指标的条件下客户对使用时长的选择如何促进制造商高水平可用性的提供，加入可用性与使用时长这两个协调变量和可用性绩效激励，对制造商的下游展开研究，如图 4-18 所示。提供使用绩效服务的制造商往往处于行业领先地位，因此假设供应链的主导者为制造商。

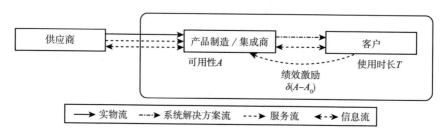

图 4-18　提供使用绩效服务的产品服务供应链协调模型

4.3.4　使用绩效服务协调方法

4.3.4.1　符号说明

本节相关变量符号及其说明如表 4-25 所示，其中所涉及的变量均为无量纲量。

表 4 – 25　　　　　　　　　　　相关变量符号及其说明

变量符号	说明
T	使用时长（决策变量）
A	$0 < A < 1$，系统解决方案可用性（决策变量）
a	客户使用产品可获得的最大收益
m	客户运营成本系数
f	制造商提高单位可用性需要付出的成本系数
δ	可用性激励系数
β	解决方案收益共享系数
A_1	客户能接受的最低可用性
F_1	制造商的产业互联网平台协调成本
F_2	客户的产业互联网平台协调成本

4.3.4.2　函数说明

由于提供可用绩效服务的产品服务供应链中，制造商以产品的使用价值为利润源，所以本节研究按产品使用时长收费的服务模式，并建立由强势制造商和客户构成的提供使用绩效服务的产品服务供应链，二者进行斯坦克尔伯格博弈。一方面，制造商为了从客户处共享更多的产品使用收益，会努力提高系统解决方案的可用性；另一方面，客户为了追求利润，对合同约定的使用时长进行决策，同时为了获取更多的使用价值，对制造商提供的可用性进行绩效激励。在以上基础上研究可用性、使用时长对供应链产生的影响。

（1）单位使用时间内客户的收益。

解决方案由产品和服务构成，客户收益随着使用期内产品的折旧而减少，这与奥斯德米尔等（Orsdemir et al.，2019）的观点一致。且随着解决方案为客户带来的可用性 A 增大，产品使用的效率越高，单位使用时间内客户减少的收益会越低，因此，结合阿格拉沃尔等（Agrawal et al.，2016）和奥斯德米尔等（Orsdemir et al.，2019）的客户收益函数，假设每单位使用时长的客户收益为：

$$U = a - \frac{t}{A} \qquad (4.72)$$

其中，a 为客户使用产品可获得的最大收益。

（2）成本函数。

可用性 A 越高，产品越耐用，意味着产品质量越高。类似于寇军等（2020）的产品质量改进成本和奥斯德米尔等（Orsdemir et al.，2019）的可用性提高成本，可用性越高，提高单位可用性带来的提升成本越高，即维持可用性的成本在可用性上是凸的，因此假设制造企业维持可用性需要付出的成本为：

$$C_1 = \frac{fA^2}{2} \tag{4.73}$$

其中，$f(f > 0)$ 为提高单位可用性需要付出的成本系数，意味着提高可用性的难度。

同时，更高的可用性意味着产品更耐用，需要更少的维护，即客户的运营成本更低。此外，假设总运营成本在使用期 T 内凸增长，因为随着产品使用时长的增加，系统折旧增加，需要更频繁的维护（Orsdemir et al.，2019；刘振等，2020），因此客户的运营成本为：

$$C_2 = \frac{mT^2}{2A} \tag{4.74}$$

其中，$m(m > 0)$ 为客户运营成本系数。

（3）协调函数。

高可用性可以减少对产品的维护，并增加可使用时长，这可为客户带来更多收益。目前关于可用性绩效的研究中，有指数绩效激励函数和线性绩效激励函数两种形式，本节采用洛普斯等（Lopes et al.，2017）、秦绪伟等（2018）使用较多的线性函数形式，即固定支付加上绩效指标奖惩。制造商仅通过与客户分享产品使用价值获得收益，没有收益保障，需要用固定支付来保证一定的收入，因此为了激励制造商尽可能提高解决方案的可用性，减少客户的运营成本，本节结合按小时付费合同的现实情况，假设可用性为绩效指标，则绩效协调函数为：

$$C_3 = F + \delta(A - A_1) \tag{4.75}$$

其中，$\delta(\delta > 0)$ 为绩效激励系数，$A_1(A_1 > 0)$ 为客户能接受的最低可用性，F 为客户给予制造商的固定支付。

4.3.4.3 协调前的供应链博弈

提供可用绩效服务的产品服务供应链中，制造商往往不收取产品费用，而是通过共享使用期内产品使用产生的价值获取收益，假设制造商分享的收益比例为 β，客户决定产品的使用时长 T，且协调前客户不对制造商进行激励，则客户利润为：

$$\pi_c = (1 - \beta) \int_0^T \left(a - \frac{t}{A}\right) dt - \frac{mT^2}{2A} - F_2 \tag{4.76}$$

在式（4.76）中，第一项为客户留存的产品使用收益，第二项为客户运营成本，第三项为客户的产业互联网平台协调成本。

制造商决策可用性，其利润为：

$$\pi_m = \beta \int_0^T \left(a - \frac{t}{A}\right) dt - \frac{fT^2}{2} - F_1 \tag{4.77}$$

在式（4.77）中，第一项为制造商分享的产品使用收益，第二项为可用性提高成本，第三项为制造商的产业互联网平台协调成本。

集中决策下，制造商与客户作为共同体决策使用时长和可用性，则集中决策下的产品服务供应链利润为：

$$\pi_s = v \int_0^T \left(a - \frac{t}{A}\right) dt - \frac{mT^2}{2A} - \frac{fT^2}{2} - F_1 - F_2 \tag{4.78}$$

在制造商主导的分散决策下，根据逆向归纳法，求得式（4.78）关于使用时长 T 的二阶导数小于 0，因此客户的利润函数是关于使用时长的严格凹函数，从而求得式（4.78）关于使用时长 T 的反应函数为：

$$T = \frac{(1 - \beta) aA}{1 - \beta + m} \tag{4.79}$$

代入式（4.78），并对式（4.78）关于可用性 A 求导，求得最优可用性为：

$$A^{F*} = \frac{\beta(1 - \beta)^2 a^2 + 2m\beta(1 - \beta) a^2}{2f(1 - \beta + m)^2} \tag{4.80}$$

代入式（4.79），求得最优使用时长为：

$$T^{F*} = \frac{\beta(1-\beta)^2 a^3(1-\beta+2m)}{2f(1-\beta+m)^3} \qquad (4.81)$$

分别代入式（4.79）和式（4.80），则客户和制造商的最优利润分别为：

$$\pi_c^{F*} = \frac{\beta(1-\beta)^3 a^4(1-\beta+2m)}{4f(1-\beta+m)^3} - F_2 \qquad (4.82)$$

$$\pi_m^{F*} = \frac{\beta^2(1-\beta)^2 a^4(1-\beta+2m)^2}{8f(1-\beta+m)^4} - F_1 \qquad (4.83)$$

集中决策下，可求得关于使用时长 T 和可用性 A 的海森矩阵为：

$$\begin{vmatrix} \dfrac{\partial^2 \pi_s}{\partial T^2} & \dfrac{\partial^2 \pi_s}{\partial T \partial A} \\[2mm] \dfrac{\partial^2 \pi_s}{\partial A \partial T} & \dfrac{\partial^2 \pi_s}{\partial A^2} \end{vmatrix} = \begin{vmatrix} -\dfrac{m}{A} & \dfrac{mT}{A^2} \\[2mm] \dfrac{mT}{A^2} & -\dfrac{mT^2}{A^3} - f \end{vmatrix} = \frac{fm}{A} \qquad (4.84)$$

由于 $-m/A < 0$，$A > 0$，因此矩阵负定，则 π_s 存在极大值。求得集中决策下最优的使用时长和可用性分别为：

$$T_s^* = \frac{a^3}{2fm^2} \qquad (4.85)$$

$$A_s^* = \frac{a^2}{2fm} \qquad (4.86)$$

4.3.4.4　绩效保障协调下的供应链博弈

存在绩效保障协调时，客户可以根据可用性的达成程度支付绩效奖励，客户利润为：

$$\pi_c = (1-\beta)\int_0^T \left(a - \frac{t}{A}\right)dt - \frac{mT^2}{2A} - F - \delta(A - A_1) - F_2 \qquad (4.87)$$

在式（4.87）中，第一项为客户留存的产品使用收益，第二项为客户运营成本，第三、第四项为客户给予制造商的绩效奖励，最后一项为客户的平台租用成本。

制造商决策可用性，其利润如为：

$$\pi_m = \beta\int_0^T \left(a - \frac{t}{A}\right)dt - \frac{fT^2}{2} + F + \delta(A - A_1) - F_1 \qquad (4.88)$$

在式 (4.88) 中，第一项为制造商分享的产品使用收益，第二项为可用性提高成本，第三、第四项为制造商获得的绩效收入，最后一项为制造商的平台租用成本。

在制造商主导的分散决策下，根据逆向归纳法，求得式 (4.88) 关于使用时长 T 的二阶导数小于 0，因此客户的利润函数存在极大值，从而求得式 (4.88) 关于使用时长 T 的反应函数。

代入式 (4.88)，并对式 (4.88) 关于可用性 A 求导，可求得最优可用性为：

$$A^* = \frac{\beta(1-\beta)^2 a^2 + 2m\beta(1-\beta)a^2}{2f(1-\beta+m)^2} + \frac{\delta}{f} \qquad (4.89)$$

求得最优使用时长为：

$$T^* = \frac{\beta(1-\beta)^2 a^3(1-\beta+2m) + 2(1-\beta)a\delta(1-\beta+m)^2}{2f(1-\beta+m)^3} \qquad (4.90)$$

分别代入式 (4.87) 和式 (4.88)，则客户和制造商的最优利润分别为：

$$\pi_c^* = \frac{(1-\beta+2m)\left[\beta(1-\beta)^3 a^4 - 2\delta\beta(1-\beta)a^2(1-\beta+m)\right]}{4f(1-\beta+m)^3}$$
$$+ \frac{2(1-\beta)^2 a^2\delta(1-\beta+m)^2 - 4\delta(1-\beta+m)^3(\delta-fA_1)}{4f(1-\beta+m)^3} - F - F_2$$
$$(4.91)$$

$$\pi_m^* = \frac{\beta^2(1-\beta)^2 a^4(1-\beta+2m)^2 + 4\delta(1-\beta+m)^4(\delta-2fA_1)}{8f(1-\beta+m)^4}$$
$$+ \frac{4\delta\beta(1-\beta)a^2(1-\beta+2m)(1-\beta+m)^2}{8f(1-\beta+m)^4} + F - F_1 \qquad (4.92)$$

若要达到供应链协调，需要满足 $(T^*, A^*) = (T_s^*, A_s^*)$，$\pi_c^* \geq \pi_c^{F*}$，$\pi_m^* \geq \pi_m^{F*}$，即绩效保障合同下的最优解等于集中决策下的最优解，绩效保障合同下的客户和制造商利润均大于协调前分散决策下的利润。根据上述条件可求得达成协调时的条件为：

$$\begin{cases} (1-\beta)^2 a^2 \geq \delta(1-\beta+m)^2 \\ (2\delta fA_1 + \delta^2)/2f \leq F \leq \delta A_1 + (1-\beta)^2 a^2\delta/\left[2f(1-\beta+m)^2\right] \end{cases}$$
$$(4.93)$$

4.3.4.5 数值分析

由于全面的真实数据具有保密性，所以为了更直观地印证上述模型各参数之间的关系，验证上述命题的合理性，本节借鉴刘振等（2020）和奥斯德米尔等（Orsdemir et al.，2019）的参数设置，并结合从大华股份的年报、对内部人员的访谈中获取的产品使用收益共享系数、固定支付、产品可用性数据，运用 Matlab 软件进行数值分析，具体的参数设置如表 4 – 26 所示。

表 4 – 26 参数取值

a	m	f	A_1	β	δ	F	F_1	F_2
2	1.5	1	0.6	0.6	0.4	0.002	0.01	0.01

求得存在绩效保障时，分散决策下最优的使用时长为 0.358 8，可用性为 0.852 1，客户利润为 0.030 7，制造商利润为 0.115；集中决策下最优的使用时长为 0.64，可用性为 0.8，供应链利润为 0.32。接下来对相关参数的变化进行分析。

（1）可用性激励系数分析。

当可用性激励系数 δ 在（0，1）内变化时，绩效保障协调下客户利润 π_c 及制造商的利润 π_m 的变化如图 4 – 19 所示。

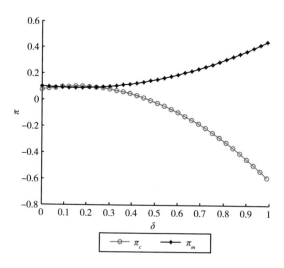

图 4 – 19 可用性激励系数与客户和制造商利润的关系

从图 4 - 19 中可以看出，可用性激励系数 δ 的递增使得客户利润先增加后减少；制造商利润先减少后增加。原因在于，客户对制造商实施可用性激励措施，会促使制造商对可用性的提高做出努力，但当激励系数较小时，制造商投资的可用性低于客户的最低要求，需要给予客户一定的补偿，因此客户利润增加，制造商利润减少；当激励系数较大时，制造商投资的可用性高于客户的最低要求，随着 δ 的增加，可用性和使用时长均提高，制造商可以获得更多效益，并通过可用性激励弥补可用性提高的成本，利润得以增加，但客户通过可用性和使用时长增加获得的收益无法弥补对可用性激励带来的损失，综合作用下其利润减少。在 $0.236 < \delta < 0.278$ 时，制造商和客户利润均大于没有激励时的，因此，可用性激励在一定范围内可以协调供应链利润。

这一结论带来的管理启示是，可用性激励可以促进可用性和使用时长的提高，当激励系数较小时，绩效激励措施在一定范围内可以协调供应链利润；当激励系数较大时，可用性激励只对制造商有利，且对制造商的激励范围更大，因此对于制造商而言是一项有力的措施。

（2）制造商提高单位可用性成本系数分析。

当制造商提高单位可用性的难度系数 f 在（1，1.5）内变化时，绩效保障协调下，分散和集中决策的使用时长 T、T_s，可用性 A、A_s 的变化分别如图 4 - 20、图 4 - 21 所示，客户利润 π_c、制造商利润 π_m 的变化如图 4 - 22 所示。

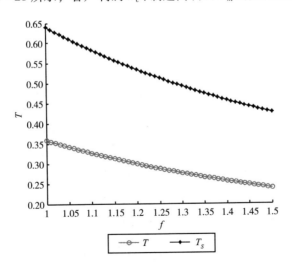

图 4 - 20　单位可用性成本系数与使用时长的关系

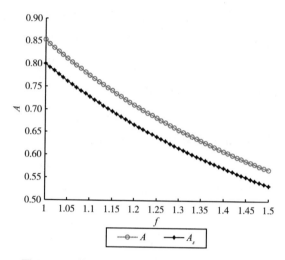

图4-21 单位可用性成本系数与可用性的关系

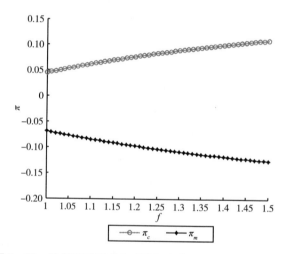

图4-22 单位可用性成本系数与客户和制造商利润的关系

由图4-20、图4-21和图4-22可以看出,随着制造商提高单位可用性的难度系数增加,使用时长、可用性、制造商利润和集中决策下供应链利润均下降,但客户利润上升。究其原因,制造商提高单位可用性的难度越高,制造商越没有足够的动力为提高可用性付出努力;而客户由于解决方案带来的可用性不足够高,没有意愿与制造商长期合作,倾向于减少使用时长,两者作用下使得客户分享出去的收益减少,制造商维持可用性的成本的降低也难以弥补收益的减少,因此制造商利润减少;当可用性低于客户的最低要求时，客户会获取制造商的绩效补偿，导致其最终利润的增加；可用性和使用时长的减少使得供应链获得的总收益减少，最终导致集中决策下供应链总利润下降。

（3）解决方案收益共享系数分析。

由于制造商不收取客户的产品和服务费用，只以共享的产品使用收益为收入，因此收益共享系数较高，结合刘振等（2020）的参数设置，当收益共享系数 β 在（0.3，1）内变化时，绩效保障协调下可用性 A 与使用时长 T，客户利润 π_c 与制造商利润 π_m 的关系分别如图 4 – 23 和图 4 – 24 所示。

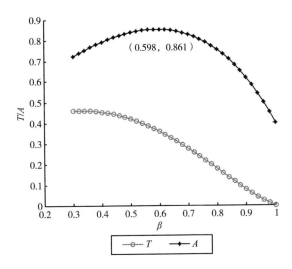

图 4 – 23　收益共享系数与使用时长及可用性的关系

由图 4 – 23 和图 4 – 24 可以看出，在客户和制造商利润均大于 0 的范围内，随着收益共享系数 β 的增加，可用性及制造商利润反直觉地呈现先增后减趋势，客户利润和使用时长呈现递减趋势。当解决方案收益共享系数较小时，随着收益共享系数的增加，制造商利润增加，因此制造商愿意为提高可用性付出努力，可用性增加，同时客户利润下降，客户不愿意与制造商建立长期关系，倾向于减少解决方案的使用时长；当 β 较大时，β 的增加使得制造商利润下降，制造商不愿意为提高可用性付出努力，可用性逐渐减少。

这暗含的管理启示为，按使用时长付费的方式对作为供应链主导者的制造商利润比较有利，制造商可以在较广的收益共享系数范围内获得较高的利

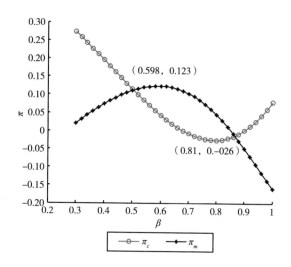

图 4 - 24　收益共享系数与客户及制造商利润的关系

润，这一服务方式的提出是有利可图的；同时，收益共享系数并不能一直促进制造商提高可用性，可用性大小的变化与制造商的利润有关。

（4）客户运营成本系数分析。

当客户运营成本系数 m 在（1.5，2.5）内变化时，绩效保障协调下，分散和集中决策的使用时长 T、T_s，可用性 A、A_s 的变化分别如图 4 - 25、图 4 - 26 所示，分散决策的客户利润 π_c 与制造商的利润 π_m 如图 4 - 27 所示。

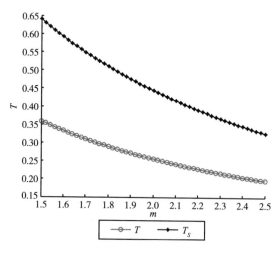

图 4 - 25　客户运营成本系数与使用时长的关系

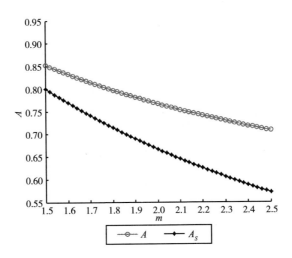

图 4 – 26 客户运营成本系数与可用性的关系

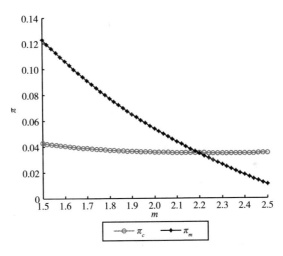

图 4 – 27 客户运营成本系数与客户和制造商利润的关系

由图 4 – 25、图 4 – 26 和图 4 – 27 可以看出，随着客户运营成本系数 m 的增加，分散和集中决策下使用时长和可用性均减少，分散决策的客户和制造商利润均减小。原因在于，随着 m 的增加，客户使用解决方案的意愿减少，使得使用时长减少，但分散决策下使用时长和可用性减少的速度小于集中决策下，即相较集中决策，m 对分散决策下使用时长和可用性的影响较大，随着客户在解决方案的使用过程中的成本增加，客户倾向于减少使用时长，从而避免较高的运营成本；制造商在使用期内获得的收益减少，从而失去提高可用性的动力，可用性减少。

4.4 产品绩效服务质量评价能力与方法

4.4.1 产品绩效服务质量评价能力

当前，我国在制造业领域存在着制造资源和制造能力分配不平衡、资源闲置和资源短缺同时存在、能力过剩和能力缺乏共现等"信息孤岛"问题。传统制造体系存在大量资源浪费与调度失衡现象，从研发到销售终端的生命周期漫长且效率低下，同时紧耦合的集成方式顺应动态变化的能力较差，难以适应当今时代发展趋势以至于陷入举步维艰的境地。产业互联网平台作为各类制造资源和制造能力的载体，受到业界的广泛关注，例如，三一树根互联公司打造的"根云"平台、中国航天科工打造的航天云网、海尔集团创建的 COSMOPlat 等平台均注入大量服务资源，使得中小制造企业按需即取服务模式成为可能。

在产业互联网环境下，服务使用者申请发布制造任务，制造任务复杂度不一，但最终均需要分解为单一任务，随后进行匹配与评价。例如，一家制造企业需要一台加工某零部件的制造设备，在航天云网平台按产品类型、设备分类搜索出大量机械设备，不能够使该企业的功能需求得到精准的满足，需要将制造设备需求分解为车床、钻床、铣床等单一子任务，针对相应单任务进行搜索，如车床产品和能力。随后，在服务质量上，每个单任务对应的服务功能、价格、时间、评价各有不同，并不能为该企业带来较好的解决办法，反而浪费大量时间在选择上，而且选择的准确与否直接影响该企业的制造效率和效益。中小制造企业产品绩效服务需要借助产业互联网平台的多方协同才能有效完成服务实施，此时，当平台通过功能匹配搜索出一定数量的服务后，需要企业具备一定的服务质量评价能力，以便提高匹配效果，其中产品绩效服务匹配是服务质量评价的基本内核，也是中小制造企业应具备的基本服务质量评价能力。

产品绩效服务的性能匹配（quality of service，QoS）属于多属性决策的情况，目前产品绩效服务选择研究的前提假设是服务质量指标间相互独立（郭伟等，2013；唐娟等，2016；张丽芬等，2016），而在实际情况中属性指标间存在着如互补、冗余的相互作用关系，比如一般情况下服务成本较高，服务可靠性和信誉度也会较好，如果不考虑指标间的关联性，则成本指标会与服务可靠性和信誉度指标间相互抵消，影响服务的评价效果。而且信誉度高的服务往往用户评价满意度也比较好，这就不可避免地造成指标间关联存在交叉，若不把 QoS 属性之间的关联特征考虑进去，会造成服务评价效果不良度增加。因此，以指标独立为计算基础的方法并不能有效解决属性指标关联问题。

（1）模糊测度。

模糊测度可以使得属性和属性集权重的模型正常建立，研究中比较常用的模糊测度主要有 λ 模糊测度、k – 可加模糊测度。λ 模糊测度模式基于"任意两属性集的交互作用同两属性集容量乘积之比为常数 λ"的假设而被提出（Sugeno，1974），该模式虽然确定参数较少，计算复杂度低，然而它仅仅可以表示某一类关联作用，即属性间关联要么全部是正向的，要么全部是负向的，要么属性间相互完全不关联，而对于属性间交互关系既有正向的又有负向的评价问题，会因误差过大而失去评价结果的适用性。与 λ 模糊测度相比，k – 可加模糊测度具有柔性优良、建模准确度较高等特点（Grabisch，1997），k 取值越大，那么应该计算的模糊测度参数越多，模糊测度表示的本领越强；反之，k 取值越小，应该计算的模糊测度参数越少，模糊测度表示的本领越低。若属性指标个数为 n，则需要确定 $C_n^1 + C_n^2 + \cdots + C_n^n$ 个参数，因此 k 值的确定会影响工作量以及评价结果准确度。为减少参数确定工作量，本节取 k 值为 2，则确定属性和属性集权重可以解决实际应用中基于属性关联的产品绩效服务 QoS 评价模型可操作性问题。

（2）属性特征。

QoS 属性指标种类很多，属性值的量纲不一致且具有不确定性，区间数的区间可以用来展现数据的波动范围，因此本项目采用区间数表示其不稳定性，使得属性值更符合实际。此外，原有的熵值法和 TOPSIS 方法只可以表示所绘曲线的静态关系，不能够很好地展现曲线的变动趋势，因此，引入灰色关联度衡量数据间的关联度，若服务与需求的灰色关联度越大，则该服务与需求越相似。

（3）灰色模糊积分关联度。

加权平均是解决相互独立多指标决策问题的常用集结方法，由于模糊测度不能直接相加，模糊积分（Ishii and Sugeno，1985）则是解决关联指标决策问题的集结方法。模糊积分是在已有模糊测度的前提下建立，随后发展成为的一种非线性集成算子，它可以把属性之间的关联或交互性考虑进去，能够有效提升产品绩效服务 QoS 评价结果准确性。现有研究中的模糊积分有 Sugeno 积分、Choquet 积分等比较常见的两种类型。Sugeno 积分属于选择性集结方法，具有强调主要指标而忽略了次要指标的缺陷（王文周等，2015）。与 Sugeno 积分相比，由施梅得勒尔（Schmeidler，1989）提出的 Choquet 积分避免了 Sugeno 积分的缺陷，不仅能够考虑到指标间的相互作用关系和各个指标因素对评价结果的影响，而且适用于多层次关联指标的综合评价。

为使得灰色关联度能够处理属性之间的关联作用，本节运用 Choquet 模糊积分的思想，设计了灰色模糊积分关联度进行性能评价。为求解灰色模糊积分关联度，运用基于属性权重和属性间交互关系的默比乌斯变换（Chateauneuf and Jaffray，1989）系数计算 2 – 可加模糊测度，进而计算灰色模糊积分关联度，在此基础上进行产品绩效服务 QoS 评价排序。

4.4.2 产品绩效服务质量评价逻辑模型

经过航天云网平台的评价信息分析，本节提出产业互联网环境下产品绩效服务性能匹配逻辑模型，如图 4 – 28 所示。产品绩效服务使用者在平台上提交单任务需求，如零部件、机床、模型、仿真 App、数据、管理信息系统等，经过功能匹配后筛选出功能相似的服务作为待选集合，产业互联网平台根据建立的服务质量指标体系分别对候选服务集合中的候选服务进行评价，挑选出满足使用者需求的优质服务。最后，由服务提供者完成使用者提交的单任务需求。

4.4.3 产品绩效服务性能评价方法

4.4.3.1 服务性能匹配模型构建

产品绩效服务 QoS 匹配即性能匹配，归根结底是多属性评价的问题。QoS 属性指标其实有很多，总体上可分为定性指标和定量指标两种。

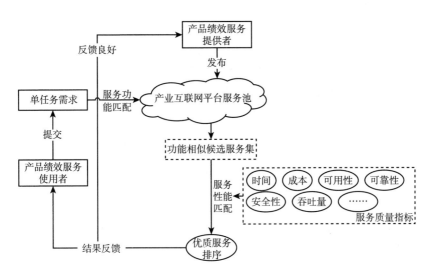

图 4 - 28　产业互联网环境下产品绩效服务性能匹配模型

针对定性指标，如评价满意度、安全性，本项目沿用孙晓琳等（2018）的指标分级量化方法，将此定性指标分为 7 级，对应量化数值分别为 0、0.2、0.4、0.5、0.6、0.8、1，如表 4 - 27 所示。

表 4 - 27　　　　　　　　　　定性指标量化数值对应

项目	0	0.2	0.4	0.5	0.6	0.8	1
评价满意度	非常不满意	比较不满意	不满意	一般	满意	比较满意	非常满意
安全性	非常不安全	比较不安全	不安全	一般	安全	比较安全	非常安全

针对定量指标，如时间、成本、可用性和可靠性等，其量纲有着波动性、不确定性较大的特征，而区间数可以以一个区间范围来表示这个区间上的一切实数范围。所以本项目针对定量指标采用区间数表示属性指标的不稳定性，让 QoS 评价的过程更好地符合实际情况。

服务性能匹配流程如下：

（1）构建 QoS 矩阵。

设 S_1，S_2，…，S_m 为前一章初步筛选阶段即功能信息匹配结果推荐的 m 个候选服务，产品绩效服务提供者的 QoS 采用区间数 $\left[q_{ij}^L, q_{ij}^R\right]$ 来表示（$i = 1, 2, \cdots, m, j = 1, 2, \cdots, n$），则 q_{ij}^L 为第 i 个候选服务针对第 j 个 QoS 属性指标的下界值，q_{ij}^R 为第 i 个候选服务针对第 j 个 QoS 属性指标的上界值，由此构建区间数评估矩阵 I。

$$I = \begin{array}{c} S_1 \\ S_2 \\ \vdots \\ S_m \end{array} \begin{bmatrix} [q_{11}^L, q_{11}^R] & [q_{12}^L, q_{12}^R] & \cdots & [q_{1n}^L, q_{1n}^R] \\ [q_{21}^L, q_{21}^R] & [q_{22}^L, q_{22}^R] & \cdots & [q_{2n}^L, q_{2n}^R] \\ \vdots & \vdots & \vdots & \vdots \\ [q_{m1}^L, q_{m1}^R] & [q_{m2}^L, q_{m2}^R] & \cdots & [q_{mn}^L, q_{mn}^R] \end{bmatrix}$$

（2）规范化处理。

考虑到属性之间评价指标量纲的不一致性会对评价结果产生影响，需要对 I 矩阵做规范化的处理，得到 $(m \times n)$ 阶规范化矩阵 $Y = ([y_{ij}^L, y_{ij}^R])_{m \times n}$，具体公式为：

对于效益型属性：

$$\begin{cases} y_{ij}^L = \dfrac{q_{ij}^L - \min\limits_i q_{ij}^L}{\max\limits_i q_{ij}^R - \min\limits_i q_{ij}^L} \\[4mm] y_{ij}^R = \dfrac{q_{ij}^R - \min\limits_i q_{ij}^L}{\max\limits_i q_{ij}^R - \min\limits_i q_{ij}^L} \end{cases} \quad i = 1,2,\cdots,m; \, j = 1,2,\cdots,n \qquad (4.94)$$

对于成本型属性：

$$\begin{cases} y_{ij}^L = \dfrac{\max\limits_i q_{ij}^R - q_{ij}^R}{\max\limits_i q_{ij}^R - \min\limits_i q_{ij}^L} \\[4mm] y_{ij}^R = \dfrac{\max\limits_i q_{ij}^R - q_{ij}^L}{\max\limits_i q_{ij}^R - \min\limits_i q_{ij}^L} \end{cases} \quad i = 1,2,\cdots,m; \, j = 1,2,\cdots,n \qquad (4.95)$$

规范化后评价矩阵为 Y，为建立模型，相关基础知识介绍如下。

（3）2-可加模糊测度。

定义1：（Sugeno，1974） 设 $X = \{x_1, x_2, \cdots, x_n\}$ 为每个候选服务的属性集合，$P(X)$ 为 X 的幂集，μ 为定义在 $P(X)$ 上的集函数，若集函数 μ：$P(X) \rightarrow [0, 1]$ 满足以下两个条件：

a) $\mu(\varnothing) = 0, \mu(X) = 1$；

b) $A \in P(X), B \in P(X), A \subseteq B$，则 $\mu(A) \leq \mu(B)$；

则称 μ 为 $P(X)$ 上的一个模糊测度。

因模糊测度有着不能直接相加的特点，所以当 $|X| = n$ 时，需要确定 $2^n - 2$ 个参数，很明显，当 n 比较大的时候，模糊测度确定工作量非常大，不利于服务性能匹配效率。因此为降低参数确定个数，格拉比施（Grabisch，1997）、章玲和周德群（2013）以伪布尔函数和默比乌斯变换的视角，确定了 2 - 可加模糊测度方法。2 - 可加模糊测度具备比较强大的表示能力，对任意 $K \subseteq X$，$\mu(K)$ 的默比乌斯变换（Chateauneuf and Jaffray，1989）由式（4.96）确定：

$$\mu(K) = \sum_{i \in K} m_i + \sum_{\{i,j\} \subset K} m_{ij}, \forall K \subseteq X \tag{4.96}$$

其中，m_i 为单个属性 x_i 的默比乌斯变换系数，体现着一种全局的重要水平，m_{ij} 为两两属性 x_i 和 x_j 之间的默比乌斯变换系数，是两个属性 x_i 和 x_j 之间的交互程度。

（4）灰色模糊积分关联度。

如前所述，模糊积分是在已有模糊测度的前提下建立，随后发展成为一种非线性集成算子，它能够把属性之间的关联或交互性考虑其中，能够有效提升产品绩效服务 QoS 评价结果准确性。而 Choquet 模糊积分是在模糊测度基础上进行的进一步考虑，它是一种非线性函数，可以将其作为一种集成算子以解决属性指标之间具有关联作用的评价问题（Grabisch，1995）。为了使得灰色关联度可以解决指标之间的关联作用，本项目利用 Choquet 模糊积分的思想，将其与灰色关联度组合，使之成为灰色模糊积分关联度，并定义为：

定义 2：设 $Y_i = \{ [y_i^L(q_{ij}^L), y_i^R(q_{ij}^R)] | i = 1,2,\cdots,m ; j = 1,2,\cdots,n \}$ 为评价矩阵 Y 的区间行向量，表达候选服务 S_i 关于指标集 X 的评价区间向量，称它为产品绩效服务系统的行为序列，$Y_0 = \{ [y_0^L(q_{ij}^L), y_0^R(q_{ij}^R)] | i = 1,2,\cdots,m ; j = 1,2,\cdots,n \}$ 为 m 个候选服务中 n 个属性最大值组成的序列，称为参考序列，则参考序列 Y_0 与行为序列 Y_i 的灰色关联系数为：

$$\xi_{oi}(x_j) = \frac{\min_i \min_j |\Delta_{ij}| + \rho \max_i \max_j |\Delta_{ij}|}{|\Delta_{ij}| + \rho \max_i \max_j |\Delta_{ij}|} \tag{4.97}$$

其中，Δ_{ij} 为参考序列 Y_0 与行为序列 Y_i 的距离，$\Delta_{ij} =$

$\sqrt{[y_i^L(q_{ij}^L) - y_0^L(q_{ij}^L)]^2 + [y_i^R(q_{ij}^R) - y_0^R(q_{ij}^R)]}/\sqrt{2}$, $i = 1, 2, \cdots, m; j = 1, 2, \cdots,$ n。ρ 是分辨系数,$\rho \in [0, 1]$,一般情况下取值为 0.5。

称:

$$\int \xi(Y_0, Y_i) d\mu = \sum_{j=1}^{n} [\xi_{oi}(x_{(j)}) - \xi_{oi}(x_{(j-1)})] \mu(X_{(j)}) \qquad (4.98)$$

为参考序列 Y_0 与行为序列 Y_i 的灰色模糊积分关联度,其中 (j) 为按照 $\xi_{oi}(x_{(1)}) \leqslant \xi_{oi}(x_{(2)}) \leqslant \cdots \leqslant \xi_{oi}(x_{(n)})$ 排序后的下标,$X_{(j)} = \{x_{(j)}, x_{(j+1)}, \cdots,$ $x_{(n)}\}$,$\xi_{oi}(x_{(0)}) = 0$。

4.4.3.2 模型求解

(1) 定义默比乌斯变换系数。

求解灰色模糊积分关联度的关键步骤是要确定模糊测度,依照式 (4.96) 可知,经过对默比乌斯变换系数 m_i 和 m_{ij} 进行定义可以确定出来 2 - 可加模糊测度,同时由该式可知,默比乌斯系数 $m_i = \mu_i$,$m_{ij} = \mu(ij) - \mu(i) - \mu(j)$。当 $m_{ij} \geqslant 0$ 时,$\mu(ij) \geqslant \mu(i) + \mu(j)$,两个属性 x_i 和 x_j 有着一定程度上的互补性,表现为互补作用;当 $m_{ij} = 0$ 时,$\mu(ij) = \mu(i) + \mu(j)$,两个属性 x_i 和 x_j 表现为相互独立作用;当 $m_{ij} \leqslant 0$ 时,$\mu(ij) \leqslant \mu(i) + \mu(j)$,两个属性 x_i 和 x_j 有着某种程度上的重复作用,表现为削弱作用。因此在确定默比乌斯变换系数 m_i 的时候,不单要对属性 x_i 的相对重要程度进行考虑,而且要将属性 x_i 在全部的属性内的重要水平考虑其中;在定义默比乌斯变换系数 m_{ij} 时,不单考虑属性 x_i 和 x_j 的相对重要水平与其在全部属性内的重要水平,而且要将属性 x_i 和 x_j 之间的交互度关系考虑在内。通过以上分析,本节对默比乌斯变换系数 m_i 和 m_{ij} 进行如下定义:

定义 3:设 $X = \{x_1, x_2, \cdots, x_n\}$ 为属性集合,单个属性 x_i 和两两属性 x_i 和 x_j 的默比乌斯变换系数分别为:

$$\begin{cases} m_i = \dfrac{\omega_t}{P} \\ m_{ij} = \dfrac{r_{ij}\omega_i\omega_j}{P} \end{cases} \quad i, j = 1, 2, \cdots, n \qquad (4.99)$$

其中,ω_i 为属性指标权重,$0 \leqslant \omega_i \leqslant 1$ 且 $\sum_{i=1}^{n} \omega_i = 1$;$r_{ij}$ 为属性 x_i 和 x_j 之

间的交互度，$-1 \leqslant r_{ij} \leqslant 1$；$P = \sum\limits_{i \in X} \omega_i + \sum\limits_{\{i,j\} \subset X} r_{ij} \omega_i \omega_j$ 为所有单个属性指标和两两属性指标的重要程度之和。

（2）计算 2 - 可加模糊测度。

式（4.99）中默比乌斯变换系数的确定需要确定属性指标权重 ω_i 和交互度 r_{ij}，属性指标权重 ω_i 可以采用专家打分法或层次分析法来确定，属性间交互度 r_{ij} 可以利用区间样本数据的描述统计量计算（Bock and Diday，2000）：

设 $\overset{\blacklozenge}{y}_t = ([y_{i1}^L, y_{i1}^R], [y_{i2}^L, y_{i2}^R], \cdots, [y_{im}^L, y_{im}^R])^T$ 和 $\overset{\blacklozenge}{y}_j = ([y_{j1}^L, y_{j1}^R], [y_{j2}^L, y_{j2}^R], \cdots,$ $[y_{jm}^L, y_{jm}^R])^T$ 为矩阵 Y 中任意两个区间列向量，方差为：

$$S_i^2 = \frac{1}{3m} \sum_{k=1}^{m} [(y_{ki}^R)^2 + y_{ki}^R y_{ki}^L + (y_{ki}^L)^2] - \frac{1}{4m^2} \Big[\sum_{k=1}^{m} (y_{ki}^L + y_{ki}^R) \Big] \quad i \in X$$

（4.100）

$\overset{\blacklozenge}{y}_i$ 和 $\overset{\blacklozenge}{y}_i$ 之间的协方差为：

$$S_{ij} = \frac{1}{4m} \sum_{k=1}^{m} (y_{ki}^L + y_{ki}^R)(y_{kj}^L + y_{kj}^R) - \frac{1}{4m^2} \Big[\sum_{k=1}^{m} (y_{ki}^L + y_{ki}^R) \Big] \Big[\sum_{k=1}^{m} (y_{kj}^L + y_{kj}^R) \Big]$$

（4.101）

进而可得 $\overset{\blacklozenge}{y}_i$ 和 $\overset{\blacklozenge}{y}_j$ 之间的交互度 r_{ij} 为：

$$r_{ij} = \frac{S_{ij}}{\sqrt{S_i^2 S_j^2}} \quad \{i,j\} \subset X$$

（4.102）

若属性 x_i 和 x_j 具有互补性，则交互度 $r_{ij} > 0$，r_{ij} 越大则互补性越强；若属性 x_i 和 x_j 具有冗余性，则交互度 $r_{ij} < 0$，r_{ij} 越小则冗余性越强；若属性间完全无关，则交互度 $r_{ij} = 0$。

权重和交互度确定好后，可代入式（4.96）得到默比乌斯变换系数，进而由式（4.93）计算出 2 - 可加模糊测度。然后运用灰色模糊积分关联度模型求得各功能相似的候选服务的灰色关联度，而后进行候选服务 QoS 的评价排序，依据排序挑出最满意的服务推荐服务使用者作参考。

4.4.3.3　算例分析与对比

（1）算例数据。

为了说明本节模型在解决产品绩效服务性能匹配问题上的可实施性与可

操作性，本节在上一节以制造加工机加工相关的产品绩效服务功能匹配基础上，继续进行服务性能匹配方法有效性的验证。关于服务质量数据获取，因产业互联网平台作为产品绩效服务提供者、服务使用者和平台运营者的交互平台，相关交互数据和运行数据存储在平台后方数据库中，如服务提供者提供的加工时间、平台运营者的监控数据、服务使用者的评价反馈等数据，加之平台为保护相关利益方的隐私，难以获取全面而精确的服务质量数据。对于服务质量指标数据难以全面获取这一问题，马文龙等（2014）运用仿真工具进行数据仿真测试，贺可太和朱道云（2018）和马仁杰等（2022）假设相关数据进行实例验证，经过模拟分析说明本项目设计方法的可实施性和可操作性。

因此本节采用 Matlab 软件仿真数据进行算例分析。假设 8 个服务 S_1、S_2、S_3、S_5、S_6、S_7、S_8、S_{10}，仿真环境为 Matlab R2019a，Windows11，处理器 CPUi7 – 10510U。8 个候选服务的服务 QoS 指标仿真数据如表 4 – 28 所示。其中数据为具体数值的，为计算方便，在计算过程中统一转换成区间长度为零的区间数。

表 4 – 28　　　　满足用户功能的候选服务 QoS 指标仿真数据

序号	QoS 指标	S_1	S_2	S_3	S_5	S_6	S_7	S_8	S_{10}
1	响应时间（天）	[4，4]	[8，8]	[2，5]	[4，6]	[7，8]	[3，7]	[2，7]	[1，5]
2	制造加工时间（天）	[25，34]	[23，29]	[24，31]	[28，30]	[34，34]	[22，28]	[22，24]	[24，33]
3	辅助工作所需时间（天）	[1，4]	[2，5]	[1，1]	[2，3]	[2，4]	[3，3]	[1，5]	[4，4]
4	物流运输所需时间（天）	[1，7]	[5，6]	[1，6]	[2，3]	[3，6]	[1，6]	[1，2]	[1，6]
5	平台服务费（元/件）	[14，14]	[7，7]	[5，14]	[2，6]	[6，12]	[4，6]	[1，2]	[14，14]
6	制造加工费（元/件）	[61，69]	[64，65]	[60，72]	[61，63]	[70，71]	[67，70]	[64，68]	[63，71]
7	辅助费用（元）	[2，7]	[4，6]	[1，8]	[8，9]	[4，5]	[3，4]	[5，5]	[8，8]
8	物流运输费用（元/千克＊千米）	[2，2]	[2，4]	[3，9]	[2，4]	[9，10]	[1，4]	[3，4]	[3，6]

续表

序号	QoS 指标	S_1	S_2	S_3	S_5	S_6	S_7	S_8	S_{10}
9	提供服务可用率（%）	97	92	87	90	88	82	85	82
10	平台调用可用服务率(%)	92	93	94	91	99	99	95	95
11	可靠性（%）	87	98	87	82	96	88	85	88
12	吞吐量（次/秒）	[3 411, 3 845]	[1 470, 1 887]	[2 187, 2 275]	[2 697, 3 031]	[1 342, 2 050]	[1 117, 4 204]	[3 921, 4 715]	[2 954, 3 314]
13	评价满意度	0.8	0.8	0.5	0.6	0.4	1	0.4	0.4
14	反馈及时率（%）	91	86	95	84	94	84	87	93
15	服务合格率（%）	96	82	99	96	90	89	89	86
16	交付及时率（%）	90	90	96	96	93	88	96	91
17	交易成功率（%）	87	99	98	91	92	92	84	86
18	安全性	0.6	0.8	0.8	1	1	0.8	0.6	0.8

（2）算例过程。

本节算例的服务性能匹配过程如下。

第一，构建 QoS 矩阵。S_1、S_2、S_3、S_5、S_6、S_7、S_8、S_{10} 为功能匹配筛选后得到的候选服务，根据所建服务质量指标体系，构建 8 个候选服务的区间数评估矩阵 I，区间数 $[q_{ij}^L, q_{ij}^R]$ 中 q_{ij}^L 为第 i 个候选服务针对第 j 个 QoS 属性指标的下界值，q_{ij}^R 为第 i 个候选服务针对第 j 个 QoS 属性指标的下界值。

$$I = \begin{bmatrix}
[4,4] & [25,34] & [1,4] & [1,7] & [14,14] & [61,69] & [2,7] & [2,2] & [0.97,0.97] & \cdots & [0.6,0.6] \\
[8,8] & [23,29] & [2,5] & [5,6] & [7,7] & [64,65] & [4,6] & [2,4] & [0.92,0.92] & \cdots & [0.8,0.8] \\
[2,5] & [24,31] & [1,1] & [1,6] & [5,14] & [60,72] & [1,8] & [3,9] & [0.87,0.87] & \cdots & [0.8,0.8] \\
[4,6] & [28,30] & [2,3] & [2,3] & [2,6] & [61,63] & [8,9] & [2,4] & [0.90,0.90] & \cdots & [1.0,1.0] \\
[7,8] & [34,34] & [2,4] & [2,4] & [6,12] & [70,71] & [4,5] & [9,10] & [0.88,0.88] & \cdots & [0.8,0.8] \\
[3,7] & [22,28] & [3,3] & [3,3] & [4,6] & [67,70] & [3,4] & [1,4] & [0.82,0.82] & \cdots & [1.0,1.0] \\
[2,7] & [22,24] & [1,5] & [1,5] & [1,2] & [64,68] & [5,5] & [3,4] & [0.85,0.85] & \cdots & [0.6,0.6] \\
[1,5] & [24,33] & [4,4] & [4,4] & [1,6] & [63,71] & [8,8] & [3,6] & [0.82,0.82] & \cdots & [0.8,0.8]
\end{bmatrix}$$

第二，规范化处理。运用式（4.94）、式（4.95）分别对效益型、成本型属性指标进行规范化处理，即矩阵 Y 为：

$$Y = \begin{bmatrix} 0.571\,4 & 1.00 & 0.750\,0 & 0 & 1.000\,0 & 0.25 & 1.00 & 0 & 0 & \cdots & 0 \\ 0 & 0 & 0.916\,7 & 0.5 & 0.666\,7 & 0 & 0 & 0.2 & 0.538\,5 & \cdots & 0.5 \\ 0.857\,1 & 0.75 & 0.833\,3 & 0.3 & 1.000\,0 & 1.00 & 1.00 & 0.2 & 0.692\,3 & \cdots & 0.5 \\ 0.571\,4 & 0.50 & 0.500\,0 & 0.4 & 0.666\,7 & 0.50 & 0.75 & 0.8 & 0.923\,1 & \cdots & 1.0 \\ 0.142\,9 & 0 & 0 & 0 & 0.666\,7 & 0.25 & 0.50 & 0.2 & 0.615\,4 & \cdots & 0.5 \\ 0.714\,3 & 0.25 & 1.000\,0 & 0.6 & 0.333\,3 & 0.50 & 1.00 & 0.2 & 0.769\,2 & \cdots & 1.0 \\ 0.857\,1 & 0.25 & 1.000\,0 & 1.0 & 1.000\,0 & 0 & 1.00 & 1.0 & 1.000\,0 & \cdots & 0.5 \\ 1.000\,0 & 0.75 & 0.833\,3 & 0.1 & 0 & 0.25 & 1.00 & 0.2 & 0 & \cdots & 0.5 \end{bmatrix}$$

第三，默比乌斯变换系数。首先，确定指标权重，利用专家打分法（见附录 B1）分别为 7 个一级指标、18 个二级指标赋予权重如表 4 - 29 和表 4 - 30 所示。

表 4 - 29　　　　　　　　　　　　一级指标权重

ω_t	ω_c	ω_{av}	ω_{re}	ω_{thr}	ω_{tru}	ω_s
0.024 5	0.070 1	0.137 6	0.241 0	0.242 8	0.039 7	0.244 3

表 4 - 30　　　　　　　　　　　　二级指标权重

属性	权重				
时间 t	ω_{t1}	ω_{t2}	ω_{t3}	ω_{t4}	
	0.401 4	0.203 5	0.335 6	0.059 5	
成本 c	ω_{c1}	ω_{c2}	ω_{c3}	ω_{c4}	
	0.136 5	0.296 4	0.256 4	0.310 6	
可用性 a	ω_{av1}	ω_{av2}			
	0.948 4	0.051 6			
信誉度 tr	ω_{tru1}	ω_{tru2}	ω_{tru3}	ω_{tru4}	ω_{tru5}
	0.241 3	0.235 7	0.171 3	0.191 2	0.187 5

其次，确定指标间的交互度，其中在计算一级指标的交互度时，时间、成本指标的值为各个相应二级指标值的和，可用性、信誉度、可维护性的值为相应二级指标值的平均值，然后在进行标准化的基础上计算交互度，一级

指标交互度和二级指标间交互度分别如表 4 – 31 和表 4 – 32 所示。

表 4 – 31　一级指标交互度

r_{tc}	r_{ta}	r_{tr}	r_{tth}	r_{ttr}	r_{ts}	r_{ca}	r_{cr}
0.140 1	– 0.167 4	– 0.213 9	0.184 6	– 0.002 0	– 0.113 8	– 0.035 1	– 0.110 6
r_{cth}	r_{ctr}	r_{cs}	r_{ar}	r_{ath}	r_{atr}	r_{as}	r_{rth}
0.086 9	0.097 4	– 0.038 1	0.171 3	– 0.091 9	0.141 9	– 0.038 7	– 0.259 8
r_{rtr}	r_{rs}	r_{thtr}	r_{ths}	r_{trs}			
0.015 8	0.059 9	– 0.111 2	– 0.224 1	0.066 8			

表 4 – 32　二级指标间交互度

指标	二级指标间交互度					
t	r_{12}	r_{13}	r_{14}	r_{23}	r_{24}	r_{34}
	0.034 8	0.059 6	0.126 3	– 0.005 6	0.080 0	0.035 8
c	r_{12}	r_{13}	r_{14}	r_{23}	r_{24}	r_{34}
	0.056 6	0.037 1	0.041 6	– 0.130 0	0.124 1	– 0.022 8
a	r_{12}					
	– 0.257 9					
tr	r_{12}	r_{13}	r_{14}	r_{15}	r_{23}	r_{24}
	– 0.282 7	– 0.034 5	– 0.304 3	0.139 5	0.096 1	0.066 9
	r_{25}	r_{34}	r_{35}	r_{45}		
	0.008 7	0.156 8	0.000 2	– 0.018 7		

依据表 4 – 31 和表 4 – 32 可看出，交互度有正有负，指标间关联既有正向又有负向，相比较只能表示一类交互作用的 λ 模糊测度模式而言，2 – 可加模糊测度建模准确度更高，更符合实际。

最后，由权重和交互度确定默比乌斯变换系数，计算默比乌斯变换系数，如表 4 – 33 所示。

第四，计算 2 – 可加模糊测度。默比乌斯变换系数确定后，确定出来 2 – 可加模糊测度，例如 $\mu(\{t,c,a\}) = m_t + m_c + m_a + m_{tc} + m_{ta} + m_{ca} = 0.237 5$，同理可得出其余各指标集的 2 – 可加模糊测度，如表 4 – 34 所示。

表 4-33　默比乌斯变换系数

指标		默比乌斯变换系数							
一级指标		m_t	m_c	m_a	m_r	m_{th}	m_{tr}	m_s	m_{tc}
		0.025 1	0.071 9	0.141 2	0.247 3	0.249 1	0.040 7	0.250 7	0.000 2
		m_{ta}	m_{tr}	m_{tth}	m_{ttr}	m_{ts}	m_{ca}	m_{cr}	m_{cth}
		-0.000 6	-0.001 3	0.001 1	0	-0.000 7	-0.000 3	-0.001 9	0.001 5
		m_{ctr}	m_{cs}	m_{ar}	m_{ath}	m_{atr}	m_{as}	m_{rth}	m_{rtr}
		0.000 3	-0.000 7	0.005 8	-0.003 1	0.000 8	-0.001 3	-0.015 6	0.000 2
		m_{rs}	m_{thtr}	m_{ths}	m_{trs}				
		0.003 6	-0.001 1	-0.013 6	0.000 7				
二级指标	*t*	m_1	m_2	m_3	m_4	m_{12}	m_{13}	m_{14}	m_{23}
		0.395 4	0.200 5	0.330 6	0.058 6	0.002 8	0.007 9	0.003 0	-0.000 4
		m_{24}	m_{34}						
		0.001 0	0.000 7						
	c	m_1	m_2	m_3	m_4	m_{12}	m_{13}	m_{14}	m_{23}
		0.135 8	0.294 9	0.255 1	0.309 1	0.002 3	0.001 3	0.001 8	-0.009 8
		m_{24}	m_{34}						
		0.011 4	-0.001 8						
	a	m_1	m_2	m_{12}					
		0.960 5	0.052 3	-0.012 8					
	tr	m_1	m_2	m_3	m_4	m_5	m_{12}	m_{13}	m_{14}
		0.238 1	0.232 6	0.169 0	0.188 7	0.185 0	-0.015 9	-0.001 4	-0.013 9
		m_{15}	m_{23}	m_{24}	m_{25}	m_{34}	m_{35}	m_{45}	
		0.006 2	0.003 8	0.003 0	0.000 4	0.005 1	0.000 0	-0.000 7	

表 4-34　2-可加模糊测度

指标	指标集 K	模糊测度 $\mu(K)$	指标集 K	模糊测度 $\mu(K)$	指标集 K	模糊测度 $\mu(K)$
一级指标	∅	0	{t}	0.025 1	{c}	0.071 9
	{a}	0.141 2	{r}	0.247 3	{th}	0.249 1
	{tr}	0.040 7	{s}	0.250 7	{t,c}	0.097 3
	{t,a}	0.165 8	{t,r}	0.271 1	{t,th}	0.275 4
	{t,tr}	0.065 9	{t,s}	0.275 1	{c,a}	0.212 8
	{c,r}	0.317 3	{c,th}	0.322 6	{c,tr}	0.112 9

指标	指标集 K	模糊测度 $\mu(K)$	指标集 K	模糊测度 $\mu(K)$	指标集 K	模糊测度 $\mu(K)$
一级指标	{c,s}	0.321 9	{a,r}	0.394 3	{a,th}	0.387 2
	{a,tr}	0.182 7	{a,s}	0.390 5	{r,th}	0.480 8
	{r,tr}	0.288 2	{r,s}	0.501 6	{th,tr}	0.288 8
	{th,s}	0.486 2	{tr,s}	0.292 1	{t,c,a}	0.237 5
	{t,c,r}	0.341 4	{t,c,th}	0.349 1	{t,c,tr}	0.138 3
	{t,c,s}	0.346 6	{t,a,r}	0.417 6	{t,a,th}	0.412 9
	{t,a,tr}	0.207 3	{t,a,s}	0.414 4	{t,r,th}	0.505 8
	{t,r,tr}	0.312 0	{t,r,s}	0.524 7	{t,th,tr}	0.315 0
	{t,th,s}	0.511 7	{t,tr,s}	0.316 5	{c,a,r}	0.464 0
	{c,a,th}	0.460 3	{c,a,tr}	0.254 6	{c,a,s}	0.461 4
	{c,r,th}	0.552 4	{c,r,tr}	0.358 5	{c,r,s}	0.570 9
	{c,th,tr}	0.362 5	{c,th,s}	0.559 0	{c,tr,s}	0.363 6
	{a,r,th}	0.624 7	{a,r,tr}	0.436 0	{a,r,s}	0.647 3
	{a,th,tr}	0.427 6	{a,th,s}	0.622 9	{a,tr,s}	0.432 7
	{r,th,tr}	0.520 6	{r,th,s}	0.721 5	{r,tr,s}	0.543 1
	{th,tr,s}	0.526 5	{t,c,a,r}	0.487 5	{t,c,a,th}	0.486 2
	{t,c,a,tr}	0.279 4	{t,c,a,s}	0.485 6	{t,c,r,th}	0.577 6
	{t,c,r,tr}	0.382 6	{t,c,r,s}	0.594 3	{t,c,th,tr}	0.389 0
	{t,c,th,s}	0.584 8	{t,c,tr,s}	0.388 3	{t,a,r,th}	0.649 1
	{t,a,r,tr}	0.459 3	{t,a,r,s}	0.669 8	{t,a,th,tr}	0.453 3
	{t,a,th,s}	0.647 9	{t,a,tr,s}	0.456 6	{t,r,th,tr}	0.545 6
	{t,r,th,s}	0.745 8	{t,r,tr,s}	0.566 3	{t,th,tr,s}	0.761 9
	{c,a,r,th}	0.695 9	{c,a,r,tr}	0.505 9	{c,a,r,s}	0.716 3
	{c,a,th,tr}	0.501 0	{c,a,th,s}	0.695 3	{c,a,tr,s}	0.503 9
	{c,r,th,tr}	0.592 4	{c,r,th,s}	0.792 3	{c,r,tr,s}	0.612 8
	{c,th,tr,s}	0.599 5	{a,r,th,tr}	0.665 3	{a,r,th,s}	0.864 0
	{a,r,tr,s}	0.689 6	{a,th,tr,s}	0.664 0	{r,th,tr,s}	0.761 9
	{t,c,a,r,th}	0.720 5	{t,c,a,r,tr}	0.529 4	{t,c,a,r,s}	0.739 1
	{t,c,a,th,tr}	0.526 9	{t,c,a,th,s}	0.720 5	{t,c,a,tr,s}	0.528 0
	{t,c,r,th,tr}	0.617 6	{t,c,r,th,s}	0.815 6	{t,c,r,tr,s}	0.636 1
	{t,c,th,tr,s}	0.625 3	{t,a,r,th,tr}	0.689 7	{t,a,r,th,s}	0.887 7

指标		指标集 K	模糊测度 $\mu(K)$	指标集 K	模糊测度 $\mu(K)$	指标集 K	模糊测度 $\mu(K)$
一级指标		$\{t,a,r,tr,s\}$	0.712 2	$\{t,a,th,tr,s\}$	0.689 0	$\{t,r,th,tr,s\}$	0.786 2
		$\{c,a,r,th,tr\}$	0.736 7	$\{c,a,r,th,s\}$	0.934 5	$\{c,a,r,tr,s\}$	0.758 9
		$\{c,a,th,tr,s\}$	0.736 7	$\{c,r,th,tr,s\}$	0.833 1	$\{a,r,th,tr,s\}$	0.905 3
		$\{t,c,a,r,th,tr\}$	0.761 4	$\{t,c,a,r,th,s\}$	0.958 5	$\{t,c,a,r,tr,s\}$	0.781 7
		$\{t,c,a,th,tr,s\}$	0.761 9	$\{t,c,r,th,tr,s\}$	0.857 6	$\{t,a,r,th,tr,s\}$	0.929 0
		$\{c,a,r,th,tr,s\}$	0.976 1	$\{t,c,a,r,th,tr,s\}$	1.000 0		
二级指标	t	t_1	0.395 4	t_2	0.200 5	t_3	0.330 6
		t_4	0.058 6	$\{t_1,t_2\}$	0.598 6	$\{t_1,t_3\}$	0.733 9
		$\{t_1,t_4\}$	0.457 0	$\{t_2,t_3\}$	0.530 7	$\{t_2,t_4\}$	0.260 0
		$\{t_3,t_4\}$	0.389 9	$\{t_1,t_2,t_3\}$	0.936 8	$\{t_1,t_2,t_4\}$	0.661 2
		$\{t_1,t_3,t_4\}$	0.796 2	$\{t_2,t_3,t_4\}$	0.590 9	$\{t_1,t_2,t_3,t_4\}$	1.000 0
	c	c_1	0.135 8	c_2	0.294 9	c_3	0.255 1
		c_4	0.309 1	$\{c_1,c_2\}$	0.433 0	$\{c_1,c_3\}$	0.392 2
		$\{c_1,c_4\}$	0.446 6	$\{c_2,c_3\}$	0.540 2	$\{c_2,c_4\}$	0.615 4
			0.562 4	$\{c_1,c_2,c_3\}$	0.679 6	$\{c_1,c_2,c_4\}$	0.755 2
		$\{c_1,c_3,c_4\}$	0.701 3	$\{c_2,c_3,c_4\}$	0.858 8	$\{c_1,c_2,c_3,c_4\}$	1.000 0
	a	a_1	0.960 5	a_2	0.052 3	$\{a_1,a_2\}$	1.000 0
	tr	tr_1	0.238 1	tr_2	0.232 6	tr_3	0.169 0
		tr_4	0.188 7	tr_5	0.185 0	$\{tr_1,tr_2\}$	0.454 8
		$\{tr_1,tr_3\}$	0.405 7	$\{tr_1,tr_4\}$	0.412 9	$\{tr_1,tr_5\}$	0.429 3
		$\{tr_2,tr_3\}$	0.405 4	$\{tr_2,tr_4\}$	0.424 2	$\{tr_2,tr_5\}$	0.417 9
		$\{tr_3,tr_4\}$	0.362 7	$\{tr_3,tr_5\}$	0.354 0	$\{tr_4,tr_5\}$	0.373 0
		$\{tr_1,tr_2,tr_3\}$	0.626 2	$\{tr_1,tr_2,tr_4\}$	0.632 5	$\{tr_1,tr_2,tr_5\}$	0.646 4
		$\{tr_1,tr_3,tr_4\}$	0.585 6	$\{tr_1,tr_3,tr_5\}$	0.596 9	$\{tr_1,tr_4,tr_5\}$	0.603 4
		$\{tr_2,tr_3,tr_4\}$	0.602 1	$\{tr_2,tr_3,tr_5\}$	0.590 8	$\{tr_2,tr_4,tr_5\}$	0.608 9
		$\{tr_3,tr_4,tr_5\}$	0.547 1	$\{tr_1,tr_2,tr_3,tr_4\}$	0.809 1	$\{tr_1,tr_2,tr_3,tr_5\}$	0.817 8
		$\{tr_1,tr_2,tr_4,tr_5\}$	0.823 5	$\{tr_1,tr_3,tr_4,tr_5\}$	0.776 1	$\{tr_2,tr_3,tr_4,tr_5\}$	0.786 8
		$\{tr_1,tr_2,tr_3,tr_4,tr_5\}$	1.000 0				

第五，灰色模糊积分关联度。运用式（4.97）结合一级指标规范化矩阵，计算灰色关联系数，得到灰色关联系数矩阵为：

$$\xi = \begin{bmatrix} 0.461\ 7 & 0.538\ 7 & 1.000\ 0 & 0.421\ 1 & 0.664\ 3 & 0.760\ 0 & 0.333\ 3 \\ 0.431\ 2 & 0.749\ 9 & 0.600\ 0 & 1.000\ 0 & 0.347\ 4 & 0.640\ 5 & 0.500\ 0 \\ 0.656\ 0 & 0.469\ 2 & 0.428\ 6 & 0.421\ 1 & 0.399\ 8 & 0.655\ 1 & 0.500\ 0 \\ 0.551\ 1 & 0.849\ 8 & 0.428\ 6 & 0.333\ 3 & 0.489\ 2 & 0.523\ 0 & 1.000\ 0 \\ 0.333\ 3 & 0.385\ 8 & 0.750\ 0 & 0.800\ 0 & 0.349\ 4 & 0.393\ 1 & 1.000\ 0 \\ 0.608\ 9 & 0.753\ 7 & 0.428\ 6 & 0.444\ 4 & 0.410\ 3 & 1.000\ 0 & 1.000\ 0 \\ 1.000\ 0 & 1.000\ 0 & 0.400\ 0 & 0.381\ 1 & 1.000\ 0 & 0.333\ 3 & 0.333\ 3 \\ 0.488\ 0 & 0.386\ 8 & 0.333\ 3 & 0.444\ 4 & 0.539\ 5 & 0.333\ 3 & 0.500\ 0 \end{bmatrix}$$

利用式（4.98）结合灰色关联系数矩阵，计算各候选服务的灰色模糊积分关联度，例如候选服务 S_1 的灰色模糊积分关联度为：

$$\begin{aligned}
\int \xi(Y_0, Y_1)d\mu &= (\xi_s - 0) \times \mu(\{t,c,a,r,th,tr,s\}) + (\xi_r - \xi_s) \times \mu(\{t,c,a,r,th,tr\}) \\
&\quad + (\xi_t - \xi_r) \times \mu(\{t,c,a,th,tr\}) + (\xi_c - \xi_t) \times \mu(\{c,a,th,tr\}) + (\xi_{th} - \xi_c) \\
&\quad \times \mu(\{a,th,tr\}) + (\xi_{tr} - \xi_{th}) \times \mu(\{a,tr\}) + (\xi_a - \xi_{tr}) \times \mu(\{a\}) \\
&= (0.333\ 3 - 0) \times 1 + (0.421\ 1 - 0.333\ 3) \times 0.761\ 4 + (0.461\ 7 - 0.421\ 1) \\
&\quad \times 0.526\ 9 + (0.538\ 7 - 0.461\ 7) \times 0.501\ 0 + (0.664\ 3 - 0.538\ 7) \\
&\quad \times 0.427\ 6 + (0.760\ 0 - 0.664\ 3) \times 0.182\ 7 + (1.000\ 0 - 0.760\ 0) \\
&\quad \times 0.141\ 2 = 0.565\ 2
\end{aligned}$$

同理可得其他候选服务的灰色模糊积分关联度，即 $\int \xi(Y_0, Y_1)d\mu = 0.565\ 2$，$\int \xi(Y_0, Y_2)d\mu = 0.626\ 8$，$\int \xi(Y_0, Y_3)d\mu = 0.456\ 1$，$\int \xi(Y_0, Y_5)d\mu = 0.600\ 5$，$\int \xi(Y_0, Y_6)d\mu = 0.561\ 2$，$\int \xi(Y_0, Y_7)d\mu = 0.623\ 1$，$\int \xi(Y_0, Y_8)d\mu = 0.586\ 4$，$\int \xi(Y_0, Y_{10})d\mu = 0.457\ 9$。故 $S_2 > S_7 > S_5 > S_8 > S_1 > S_6 > S_{10} > S_3$，功能相似的候选服务 S_2 服务质量最好，可推荐给服务使用者。

（3）结果对比与分析。

产品绩效服务性能匹配主要在指标独立假设前提下进行研究，因此，为了说明本项目产业互联网环境下基于属性关联的产品绩效服务性能匹配方法的可行性和有效性，本节选择指标间相互独立的熵值法和逼近理想解的排序法即 TOPSIS 方法进行对比。

熵的定义最早出现在热力学相关文献中，被用来描述体系的混乱程度，而后研究中信息熵被用于对信息不确定的度量。本项目引用信息熵的概念通过熵值法（Chen et al.，2007）计算指标权重，信息不确定性越大，信息熵越大，其指标的离散水平越小，所占权重越小，对总体评估的作用越小；反之，信息熵越小，其指标的离散水平越大，所占权重越大，对总体评估的作用越大。根据熵值法计算所得指标权重如表 4-35 所示，因指标值为区间值，指标权重取相应指标上界值对应权重和下界值对应权重的和。

表 4-35　　　　　　　　　　熵值法指标权重

ω_{t_1}	ω_{t_2}	ω_{t_3}	ω_{t_4}	ω_{c_1}	ω_{c_2}	ω_{c_3}	ω_{c_4}	ω_{a_1}	ω_{a_2}
0.048 2	0.048 9	0.066 0	0.057 9	0.070 9	0.054 0	0.044 6	0.029 2	0.065 0	0.050 2
ω_r	ω_{th}	ω_{tr_1}	ω_{tr_2}	ω_{tr_3}	ω_{tr_4}	ω_{tr_5}	ω_s	—	—
0.047 0	0.067 7	0.097 4	0.068 0	0.037 2	0.044 0	0.048 4	0.055 4	—	—

TOPSIS 模型通常出现在多属性评估分析中，该模型旨在对多维度、多指标进行比较，是一种接近理想解状态的科学分析方法（王孝宁等，2009）。如果被评估的服务距离正理想解的距离越近而距离负理想解的距离越远，则该服务 QoS 越好。本书方法与熵值法、TOPSIS 方法的候选服务排序结果如表 4-36 所示。

表 4-36　　　　　　　　不同方法候选服务排序结果

候选服务	本书方法灰色模糊积分关联度	排序	熵值法灰色关联度	排序	TOPSIS 贴近度	排序
S_1	0.565 2	5	0.631 7	2	0.643 1	2
S_2	0.626 8	1	0.600 6	4	0.595 3	4
S_3	0.456 1	8	0.555 4	3	0.629 8	3
S_5	0.600 5	3	0.598 5	5	0.586 7	5
S_6	0.687 9	6	0.441 6	7	0.260 5	8
S_7	0.623 1	2	0.732 8	1	0.749 4	1
S_8	0.586 4	4	0.668 2	6	0.473 9	6
S_{10}	0.457 9	7	0.406 6	8	0.274 0	7

运用熵值法得到的候选服务排序为 $S_7 > S_1 > S_3 > S_2 > S_5 > S_8 > S_6 > S_{10}$，采纳 TOPSIS 方法计算出的候选服务排序为 $S_7 > S_1 > S_3 > S_2 > S_5 > S_8 > S_{10} > S_6$，将本项目方法、熵值法、TOPSIS 方法得到的服务质量进行对比，如图 4 - 29 所示。

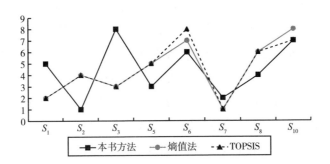

图 4 - 29　三种方法候选服务排序结果对比

从图 4 - 29 排序结果看，本书方法得到的最优服务为 S_2，熵值法和 TOP-SIS 方法得到的最优服务均为 S_7，三种方法计算得到的最优服务并不相同，导致这种现象呈现的主要缘由是熵值法和 TOPSIS 两种方法没有将属性间存在关联的交互关系考虑在内，而只是单纯地认为属性之间完全无关联，而这样会引起两方面的不良影响：一方面会夸大属性集的重复作用，另一方面则削弱属性集的互补影响，从而出现其同本项目方法得到的最优服务不相同的现象。

将 S_2 和 S_7 两个服务的服务质量指标进行对比如图 4 - 30 所示。

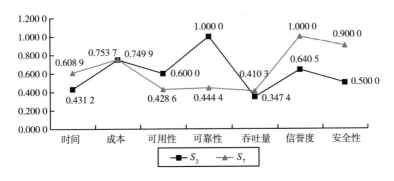

图 4 - 30　S_6 和 S_7 服务质量对比

由图 4 - 30 可知 S_2 和 S_7 相比，虽然成本不相上下，且在时间、吞吐量、信誉度和安全性 4 项指标上不如 S_7，但是在可用性和可靠性方面明显优越于 S_7。观察表 4 - 28 时间和吞吐量指标数据可知，S_2 波动幅度更小，所以在可用性和可靠性方面更胜一筹，体现了属性间关联的互补性。熵值法和 TOPSIS 方法的优选结果 S_7 在时间、吞吐量这 2 个指标上所赋权重为 0.29，增加了时间和吞吐量的不稳定性带来的不良作用，而这两种方法均未考虑这种风险，因而优于本书方法所选最优服务 S_2。本书方法所选最优服务 S_2 在可用性、可靠性相应二级指标上均不劣于 S_7，S_2 更具实际综合性。

由于本书方法的设计是建立在属性指标间的关联关系之上的，这样可以减少指标间相互制约的作用，同时各个指标之间的交互影响充分体现出来，充分表现出各个指标集的重要水平，所以 S_2 在整体上优于 S_7，S_7 为最优的服务。本书方法通过与熵值法和 TOPSIS 方法进行对比，说明本书所提产品绩效服务性能匹配方法的有效性，考虑指标之间的关联性以及数据的波动不确定性使得在现实应用中更具一般性，所以本书方法的实践性更强。

4.5　本章小结

本章首先研究产品绩效服务开发路径，在此基础上研究可用绩效服务和使用绩效服务的配置能力和协调能力，在此基础上，研究产品绩效服务的服务质量评价能力。

第一，提出技术型、协同型和平衡型三类服务开发路径。第二，考虑产品模块与可用绩效服务模块差异化动态关系的提出服务方案配置方法。研究发现，选择与实体产品高度关联的可用绩效服务将会显著发挥服务功效，弥补产品制造不足的技术需要，助力客企双方选择满意的集成解决方案。第三，对可用绩效服务协调能力进行研究，并提出以单位订购量带来的成本节约为绩效指的协调方法。研究发现，相较于不实施激励措施，单位生产成本节约激励系数在较小的范围内，可以使供应商和制造商利润均增加，从而协调供应链成员利润，但当激励系数过大时，激励措施只对占主导地位的供应商有利；激励措施对原材料批发价、订购量和研发服务水平均存在促进作用。与不存在成本节约相比，当单位生产成本节约在一定范围内可以提高供应链成员利润，当单位生产成本节约较大时，其增加对占主导地位的供应商更有利。第四，提出了考虑产品模块与使用绩效服务模块差异化动态关系的方案配置方法。通过与传统方案的对比分析，验证了所提模型的有效性，助力制造企业服务化转型升级。第五，对使用绩效服协调能力进行研究，并建立了包括制造商和客户的产品服务供应链，其中制造商为客户提供解决方案，以可用性为绩效指标进行协调。第六，对产品绩效服务评价能力与方法进行研究，设计了产品绩效服务性能匹配方法，从多利益相关者的角度出发，梳理并建立了服务质量多方评价指标体系，并进行数值验证。

第 5 章

产业互联网环境下中小制造企业
绩效式预防维修服务决策

维修服务作为互联网环境下工业服务的切入点，也是制造型企业服务化转型中的基础服务方式。本章首先以大型减速机、风机齿轮箱为例，对大型传动设备维修服务现状进行调查分析，分析绩效式维修服务在大型传动设备制造商的实施情况。基于此，首先结合 PBC、可靠性、可用度等理论知识，以设备运行中的可用度作为绩效指标，建立考虑可用绩效的利润最大化维修服务决策模型，展开可用绩效式预防维修服务决策研究，综合成本、收益、可用绩效多个目标，使大型传动设备供应商制订合理的维修计划，保障设备可靠性与可用性的同时，获取较高的利润。其次，关注设备使用过程的维修服务质量与使用产出结果，考虑维修服务质量与客户使用期望，以设备产出合格品率、使用产出市场需求、维修服务满意度三个指标组成使用绩效指标，进行使用绩效式预防维修服务决策研究。

5.1 中小制造企业维修服务现状调查——以
大型传动设备产品为例

在产业互联网环境下，中小型制造企业借助互联网平台开展相关服务，如租赁、维修、备件等服务。对于制造型企业而言，维修服务是重中之重，我国"十四五"规划和 2035 年远景目标纲要提出："发展服务型制造新模式，推动制造业高端化智能化绿色化"。在此背景下，维修服务作为互联网环境下工业服务的切入点，也是制造型企业服务化转型中的基础服务方式。

本节采用实践调查、结巴分词方法，结合文献查阅，以大型减速机和风机齿轮箱两类大型传动设备为例进行大型传动设备维修服务现状调查与分析，分析这类设备的故障类型、维修服务合同、维修服务方式、维修服务流程、维修服务策略、维修服务绩效影响因素，发现维修服务中存在的问题与不足。

5.1.1 大型传动设备界定

传动设备是将原动机的运动和动力传给工作机构的中间装置。常见传动类型有齿轮传动、蜗杆传动、带传动、链传动等，根据传动动力可分为机械传动、电传动、液压传动等。其中，齿轮传动在现代机械中应用最为广泛，具备传动精度高、适用范围广、工作可靠、传动效率高等特点，应用于水泥/矿业、港口/起重、船舶/造船、汽油开发、发电、化学/制药、橡胶/塑料、造纸、水处理、食品/饮料、制糖业、轨道/轨道车辆、交通运输、涡轮专用、风力发电等多个行业。

大型传动设备是资金密集型产品，欧美部分经济学者把社会生产及其产品划分为劳动密集型、资金密集型、知识密集型、技术密集型，其中资金密集型指投入的资本较多、平均每人占用的固定资金较多、生产产品的成本中物化劳动消耗较多。若单位产品资金占比较少则称为"劳动密集型产品"，若单位产品资金占用较多的称为"资金密集型产品"（陈素琴和孟悦，2014）。通常资金密集型产品也是技术密集型产品，常见的资金密集型企业有航空、电力、大型机械等生产制造商，这类企业生产的产品如发动机、风力发电机、矿山机械、农用机械等多为资金密集型产品。

可见，大型减速机、风机齿轮箱等设备是常见的大型传动设备，如图 5 – 1 所示的行星传动齿轮箱，通常具有复杂度高、维修难度大、占用资金与资源较多、运行稳定性高等特点，一旦发生故障，造成的损失也会增加，如停机损失、维修服务费用损失、备件费用损失、人身与环境安全损失等，设备的维修或维护服务多由供应商提供。此外，黄超群和蒋仁言（2015）指出此类设备维修困难、故障类型多样化、维修人员技术不足较为明显。

在大型传动设备中，大型减速机和风机齿轮箱有以下两个特点：（1）大型减速机、风机齿轮箱不仅属于大型传动类设备，而且属于资金密集型产品，无论设备制造企业还是设备使用企业，设备的资金占用与维护重要度都较高。此外，设备具有应用范围广、需求量大、运维难度较大的特点。（2）随着智能化、信息化、服务化发展，设备监测、检测与维修技术仍待提高。

图 5 – 1　行星传动齿轮箱

资料来源：笔者调研期间拍摄。

因此，本书认为大型传动设备是由齿轮、传动轴等部件组成的传递、转换动力的设备，主要包含减速机、联轴器、齿轮箱等。

5.1.2　调查对象与方法选择

5.1.2.1　调查对象

本书针对天津某传动设备供应商进行调查，该企业由国外大型传动系统公司投资建造，全国拥有二十多家分公司，七大维修服务中心。企业主要生产风机齿轮箱、减速机、机械齿轮、联轴器等产品，产品销售于 58 个国家。其次，企业在全球范围内共有 84 个网点，47 个维修中心，年产值高达 60 亿元。该企业是当今世界上顶级的传动设备生产商之一，极具代表性。

此外，在企业生产的众多传动设备中，风能相关设备与机械传动设备是其主营业务。其中风机齿轮箱、发电机设备应用于内蒙古、江苏等多个大型风电场，企业迄今为止已向世界各地供货超过 150 000 兆瓦齿轮箱。其次，减速机与齿轮设备应用于近 20 个行业或领域，具有一定的行业代表性。故本书对该企业的大型减速机、风机齿轮箱维修服务现状进行调查分析。

5.1.2.2　调查方法选择

本书采取的调查方法为实践调查法与网上调查法，其中，实践调查法包括企业实地调研、访谈、企业公开资料查阅等，以此来获取一手资料；网上调查法包括查阅文献数据库、网页检索、视频观看、关注公众号等，以此来获取二手资料。获取的资料包括：设备类型、需求现状、维修服务方式、维修服务合同模式、故障类型、绩效影响因素、设备维修服务记录表、访谈记录表等。

本书采用 Python 结巴分词统计法与结构化数据分析法，对维修服务的故障和原因进行分析。Python 的结巴分词功能强大且安装方便，可以进行简单分词、并行分词、命令行分词，可以处理大量的文本资料，提取关键词（史国举，2021），结巴分词存在全模式、精确模式与搜索引擎模式三种分词模式。结构化数据分析方法，又称为乔亚法，直观地把根据扎根的理论分析、层层归纳抽象上来的结果呈现出来，是处理文本资料、析出概念的方法（毛基业和李高勇，2014）。通过使用这些方法，对调查获取的资料进行分析，分析出大型减速机、风机齿轮箱常见故障类型、维修服务方式与流程、维修服务合同、维修服务绩效影响因素。

5.1.3　大型减速机、风机齿轮箱故障与维修服务方式分析

5.1.3.1　大型减速机故障分析

对于大型减速机而言，常见的减速机有齿轮减速机、行星齿轮减速机与蜗杆减速机。在调查中共收集到大型减速机维修服务记录表 20 份与维修服务现状访谈记录 8 份，维修服务记录表中包含：运营商基本信息、故障类型、故障原因、设备使用时间、维修服务方式或采取措施、维修服务时间、维修人员信息、所需备件及其信息，其中，维修服务记录表见附录 C1，大型传动设备维修服务现状调查访谈提纲见附录 C2。将获取资料按照故障部件、故障类型与表现形式、故障原因、维修服务方式、维修服务策略进行整合，相互补充验证后，形成统一文本资料。利用 Python 软件，采用结巴分词方法对文本资料采用精确模式分词，精确模式能对词组做出精确切分，满足文本处理要求，同时结合人工阅读的方式，对处理结果进行修正。

经统计，大型减速机常见故障类型为：（1）疲劳损坏；（2）齿轮配合位置磨损；（3）油膜涡动、油膜震荡及油膜破裂引起高温；（4）转子弯曲、转子不对中、转子横向裂纹、转子缺损、转子零部件松动；（5）滚动轴承损坏（磨损、内圈点蚀，外圈点蚀，保持架故障，滚动体故障，润滑不良）；（6）齿轮损坏（磨损，剥落，裂纹，断齿，不平衡）；（7）零部

件松动；（8）锈蚀腐蚀；（9）应力冲击；（10）安装过程配合与精度偏差；（11）污垢阻塞；（12）机械基础沉降不均匀；（13）壳体变形；（14）异常振动；（15）油封、油堵漏油等。其中，"润滑油质量较差""未定期检测维修造成的磨损或疲劳损坏""载荷或径向力过大""油孔阻塞""异物干扰或腐蚀"等是设备故障的主要原因。大型减速机的滚子与保持架故障如图5－2所示。

（a）滚子锈蚀故障　　　　　　　　　（b）保持架损坏故障

图5－2　大型减速机的滚子与保持架故障

资料来源：笔者调研期间拍摄。

5.1.3.2　风机齿轮箱故障分析

风能具有绿色环保、资源丰富、分布广泛等优点，伴随我国风电行业的发展，我国是目前世界风电装机规模最大的国家，但风力发电占全国上网电量比重仍很小，风电机组的可靠性与安全性不足带来的维修管理费用增大已经成了制约风电发展的重大问题。此外，我国风电机组的技术和质量处于落后状态，风机齿轮箱等设备故障与事故还明显偏多（霍明庆，2016）。

通过企业实地考察与访谈，共获取风机齿轮箱的维修服务记录表26份、访谈记录8份，维修服务记录表与访谈提纲详见附录C1与附录C2。对收集整理的资料，利用Python软件进行结巴分词（见附录C4），主要统计故障部件占比与故障原因。并将统计的故障部件按词频大小生成云图，如图5－3所示。

结合结巴分词结果，对风机齿轮箱各部件故障进行统计如表5－1所示。

图 5 - 3　结巴分词结果展示

表 5 - 1　　　　　　　　　　　　风机齿轮箱各部件故障统计

故障部件名称	故障部件次数统计	占比（%）	主要表现形式
齿轮	17	56.7	断齿、点蚀、磨损、裂痕等
轴承	7	23.3	滚珠脱落、保持架变形、过热烧伤
传动轴	3	10	断裂、变形
箱体、密封圈、紧固件等其他部件	3	10	变形、老化、断裂、磨损、松动

由表 5 - 1 可知，风机齿轮箱常见故障部件为齿轮、轴承、传动轴，故障表现形式为断裂、腐蚀、磨损等，风机齿轮箱的滚动体与轴承故障如图 5 - 4 所示。通过对维修服务人员的访谈沟通，结合已有调查与文献研究，发现风机齿轮箱常见故障为：渗漏油、发热、异响振动、轴承与齿轮传动故障。将风机齿轮箱故障与原因进行匹配如表 5 - 2 所示。

（a）滚动体过热损坏

（b）轴承外圈损坏

图 5 - 4　风机齿轮箱的滚动体与轴承故障

资料来源：笔者调研期间拍摄。

表 5-2 风机齿轮箱故障分类

故障类型	引起故障原因
渗漏油	结合面螺栓松动、润滑油杂质过多、润滑油过量、密封垫与 O 型密封圈损坏或老化、注油孔变形
发热	润滑油质量不佳、转轴润滑不良或配合不足、轴承或齿轮损坏
异响振动	轴齿配合超差、基础沉降不均匀、油量不足、箱体有异物入、地脚螺栓或连接螺栓松动、径向载荷过大、齿轮断齿或剥落
轴承与齿轮传动故障	齿轮剥落、点蚀或磨损、疲劳、润滑油含有杂质、设计不足、机加工与热处理不足、传动参数不合理、载荷过大、装配错误、异物侵入、冲击

由于大型减速机和风机齿轮箱都属于大型传动设备，将两类产品故障进行综合分析发现，大型减速机、风机齿轮箱由于磨损、退化、异物侵入、润滑不足进而产生各种故障，需要制定合适的维护策略，进而保障设备的可靠性与可用性，延长设备使用寿命。渗漏油、发热与异响振动等故障通常可以采用监测与定期检查的方式，通过及时加紧或更换润滑油可快速解决。轴承与齿轮传动故障以及部分其他故障，通常是损坏型、退化型与失效型故障，设计不足、载荷过大、预防性检测维修计划不当是故障的主要原因，对于此类故障多采取修补、事后维修更换的策略。由于齿轮与轴承的特点，修补后的部件通常无法恢复如新，再次故障的可能性增加、间隔期缩短。

5.1.3.3 大型减速机维修服务流程分析

大型减速机属于资金密集型产品，齿轮、传动轴等核心部件故障维修服务由供应商或第三方委托代理商提供，对大型减速机维修服务方式分析发现，设备维修服务有五种方式：（1）设备返厂维修；（2）供应商外派工程师现场维修；（3）客户自己进行维修；（4）委托代理商进行现场维修；（5）工程师驻厂维修。

对于大型减速机而言，由于其应用场景多样化，委托代理商现场维修、客户自己维修、设备返厂维修是采用较多的维修服务方式。其中，部分客户采用委托代理商提供维修服务，主要通过工业互联网平台选取可信度、可靠度较高的第三方进行运维管理；此外，供应商直接维修也是重要的维修服务方式，这样可以尽可能保证零部件的原装性、配套性，大型减速机返厂检测维修服务流程与返厂拆解维修服务流程如图 5-5 和图 5-6 所示。当设备进行返厂维修时，分为保内与保外两种情况，对于保内设备来讲，返厂所需的一切费用均由供应商提供，包括运费、检测费、人工费、备件费等，但供应商不承担生产运营商由于设备故障停机的生产损失，这种返厂维修方式仍属于传统维修。对于保外设备，供应商不仅提供自身设备的维修服务，还承担其他类似设备的维修服务，但是需要提前与供应商联系，且客户需要承担设备运输、检测、维修、零部件更换、互联网平台使用等多种费用。

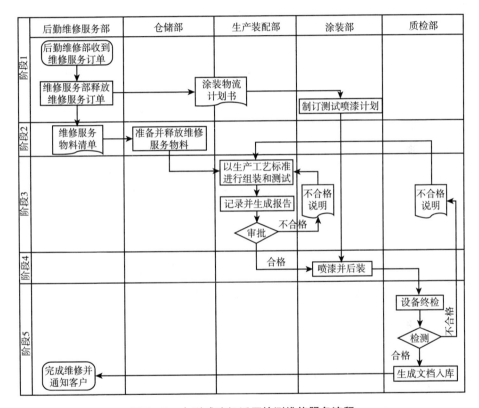

图 5-5　大型减速机返厂检测维修服务流程

如图 5-6 所示，当设备现场无法有效维修或者故障损坏严重时，需要进行返厂拆解维修，通过对故障的判定以及与客户的协商，维修服务供应商可采取常规拆卸与破坏性拆卸。整个返厂拆解维修中涉及运输、检测、拆解、安装等多种费用。

5.1.3.4　风机齿轮箱维修服务流程分析

风电场处于海上或者偏远地区，风机齿轮箱的运行环境恶劣，在风机运

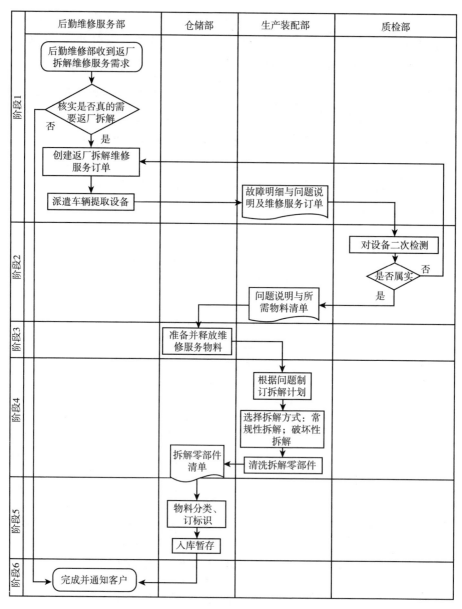

图 5 - 6 大型减速机返厂拆解维修服务流程

行过程中，各种载荷都通过主轴直接传递给齿轮箱的低速轴，且运行时间过长，因此故障发生率较高。对于损坏型、失效型、退化型故障，通常需要重大维修或更换，维修服务供应商多采用外派工程师现场维修、驻场维修与返厂维修。对于类似润滑液不足、箱体或螺栓松动等常见故障，通常由客户的维修后勤部进行维修。其中，供应商现场派工维修服务流程如图5－7所示。

由图5－7可知，企业具有多个销售网点与客户，通常由总部或者销售网点外派工程师去企业现场开展维修服务。在维修服务过程中，根据客户的故

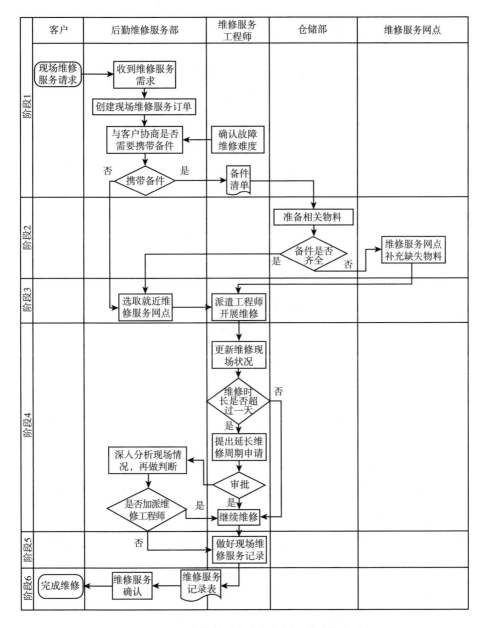

图5－7　风机齿轮箱供应商现场派工维修服务流程

障描述以及与客户的沟通，确定是否携带备件、维修服务人员的数量与技术员等级等具体需求。

5.1.3.5 销售维修和租赁维修服务方式分析

对两类设备的销售与维修服务合同调查发现，设备采取的销售与维修模式是基于销售形式的合同，通过合同评审、订单录入、设备与物料可用性检查、捡件与发货、确定销售收入并邮寄发票、合同归档一系列流程，供应商将大型减速机、风机齿轮箱以及零部件卖与生产运营商，并承担此期间的包装、运输、安装服务等费用，设备所有权在买与卖之间发生转移，供应商根据设备类型为生产运营商提供 6 ~ 24 个月的保修期。若设备在保修期内发生故障，则供应商派遣工程师进行现场维修；若故障需要返厂拆解，则需要生产运营商将设备运回供应商，供应商承担运费、检查服务费用、拆解服务费用、维修服务费用。若设备在保修期外，即设备所有权及相关责任全部转移至生产运营商；若设备发生故障，生产运营商需要承担故障带来的停机损失、维修费用、服务费、运费等费用，供应商无须承担责任，且生产运营商需要自行购买备件或通知维修服务供应商携带备件，并为此付费，即设备供应商不承担生产运营商故障停机所带来的停机损失、使用损失、商誉损失等。大型减速机和风机齿轮箱售后合同参数如表 5 – 3 所示。

表 5 – 3　　　　　　　　　大型减速机和风机齿轮箱售后合同参数

设备类型	保修时间	使用年限	维修方式	关键部件
风机齿轮箱	12 ~ 24 个月	15 ~ 25 年	预防维修、视情维修、事后维修	齿轮、传动轴等
大型减速机	6 ~ 12 个月	5 ~ 12 年	预防维修、视情维修、事后维修	齿轮、联轴器等

除了常见的销售产品 + 提供质保的经典服务模式外，还存在极少数的融资租赁模式。部分企业临时改变生产计划或缺少资金引进设备，以租赁的方式去获得产品使用权，产品的所有权不发生改变，仍归属供应商。供应商或者第三方维修服务供应商，保证客户能正常使用设备，供应商提供检测维修、备件库存等服务。租赁维修模式存在按时间收费与按次数收费两种模式，承租方支付租赁费用获得一定期限使用权或者使用次数权限，出租方需要保障租赁期内的使用。具体维修服务模式如图 5 – 8 所示。

综上所述，根据设备维修服务流程与维修合同模式分析可知，供应商派

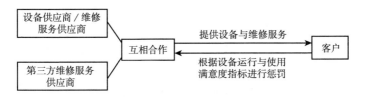

图 5－8　大型减速机、风机齿轮箱租赁维修服务模式

工维修、驻场维修、返厂维修是常见的维修服务方式，设备转让与维修合作方式仍为销售式，即产品以售卖或租赁形式给客户，客户需为质保外的维修服务付费，此类费用包括：运输费、备件费、人工费、维修服务费、互联网平台使用费用等多种费用，未充分考虑设备可靠性、可用性与期望使用产出，而且客户也未对供应商维修服务进行绩效，双方存在目标上的冲突。

5.1.4　大型减速机、风机齿轮箱维修服务策略分析

大型减速机、风机齿轮箱的维修服务策略如图 5－9 和表 5－4 所示。

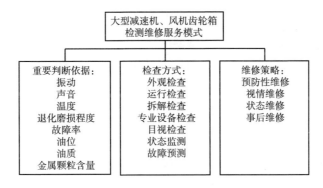

图 5－9　大型减速机、风机齿轮箱检测维修服务模式

表 5－4　　　　　　　　　　不同维修服务策略特征对比

维修策略	定义与适用性	正面特征	负面特征
事后维修	当设备性能缺失或者已经故障情况下进行的维修称为事后维修，此时设备维修需要全面检测，故障件通常需要更换	更换周期弹性化	破坏性强且复杂的故障造成的损失大、维修成本高、灵活性与主动性较差
预防维修	在设备未发生故障前，通过对设备进行合理的检测、维修、更换，以此来保障设备正常运行状态或性能称预防维修	定期更换保证设备运作性能	维修成本高、人工成本高

续表

维修策略	定义与适用性	正面特征	负面特征
视情维修	适用于耗损故障初期有明显劣化征兆的设备，需要状态监测和故障诊断技术的支持。既能够充分利用零部件的工作寿命，又能有效地排除故障，提高维修的有效性、经济性和及时性	设备利用率高、可监测性强、针对性强	前期投入大、检测成本高

结合顾新和刘松岑（2021）、刘莹和金玉兰（2018）和王凌等（2010）的研究，总结事后维修、预防维修、视情维修三种策略的优劣性特征如表 5-4 所示。

多数客户在设备使用过程中缺乏定期维护，尤其对于中小型制造企业，存在使用过度、维护不当、维护策略不适当的情况，事后维修策略是多数企业采用的维修策略。对于风机齿轮箱而言，风电场现有维修服务模式是定时维修和事后维修。当风机齿轮箱发生故障之后，常需要采取事后维修对故障部件进行维修或者更换，整个风电机组将被迫停机，不仅造成严重经济损失，而且齿轮箱事后维修花费巨大。而定时维修是每隔相同的时间对齿轮箱进行一次维修，忽略其所处的状态，维修周期的制定缺乏依据。齿轮与传动轴这种核心零部件故障后，事后更换维修是采取较多的维修策略，由表 5-4 可知，事后维修策略代价较高，灵活性、主动性较差，故要避免事后维修以及较大停机损失，需要制订良好的检测维修计划，采取预防维修与视情维修策略很有必要性。此外，不少风场逐步组建智慧风场，利用数字化、互联网、大数据、精益等多种技术与管理经验，构建智慧风场检测与运维解决方案，但是前期投入、技术难度都比较大。

综上所述，预防维修与视情维修是减速机、风机齿轮箱供应商与运营商正在逐步开展的维修方式，但仍有巨大的发展空间。多数企业也意识到事后维修代价过大，但是维修目前存在的问题仍有：（1）预防维修周期制定不合理。由于大型减速机、风机齿轮箱使用环境以及部件特征的差异性，保养维修方式存在差异性，维修标准、策略选择也不尽相同。设备常见的预防维修方式是企业统一规定周期的定期检查，未考虑设备与部件的特性，维修周期制定缺乏依据性，维修计划混乱，设备可靠性得不到保障；（2）检测维修技术不足。由于设备监测数据获取难度大以及检测完备性与预测性不足，导致故障预测不准确，设备维修存在滞后性，设备可用性与使用性得不到保障。

5.1.5　大型减速机、风机齿轮箱维修服务绩效影响因素分析

影响设备绩效的因素有多种，在装备保障绩效研究中，绩效指标分为经济类指标、效率类指标与有效性指标。具体地，经济类指标又分为单位时间维修费用率、预算执行率等；效率类指标分为平均维修滞后时间、平均维修时间、修理机构的利用率、响应时间等；有效性指标分为装备完好性、利用率、可用性、可靠性等（曲毅，2019）。

对于大型减速机、风机齿轮箱而言，多种因素直接或是间接影响设备运行，通过访谈的方式对维修服务人员以及部分员工调查，结合维修服务记录表等文本资料，形成一级资料。采用结构化数据分析方法，对一级资料按照故障类型、故障原因、维修服务方式进行划分，总结关键因素，进而形成二阶主题，再从二阶主题中提取影响维修服务绩效的因素，然后形成维修服务绩效影响因素聚合构念，部分结构化数据分析过程见附录 C3。最终，分析出大型传动设备的维修服务绩效影响因素为设备设计不足、运营环境不良、操作人员不良操作、维护策略不匹配、备件可获得性、设备自身退化、维修人员不足、故障严重程度、维修信息不通畅。对多种绩效影响因素归类总结为三个部分：（1）部件故障率；（2）故障维修效率；（3）内外部环境，如图 5-10 所示。

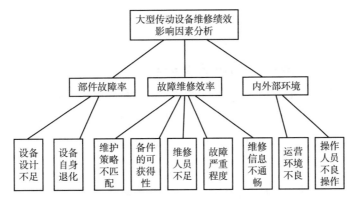

图 5-10　大型减速机、风机齿轮箱维修服务绩效影响因素

多数情况下，由于设备设计、生产制造工艺以及运行环境的局限性，获取高可靠性与良好设备绩效的最简单有效、成本较低的方式是从维修效率上进行提升。维修过程中维修人员数量、维修周期、备件数量、检测的完备性、维修策略、维修的完美性、备件库存、运输等因素是改善设备绩效的重要方式。

从绩效式维修影响因素分析可知，影响设备绩效因素主要包含三部分，部件故障率、故障维修效率、内外部环境。保障设备绩效最有效方式是提高维修效率，要求供应商在保障设备使用过程中不仅考虑设备可用性，还考虑客户使用体验以及产出的结果。但是目前在大型传动设备供应商提供减速机、风机齿轮箱的维修服务过程中，缺乏对设备运行效果以及客户使用与结果的考虑。

5.2 可用绩效式预防维修服务决策

由大型传动设备维修服务现状调查研究可知，大型传动设备存在维修计划不合理、维修滞后等问题，设备可靠性与可用性无法得到充分保障。针对此问题，本节结合 PBC、可靠性、可用性等理论知识，以设备运行中的可用性作为绩效指标，建立考虑可用绩效的利润最大化维修服务决策模型，展开可用绩效式预防维修服务决策研究，综合成本、收益、可用绩效多个目标，使大型传动设备供应商制订合理的维修计划，保障设备可靠性与可用性的同时，获取较高的利润。

5.2.1 问题描述与假设

5.2.1.1 可用绩效式预防维修服务界定

在可靠性工程研究中，学者们研究设备的可用度，以此来保障和提升设备的可用性，结合面向产品的服务内涵，本项目将体现设备可用的运行绩效统称为可用绩效，用可用度来测量。可用度是刻画设备运行时间绩效的最佳指标（李军亮等，2021；朱曦等，2021），对于大型传动设备而言，设备正常运行可以传输动力，从而保证整个系统正常运行，提升系统的可用性。

绩效保障合同采用"固定支付 + 可用性绩效奖惩"模式，在此基础上，本项目将面向设备可用绩效提升的预防维修服务界定为可用绩效式预防维修服务。

5.2.1.2　问题描述

可用绩效式预防维修建立利润模型时，大型传动设备供应商不仅考虑成本，还需要保证设备可用度，以期获取客户的激励，进而获取更高的利润，如图 5-11 所示。若设备可用性过低，供应商将会受到惩罚，进而导致利润降低；若可用性高于某一协商值，供应商将会获得绩效激励，自身利润同时得到提升。在一个更换维修周期下，供应商在追求最高利润的目标基础上，决策最优的预防维修次数与维修周期。

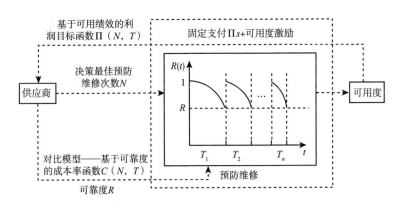

图 5-11　可用绩效式预防维修服务决策概念模型

图 5-11 中，横坐标表示设备运行时间，纵坐标表示可靠度。设备从开始状态平稳运行至可靠度低于阈值 R 的状态时，对设备采取预防维修，预防维修时间为 l_i。预防维修后设备可靠度将得到提高，但随着设备的老化、磨损，故障率将逐渐增大，设备再次达到预防维修可靠度阈值 R 的周期变短。假设最佳预防维修次数为 N，当预防维修次数在 $N-1$ 内，设备达到预防维修可靠度阈值 R 进行预防维修，当维修次数到达 N 时，进行预防更换维修，若设备未达到可靠度阈值就发生故障，对设备采取故障维修。

本节面向大型传动设备供应商，针对单部件系统，综合考虑成本、收益、可用性多个目标，引入役龄递减因子与故障率递增因子刻画故障率变化特征，结合可靠性与绩效保障合同理论，考虑预防维修服务成本，以可用性作为绩效指标，建立考虑可用绩效的利润最大化维修服务决策模型。最后，以大型传动设备数据进行数值分析，对比利润最大化模型与成本率最小化模型，分析最优预防维修次数与更换周期的差异性。

5.2.1.3　符号说明

本书研究预防维修服务决策，考虑维修服务相关费用，暂不考虑备件库存相关费用。如预防维修费用 C_p、故障维修费用 C_m、更换维修费用 C_f 等，收益主要为固定收益 π_s，以及基于可用绩效 $A_{\min}$ 的奖惩，相关符号说明如表5-5所示。

表5-5　　　　　　　　　　　　相关符号说明

符号	符号说明	符号	符号说明	符号	符号说明
$\Pi(N,T)$	供应商利润	C_{zi}	维修相关费用	C_p	预防维修费用
$C_{(N,T)}$	维修成本率	$A_{\min}$	可用性阈值	C_m	故障维修费用（小修）
K	可用性激励参数	$R_{\min}$	可靠性	C_f	更换维修费用
$f(t)$	故障率函数	T_m	故障维修时间（小修）	C_d	单位时间停机损失费用
T_i	预防维修周期	T_f	预防性更换时间	C_i	产业互联网平台协调成本
l_i	预防维修时间	π_s	固定收益	A	可用绩效函数
S	总收益				

5.2.1.4　基本假设

本节从产品使用周期角度，研究大型传动设备从全新状态到最后更换的整个预防维修服务过程，结合绩效保障合同中绩效的可测量性特征，并提出以下假设。

（1）设备初始状态是全新的，役龄为0。

（2）设备的故障率服从两参数威布尔分布，两参数可由故障数据求解。

（3）故障维修费用与预防维修费用等参数已知。

（4）维修成本不考虑备件库存、运输时间、人工等因素的影响。

（5）设备运行中，收益来源于固定支付以及基于最低可用性的奖惩激励。

（6）设备预防维修周期内故障维修（小修）不改变设备故障率。

5.2.2　可用绩效式预防维修服务决策建模

（1）故障率与故障次数。

大型传动设备故障率伴随使用时间的增加呈现增加趋势，根据帕特雷等

（Patra et al. ，2019）、陈嘉倩等（2021）研究，本书采用威布尔分布来描述设备使用寿命。贺德强等（2019）、金玉兰等（2020）指出威布尔分布具有较强适应性，适合机电、机械类设备。因此，大型传动设备的故障率威布尔分布如式（5.1）所示：

$$f(t) = \frac{\beta}{\alpha}\left(\frac{t}{\alpha}\right)^{\beta-1} \tag{5.1}$$

其中，$f(t)$ 为设备故障率函数，β 为形状参数，α 为尺度参数。

针对设备衰退过程，为了细化故障变化特征，韩帮军等（2003）在传统维修模型上做出改进，建立役龄回退模型，将回退因子设定为常量。董航宇等（2020）、周晓军等（2005）以及陈嘉倩等（2021）引入役龄递减因子与故障率递增因子，两种因子随预防维修次数变化而变化，具体表达式为：

$$a_i = \frac{i}{\tau i + \vartheta}, b_i = \frac{\rho i + 1}{\zeta i + 1} \tag{5.2}$$

其中，i 为预防维修次数；τ，ϑ，ρ，ζ 为相关参数，依据设备特性不同而不同。

每次预防维修使得设备的实际使用寿命回退一定量，故增加役龄递减因子 a_i 与故障率递增因子 b_i，根据中川威雄（Nakagawa，1988）研究可知，役龄递减因子与故障率递增因子可以由故障率拟合、经验取值等方法获得。结合董航宇等（2020）研究，故障率威布尔二参数分布改进模型为：

$$f_{i+1}(t) = b_i f_i(t + a_i T_i) \tag{5.3}$$

$$f_{i+1}(t) = b_i f_i(t + a_i T_i) = b_i \frac{\beta}{\alpha}\left(\frac{t + a_i T_i}{\alpha}\right)^{\beta-1} \tag{5.4}$$

$f_{i+1}(t)$ 为第 i 次预防维修后的故障率函数，设第 i 次周期维修间隔期为 T_i，那么第 i 个周期维修时，设备的役龄回退量为 $a_i \cdot T_i$，第 i 个周期 T_i 设备的有效役龄为 $T_i + a_i \cdot T_i$。当 $i = 1$ 时，表示第一个预防维修周期，若 $2 \leqslant i < N$ 时，表示第 i 个预防维修周期，$T_i = t_i - t_{i-1}$，$f_{i+1}(t)$ 为第 $i+1$ 个维修周期内的故障函数。以此，得第 i 个预防维修周期内的故障率函数与第 1 个预防维修周期故障率的关系为：

$$f_i(t) = \left(\prod_{j=1}^{i-1} b_j\right) \times f_1\left(t + \sum_{j=1}^{i-1} a_j T_j\right) \quad (2 \leqslant i \leqslant N, t \in [0, T_i])$$

$$(5.5)$$

可得设备在第 i 个预防维修周期的期望故障次数为：

$$F_1 = \int_0^{T_1} f_i(t) dt = \int_0^{T_1} \frac{\beta}{\alpha}\left(\frac{t}{\alpha}\right)^{\beta-1} dt = \left(\frac{T_1}{\alpha}\right)^{\beta} \quad (i = 1) \qquad (5.6)$$

$$F_i = \left(\prod_{j=1}^{i-1} b_j\right) \times \int_0^{T_i} f_i\left(t + \sum_{j=1}^{i-1} a_j T_j\right) dt = \left(\prod_{j=1}^{i-1} b_j\right) \times \left[\left(\left(T_i + \sum_{j=1}^{i-1} a_j T_j\right)/\alpha\right)^{\beta}\right.$$

$$\left. - \left(\left(\sum_{j=1}^{i-1} a_j T_j\right)/\alpha\right)^{\beta}\right] \qquad (5.7)$$

（2）可靠度与故障率。

结合陈嘉倩等（2021）研究，可靠度与故障率之间的关系为：

$$R(t) = e^{-\left(\frac{t}{\alpha}\right)^{\beta}} \qquad (5.8)$$

$$R = e^{-\left[\int_0^{T_i} f_i(t) dt\right]} = e^{(-F_i)} \qquad (5.9)$$

$$e^{-\left[\int_0^{T_1} f_1(t) dt\right]} = e^{-\left[\int_0^{T_2} f_2(t) dt\right]} = \cdots = e^{-\left[\int_0^{T_i} f_i(t) dt\right]} = R \qquad (5.10)$$

式（5.10）可以转化为：

$$\int_0^{T_1} f_1(t) dt = \int_0^{T_2} f_2(t) dt = \cdots = \int_0^{T_n} f_n(t) dt = -\ln R \qquad (5.11)$$

其中，R 为可靠度阈值。

由梅嘉健等（2021）的研究以及式（5.3）～式（5.11）联合推导，第 i 个预防维修周期为：

$$T_1 = \alpha \times (-\ln R)^{\frac{1}{\beta}} \quad (i = 1) \qquad (5.12)$$

$$T_i = \left[(-\ln R \times \alpha^{\beta})/\prod_{j=1}^{i-1} b_j + \left(\sum_{j=1}^{i-1} a_j T_j\right)^{\beta}\right]^{\frac{1}{\beta}} - \sum_{j=1}^{i-1} a_j T_j \quad (2 \leqslant i \leqslant N)$$

$$(5.13)$$

设备一个更换周期正常运行时间为：

$$T_r = T_1 + T_2 + \cdots + T_N = \sum_{i=1}^{N} T_i \qquad (5.14)$$

5.2.2.1　可用绩效模型

由大型传动设备维修服务现状分析可知，对于风机齿轮箱等大型传动设备，由于设备安装困难，且多安装在偏远地区或海上，客户或运营商对设备可靠性与可用性有较高要求，即大型传动设备供应商开展预防维修服务过程中，要充分考虑设备运行状态与客户使用需求。可用性是衡量设备运行状态的函数，结合绩效保障合同思想与机理，以可用性作为绩效指标，建立可用绩效模型。

根据（李军亮等，2021）和赛义德（2013）研究，可用度是可维修系统的最重要的指标之一，包含了系统失效率与修复率两个方面的因素，在不同的维修模型下，可用性的具体分类如下：（1）基于时间区间的分类法；（2）基于停机时间类型（修复和维修）的分类法。时间区间可用度包含瞬时可用度、平均开工时间及稳态可用度。基于停机时间的可用度分类为非关联可用度、可达可用度及使用可用度。

固有可用度 A_1 仅包含系统的修复性维修时间，不包括准备时间、预防维修不能工作时间、保障（供应）时间及等待和管理时间（赛义德，2013），可以表达为：

$$A_1 = \frac{MTBF}{MTBF + MTTR} \tag{5.15}$$

其中，$MTBF$ 为平均故障时间间隔（mean time between failure，MTBF），$MTTR$ 为平均系统修复时间（mean time to repair，MTTR），固有可用度取决于故障分布和维修分布。

在稳态计算时，若修复性维修时间是唯一需要考虑的修复时间，则固有可用度与稳态可用度是相等的。可达可用度 A_2 包括修复性维修停机时间和预防维修停机时间，可以表达为维修频率的函数（赛义德，2013），具体表达式为：

$$A_2 = \frac{MTBM}{MTBM + M} \tag{5.16}$$

其中，$MTBM$ 为平均维修间隔（mean time between maintenance，MTBM），M 是由修复性和预防维修得到的平均维修停机时间。

使用可用度 A_3 是一种更加精确的可用度指标，主要由于整个维修过程中包含多个环节，存在多种停机时间，使用可用度的包含的时间量更多。李葆文（2019）指出设备可用性是设备接到任务要求之后进入可工作状态的程度，它是工作时间和停机时间的函数。米尔扎卡尼安等（Mirzahosseinian et al., 2011）、帕帕罕等（Pakpahan et al., 2016）、帕特拉等（Patra et al., 2019）研究中指出可用度是设备或系统的可靠性、可维护性和维护支持性的综合特性，关注设备实际运行时间。李军亮等（2021）在其文中指出使用可用度是与能工作时间和所有不能工作时间有关的模型，是一个更精确的可用度指标，其中考虑到平均维修间隔、平均修复性维修时间、平均预防维修时间、平均延误时间。贺德强等（2019）在研究地铁列车预防维修时，考虑故障维修时间、预防维修时间与更换维修时间建立可用度模型。本书研究大型传动设备，与贺德强与李军亮的研究对象类似，因此，本书建立如式（5.17）所示的可用度模型，在时间上考虑预防维修周期、故障时间、预防维修时间以及预防性更换时间，以此构建可用绩效模型。

$$A_3 = \frac{T_r}{T_s} = \frac{T_r}{T_r + T_d} = \frac{MTBM}{MTBM + MCMT + MPMT + MSD}$$

$$= \frac{\sum\limits_{i=1}^{N} T_i}{\sum\limits_{i=1}^{N} T_i + \sum\limits_{i=1}^{N-1} l_i + T_m \sum\limits_{i=1}^{N}\left[\int_0^{T_i} f_i(t)\,dt\right] + T_f} = \frac{\sum\limits_{i=1}^{N} T_i}{\sum\limits_{i=1}^{N} T_i + \sum\limits_{i=1}^{N-1} l_i + NT_m(-\ln R) + T_f}$$

$$(5.17)$$

其中，T_s 为一个更换周期总时间，包括正常运行时间 T_r，总停机时间 T_d，总停机时间包括：预防维修总停机时间 $\sum\limits_{i=1}^{N-1} l_i$，故障维修（小修）总时间 $T_m \sum\limits_{i=1}^{N}\left[\int_0^{T_i} f_i(t)\,dt\right]$，更换时间 T_f，$MTBM$ 指平均维修间隔时间，$MCMT$ 为平均修复性维修时间（mean corrective maintenance time，MCMT），$MPMT$ 为平均预防维修时间（mean preventive maintenance time，MPMT），MSD 为备件供应平均延误时间（mean supply delay，MSD），本书考虑更换时间，不考虑备件供应，故 MSD 为零。

故可用绩效函数如式（5.18）所示：

$$A = \frac{T_r}{T_s} = \frac{T_r}{T_r + T_d} = \frac{\sum\limits_{i=1}^{N} T_i}{\sum\limits_{i=1}^{N} T_i + \sum\limits_{i=1}^{N-1} l_i + N T_m(-\ln R) + T_f} \quad (5.18)$$

其中，A 为可用绩效函数。

5.2.2.2　考虑可用绩效的利润最大化维修服务决策模型

在 PBC 的相关研究中，以可用性作为设备绩效指标进行奖惩，金姆等（Kim et al.，2007）、秦绪伟等（2018）在研究采用两种收益函数，一种是线性函数，另一种是指数形式。线性收益函数表现形式为固定支付加上可用性奖惩，收益受激励系数的影响，激励程度中等；指数收益函数形式的两个激励参数都在指数上，对收益影响更明显，激励强度大（许飞雪等，2021）。由于大型传动设备属于资金密集型设备，且与客户的合作关系紧密，因此需要线性收益函数满足激励效果；此外，线性收益函数是使用最多的一种收益表达方式。故本研究采用线性形式，如式（5.19）所示。

$$S = \begin{cases} 0 & A \leq A_{\min} \\ \pi_s + K \times (A - A_{\min}) & A > A_{\min} \end{cases} \quad (5.19)$$

其中，S 为收益函数，π_s 为客户支付给供应商的固定支付，K 为奖惩系数。由式（5.19）可知，收益函数由"固定支付 + 可用绩效奖惩"构成，即考虑了收益与可用绩效两个目标，可用绩效越高收益越高。

根据收益函数可知，供应商的收益为来源于两方面：一是客户为供应商提供的用于供应商生产制造的固定支付；二是满足可用绩效时的奖励激励支付。收益函数考虑收益与可用绩效两个目标，未考虑成本目标，在大型传动设备供应商提供维修服务保障过程中，供应商全权负责设备的维修服务工作，会产生相关维修成本，主要包含预防维修相关成本、停机损失成本以及未满足可用绩效的惩罚成本。

根据李建华等（2021）研究，设备在一个更换维修周期内的总成本一般包括预防维修成本、故障维修（小修）成本、更换维修成本、停机损失类成本、互联网平台协调成本等。

（1）预防维修成本。

假设设备在第 N 个周期结束进行更换，需要进行 $N-1$ 次预防维修，故整个更换周期内，总预防维修成本 $C0$ 如式（5.20）所示。

$$C0 = (N-1) \times C_p \tag{5.20}$$

（2）故障维修（小修）成本。

一次故障维修费用为 C_m，故障维修次数为 $\int_0^{T_i} f_i(t)\,dt$，故整个更换周期内，总的故障维修（小修）成本 $C1$ 如式（5.21）所示。

$$C1 = C_m \sum_{i=1}^{N} \left[\int_0^{T_i} f_i(t)\,dt \right] = NC_m(-\ln R) \tag{5.21}$$

（3）更换维修成本。

设备更换一次的成本为 C_f，更换的时间为 T_f。

（4）产业互联网平台协调成本。

设备维修服务互联网平台协调成本为 C_i。

（5）停机损失成本。

由式（5.17）可知，总停机时间 T_d 包括：预防维修停机时间 $\sum_{i=1}^{N-1} l_i$，故障维修（小修）总时间 $T_m \sum_{i=1}^{N} \left[\int_0^{T_i} f_i(t)\,dt \right]$，更换时间 T_f。单位时间停机损失费用为 C_d，故总的停机损失 $C3$ 如式（5.22）所示。

$$C3 = C_d \cdot T_d = C_d \left[\sum_{i=1}^{N-1} l_i + T_m \sum_{i=1}^{N} \left[\int_0^{T_i} f_i(t)\,dt \right] + T_f \right]$$

$$= C_d \left[\sum_{i=1}^{N-1} l_i + NT_m(-\ln R) + T_f \right] \tag{5.22}$$

综上所述，设备在一个更换维修周期内的总成本 C_{zi} 如式（5.23）所示。

$$C_{zi} = C0 + C1 + C_f + C_i + C3$$

$$= (N-1)C_p + C_m \sum_{i=1}^{N} \left[\int_0^{T_i} f_i(t)\,dt \right] + C_f + C_i + C_d \left[\sum_{i=1}^{N-1} l_i + T_m \sum_{i=1}^{N} \left(\int_0^{T_i} f_i(t)\,dt \right) + T_f \right]$$

$$= (N-1)C_p + NC_m(-\ln R) + C_f + C_i + C_d \left[\sum_{i=1}^{N-1} l_i + NT_m(-\ln R) + T_f \right]$$

$$\tag{5.23}$$

所以，建立综合收益、成本、可用绩效的利润函数如式（5.24）所示。

$$\max\pi(N,T) = S - C_{zi}$$

$$\text{s. t.}\begin{cases} R \geqslant R_{\min} \\ A = \dfrac{\displaystyle\sum_{i=1}^{N} T_i}{\displaystyle\sum_{i=1}^{N} T_i + \sum_{i=1}^{N-1} l_i + NT_m(-\ln R) + T_f} \geqslant A_{\min} \end{cases} \tag{5.24}$$

其中，$\max\pi(N,T)$ 为考虑可用绩效的利润最大化函数，C_{zi} 为维修服务总成本。根据专家维修服务经验，设备平稳运行的最低可靠度 $R_{\min}$ 为 0.7，本项目为了分析不同可靠度阈值下，最优预防维修次数与更换周期的差异性，使可靠度阈值 R 在区间 $[0.7, 0.9]$ 以 0.05 的量值进行变化。

由式（5.24）可知，利润函数为收益减去成本，受成本目标的影响，收益最大化并不表示利润能达到最大化；此外，受可用绩效目标的影响，成本最小化时，并不表示利润最大化，考虑可用绩效的利润最大化维修服务决策模型，受收益、成本、可用绩效多个目标的影响。

5.2.2.3 对比模型——基于可靠度的成本率最小化维修服务决策模型

结合董航宇等（2020）、宋之杰等（2014）研究，传统的基于可靠度的成本率最小化维修服务决策模型如式（5.25）所示：

$$\min C_{(N,T)} = \frac{C_{zi}}{T_s} = \frac{(N-1)C_p + C_m \displaystyle\sum_{i=1}^{N}\left[\int_0^{T_i} f_i(t)\,dt\right] + C_f + C_i + C_d\left[\displaystyle\sum_{i=1}^{N-1} l_i + T_m \sum_{i=1}^{N-1}\left[\int_0^{T_i} f_i(t)\,dt\right] + T_f\right]}{\displaystyle\sum_{i=1}^{N} T_i + \sum_{i=1}^{N-1} l_i + T_m \sum_{i=1}^{N}\left[\int_0^{T_i} f_i(t)\,dt + T_f\right]}$$

$$= \frac{(N-1)C_p + NC_m(-\ln R) + C_f + C_i + C_d\left[\displaystyle\sum_{i=1}^{N-1} l_i + NT_m(-\ln R) + T_f\right]}{\displaystyle\sum_{i=1}^{N} T_i + \sum_{i=1}^{N-1} l_i + NT_m(-\ln R) + T_f}$$

$$\tag{5.25}$$

$$\text{s. t.}\ \{R \geqslant R_{\min}$$

其中，C_{zi} 为维修总成本，$C_{(N,T)}$ 为维修成本率，C_p 为一次的预防维修费用，包括维修相关的人工费、零部件费及运费；C_m 为一次故障维修（小修）费用；C_f 为更换维修费用；C_i 为互联网平台协调成本；C_d 为单位时间停机损失。l_i 为第 i 次预防维修时间，服从 $N(\mu, \nu^2)$ 的正态分布；T_m 为单次故障维修所需时间，T_f 为更换维修时间。

5.2.3 数值分析

为了验证维修模型的有效性，本书以大型传动设备——风机齿轮箱为例进行算例分析。由于真实数据的保密性与难获取性，结合对天津风机齿轮箱供应商维修服务记录表的数据收集与整理，同时参考陈林聪（2016）对风机齿轮箱的预防维修研究，获取部分设备运行故障数据，并按从小到大的顺序排列如表 5 - 6 所示。

表 5 - 6 设备故障数据

记录序号	运行时间（小时）	记录序号	运行时间（小时）	记录序号	运行时间（小时）
1	300	6	2 689	11	4 306
2	845	7	3 004	12	4 613
3	1 306	8	3 398	13	4 865
4	1 854	9	3 762	14	5 017
5	2 206	10	4 055		

5.2.3.1 设备故障率分析

基于威布尔分布的失效率函数为：

$$F(t) = 1 - R(t) = 1 - e^{-\left(\frac{t}{\alpha}\right)^\beta} \tag{5.26}$$

因此，$1 - F(t) = e^{-\left(\frac{t}{\alpha}\right)^\beta}$，对该式两边同时取对数为：

$$\ln\left[\ln\frac{1}{1 - F(t)}\right] = \beta\ln t - \beta\ln\alpha$$

令 $y = \ln\left[\ln\frac{1}{1 - F(t)}\right]$，$x = \ln t$，$M = -\beta\ln\alpha$ $N = \beta$，可得：

$$y = Nx + M$$

$$F(N_i) = \frac{i - 0.3}{n + 0.4} \tag{5.27}$$

其中，$F(N_i)$ 为第 i 条数据第 N 次预防维修后的失效概率，$F(N_i)$ 取累计分布函数的中位数，n 为样本容量。

将表 5 – 6 中的数据代入 $x_i = \ln t$，$y_i = \ln\left[\ln\left(\dfrac{1}{1 - F(N_i)}\right)\right]$。对表中数据采取最小二乘法原理，利用 Matlab 进行方程拟合。拟合结果如图 5 – 12 所示。

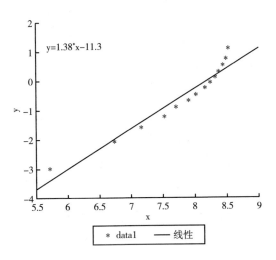

图 5 – 12　威布尔分布故障率图解法

由拟合图 5 – 12 可知，$N = 1.38$，$M = -11.3$，即 $M = -\beta\ln\alpha = -11.3$，$N = \beta = 1.38$，故 $\alpha = 3\ 599$，故设备故障率服从尺度参数为 3 599，形状参数为 1.38 的威布尔分布，不含故障率递增因子与役龄递减因子的故障率函数为：

$$f(t) = \frac{1.38}{3\ 599}\left(\frac{t}{3\ 599}\right)^{0.38} \tag{5.28}$$

以 $R = 0.8$ 为例，假设役龄递减因子为 $\left(a_i = \dfrac{i}{i+8},\ a_i = \dfrac{i}{3i+8},\ a_i = \dfrac{i}{5i+8}\right)$，故障率递增因子为 $\left(b_i = \dfrac{12i+1}{8i+1},\ b_i = \dfrac{12i+1}{9i+1},\ b_i = \dfrac{12i+1}{10i+1}\right)$，分析两种因子随预防维修次数变化以及对周期的影响，结果如图 5 – 13（a）、图 5 – 13（b）所示。从图 5 – 13（a）可以看出，随着役龄递减因子的减小，设备劣化速度减慢，设备达到维护阈值的时间间隔变长。由图 5 – 13（b）可知，随着故障率递增因子的增大，设备需要更加频繁的维护来保证可靠度，设备达到维护阈值的时间间隔变短。

不同因子的选取对维修周期有不同的影响，本书依据历史维护数据选取

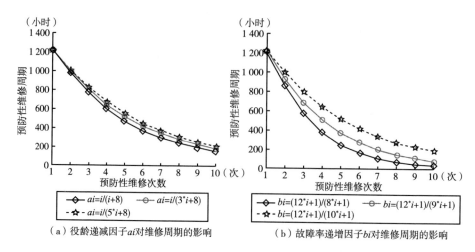

（a）役龄递减因子ai对维修周期的影响　　（b）故障率递增因子bi对维修周期的影响

图5－13　两种因子随预防维修次数变化以及对周期的影响

役龄递减因子与故障率递增因子分别为：$a_i = \dfrac{i}{3i+8}$，$b_i = \dfrac{12i+1}{10i+1}$。

5.2.3.2　结果对比分析

在现实中，供应商为客户提供预防维修服务，设备不可能进行无限次维修，达到一定维修次数后需要更换，避免造成频繁维修及生产产品质量下降，故假设预防维修次数为10次来分析相关参数与目标函数的变化规律。假设预付固定成本π_s为50万元，A_{min}为0.97，预防维修时间服从正态分布，参数为$\mu = 4.4$，$\upsilon = 0.3$。根据专家维修经验，设备平稳运行的最低可靠度R_{min}为0.7，为了分析不同可靠度阈值下预防维修相关参数的差异性，本书使可靠度阈值R在［0.7，0.9］区间变化，其他参数设置如表5－7所示。

表5－7　　　　　　　　　　　　相关参数设置

符号	参数值	符号	参数值	符号	参数值	符号	参数值
π_s	500 000	A_{min}	0.97	C_p	2 000	C_i	1 000
K	8 000 000	R	［0.7，0.9］	C_m	1 000	C_d	1 000
μ	4.4	T_m	6h	C_f	3 000	T_f	20h
υ	0.3						

（1）成本率最小化优化结果。

以成本率最小化为优化目标，使R在［0.7，0.9］以每单位0.05进行变化，采用枚举法求出不同可靠度阈值下的相关参数的变化曲线与最优值。

详细结果如表 5 -8 所示。

表 5 -8　　　　　　　　　成本率最小化目标优化结果

可靠度	维修次数	预防维修周期（小时）	更换周期（小时）	维修成本率（元/时）	对应可用度	对应利润（元）
$R=0.7$	4	$T_1=1\,705.068$；$T_2=1\,402.669$；$T_3=1\,128.636$；$T_4=906.118$	5 188.510	11.541	0.991 1	609 847.940
$R=0.75$	4	$T_1=1\,459.116$；$T_2=1\,200.337$；$T_3=965.832$；$T_4=775.412$	4 445.906	12.797	0.990 2	606 168.106
$R=0.8$	4	$T_1=1\,213.784$；$T_2=998.516$；$T_3=803.440$；$T_4=645.037$	3 704.276	15.006	0.988 5	589 482.246
$R=0.85$	5	$T_1=964.657$；$T_2=793.573$；$T_3=638.536$；$T_4=512.644$；$T_5=413.137$	3 367.898	18.244	0.985 9	571 419.302
$R=0.9$	5	$T_1=704.656$；$T_2=579.684$；$T_3=466.433$；$T_4=374.473$；$T_5=301.785$	2 471.256	24.202	0.9817	537 780.628

由表 5 -8 可知，可靠度由 0.7 变化到 0.9 的过程中，可靠度阈值 R 越大，单个预防维修周期长度越短，总的预防维修更换周期越短，最优维修成本率增加，对应的利润与可用性逐渐降低。其中，可靠度阈值 $R=0.8$ 时成本率变化情况如图 5 -14 所示。

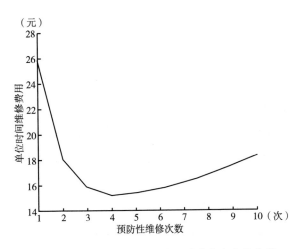

图 5 -14　可靠度阈值 $R=0.8$ 时成本率变化曲线

由图 5 - 14 可知，维修成本率伴随着预防维修次数增加呈现先降低后升高的趋势，可知在可靠度阈值 R 为 0.8 时，最优维修成本率为 15.006 元/时，最优维修次数为 4 次，更换周期为 3 704.276 小时，可用性为 0.988 5，利润为 589 482.246 元。

图 5 - 15 是采用枚举法求出不同可靠度阈值下维修成本率的变化曲线。可以看出，每个可靠度阈值下都存在一个最优维修次数使得维修成本率最小，且可靠度阈值越高成本率也越高。当可靠度阈值 R 在 [0.7, 0.9] 变化时，成本率最小化目标下，最优预防维修可靠度阈值为 0.7，最优维修成本率为 11.541 元/时，最优预防维修次数为 4 次，对应的利润为 609 847.940 元，更换周期为 5 188.510 小时，可用性为 0.991 1。

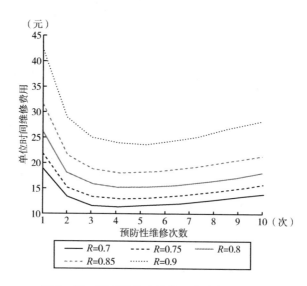

图 5 - 15　不同可靠度阈值下成本率变化曲线

（2）考虑可用绩效的利润最大化优化结果。

考虑可用绩效的利润最大化维修服务决策模型的优化结果如表 5 - 9 所示。由于利润等于收益减去成本，受成本的影响，可用性最大化时利润并不一定是最大化。

由表 5 - 9 可知，可靠度阈值 R 属于 [0.7, 0.9]，以利润最大化为优化目标时，最优预防维修数与可用性比成本率最小化模型减小，对应的维修成本率增大，但是利润比成本率最小化模型有所提高。

表 5 – 9　　　　　　　考虑可用绩效的利润最大化目标优化结果

可靠度	维修次数	预防维修周期（小时）	更换周期（小时）	维修成本率（元/时）	对应可用性	最优利润（元）
$R = 0.7$	3	$T_1 = 1\,705.068$；$T_2 = 1\,402.669$；$T_3 = 1\,128.636$	4 276.247	11.892	0.990 7	616 083.288
$R = 0.75$	3	$T_1 = 1\,459.116$；$T_2 = 1\,200.337$；$T_3 = 965.832$	3 663.472	13.268	0.989 6	610 317.387
$R = 0.8$	3	$T_1 = 1\,213.784$；$T_2 = 998.516$；$T_3 = 803.440$	3 052.050	15.898	0.987 9	596 077.324
$R = 0.85$	3	$T_1 = 964.657$；$T_2 = 793.573$；$T_3 = 638.536$	2 432.666	19.255	0.984 9	579 462.148
$R = 0.9$	4	$T_1 = 704.656$；$T_2 = 579.684$；$T_3 = 466.433$；$T_4 = 374.473$	2 165.164	24.115	0.981 0	542 866.464

可靠度阈值 $R = 0.8$ 时考虑可用绩效的利润变化曲线如图 5 – 16 所示，利润随着维修次数的增加呈现先增加后降低的趋势。此时，最优利润为 596 077.324 元，最优维修次数为 3 次，对应的更换周期为 3 052.050 小时，维修成本率为 15.898 元/时，可用性为 0.987 9。

对比可靠度阈值 $R = 0.8$ 时，成本率最小化模型与利润最大化模型算例

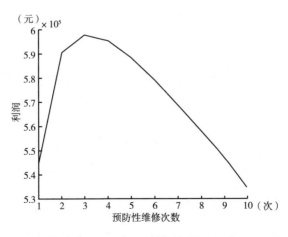

图 5 – 16　可靠度阈值 $R = 0.8$ 时考虑可用绩效的利润变化曲线

分析结果可知，两目标下对应的可用性相差不大，利润最大化模型对应的最优预防维修次数小，更换周期短，维修成本率高，但利润较大，大型传动设备供应商既可以获得最大利润也可以保障较高的可用性，即协调成本、可用绩效、收益三个目标。

由图 5 - 17 可知，加入绩效保障合同后，以利润最大化为目标时，每个可靠度阈值都存在一个最优的维修次数使得预防维修利润最大，每个可靠度阈值下的最优预防维修次数以及利润如表 4 - 5 所示。其中，当可靠度阈值 $R = 0.9$，预防维修次数为 1 时，由于可用性 $A = 0.965\ 7$，低于可用性阈值 0.97，根据收益函数可知，此时收益为 0，故利润为收益与成本的差值为 $- 29\ 177.892$ 元。当可靠度阈值 R 在 0.7 ~ 0.9 区间变化时，利润最大化目标下，最优预防维修可靠度阈值为 0.7，最优利润为 616 083.288 元，最优预防维修次数为 3 次，对应的维修成本率为 11.892 元/时，更换周期为 4 276.247 小时，可用性为 0.990 7。

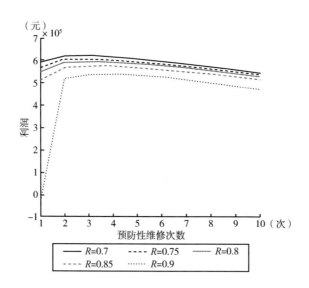

图 5 - 17　不同可靠度阈值下考虑可用绩效的利润变化曲线

（3）可用绩效变化分析。

若不考虑成本、收益两个目标，仅以利润函数中的可用绩效最大化为目标，求出不同可靠度阈值下最优的预防维修次数与更换周期如表 5 - 10 所示。

表 5 – 10 可用绩效最大化目标优化结果

可靠度	维修次数	预防维修周期（小时）	更换周期（小时）	维修成本率（元/时）	最优可用性	对应利润（元）
$R = 0.7$	4	$T_1 = 1\,705.068$；$T_2 = 1\,402.669$；$T_3 = 1\,128.636$；$T_4 = 906.118$	5 188.510	11.541	0.991 1	609 847.940
$R = 0.75$	5	$T_1 = 1\,459.116$；$T_2 = 1\,200.337$；$T_3 = 965.832$；$T_4 = 775.412$；$T_5 = 624.900$	5 077.343	12.731	0.989 6	594 317.363
$R = 0.8$	5	$T_1 = 1\,213.784$；$T_2 = 998.516$；$T_3 = 803.440$；$T_4 = 645.037$；$T_5 = 519.831$	4 229.241	14.905	0.988 6	581 982.269
$R = 0.85$	5	$T_1 = 964.657$；$T_2 = 793.573$；$T_3 = 638.536$；$T_4 = 512.644$；$T_5 = 413.137$	3 369.457	18.003	0.985 9	573 930.200
$R = 0.9$	5	$T_1 = 704.656$；$T_2 = 579.684$；$T_3 = 466.433$；$T_4 = 374.473$；$T_5 = 301.785$	2 471.256	24.056	0.981 7	535 475.048

如表 5 – 10 所示，考虑可用绩效单一目标条件下，最优的预防维修可靠度阈值为 0.7，最优可用性为 0.9911，最优预防维修次数为 4 次，对应的维修成本率为 11.541 元/时，利润为 609 847.940 元，更换周期为 5 188.510 小时。

可用性随着预防维修周期的变化而变化，如图 5 – 18 所示，每个可靠度阈值都存在一个最优的维修次数使得可用性最大，可用性伴随着维修次数的

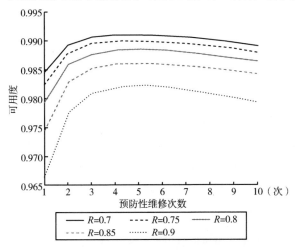

图 5 – 18　不同可靠度阈值下可用绩效变化曲线

增加呈现先升高后降低的趋势。

综合对比分析利润最大化目标、可用绩效最大化目标、成本率最小化目标条件下，相关决策变量与参数的差异性如表 5 - 11 所示。

表 5 - 11 不同目标条件下决策变量的差异性

变量名称	成本率最小化目标	利润最大化目标	可用绩效最大化目标
预防维修可靠度阈值	0. 7	0. 7	0. 7
预防维修次数	4	3	4
对应更换周期	5 188. 510	4 276. 247	5 188. 510
可用性	0. 991 1	0. 990 7	0. 991 1
成本率	11. 541	11. 892	11. 541
利润	609 847. 940	616 083. 288	609 847. 940

由表 5 - 11 可知，在利润最大化目标下，对应的预防维修次数、预防性更换周期相对成本率最小化与可用绩效最大化目标较小，其中可用性降低了 0.04%，成本率增加了 3.04%，利润增加了 1.02%。加入绩效合同的利润最大化模型可以获得较大的利润，且可用性与成本率相差较小，由此可以印证绩效式预防维修服务决策模型的优越性。对比霍明庆（2016）、梅嘉健等（2021）在其研究中采用权重系数或模糊理论将成本率最小化目标与可用绩效最大化目标综合的研究，绩效保障合同下的绩效式维修可以统一成本、收益、可用绩效多个目标，具有优越性。

5.3 使用绩效式预防维修服务决策研究

在服务化的初级阶段，预防维修服务要保障设备的可用性，在服务化的高级阶段则需要对服务质量与使用产出结果进行保障。故本节考虑维修服务质量与客户使用期望，以设备产出合格品率、使用产出市场需求、维修服务满意度三个指标组成使用绩效指标，进行使用绩效式预防维修服务决策研究。

5.3.1 问题描述与假设

5.3.1.1 使用绩效式预防维修服务界定

从设备供应商角度，产品—服务系统收入来源与机制有四种类型：（1）基于输入的收入（input – based revenue mechanism，IRM），即设备所有权发生转移，维修服务需要投入资源（工时或材料），客户需要支付维修服务所提供的资源费用。（2）基于设备可用性（availability-based revenue mechanism，ARM）的收入，即客户提供产品和服务的时间，与使用的数量无关。（3）基于设备使用性的收入（usage-based revenue mechanism，URM），即根据产品或服务实际使用的量产生收入，例如，飞机发动机的飞行小时或租赁汽车的行驶里程。（4）基于绩效的收入（performance-based revenue mechanism，PRM），即基于产品或服务的功能与性能，如需求或可靠性满足效果（Canek and Rodrigo，2021）。帕约拉等（Paiola et al.，2020）指出面向结果的服务，关注设备性能，如设备运行时间和设备综合效率（overall equipment effectiveness，OEE）。从服务化角度分析，面向结果的服务是最高级的服务，即维修服务应当考虑客户使用产出结果。多数制造企业打出"一站式服务、集成化解决方案"等口号，其目标是让产品与服务符合客户需求，然而，当设备正常运行时，并不一定产出期望的结果。

对于大型传动设备而言，可用性是衡量设备运行时间的最佳绩效指标，但是针对客户价值角度，包含时间利用率、性能开动率、合格品率的设备综合效率是衡量设备绩效的重要指标（Paiola and Gebauer，2020；吴小超等，2021），其中，时间利用率与性能开动率主要衡量设备在时间上的损失，合格品率衡量设备产出结果。其次，万光羽和李冬（2020）在研究基于绩效的产品服务合同设计时，在收益函数中考虑设备数量与外部需求的影响，并以缺货数量与停机损失作为惩罚绩效指标。此外，多数学者基于维修服务满意度指标（预防维修时间、故障次数、剩余价值、可用性）对供应商惩罚，未考虑对供应商进行奖励激励（金玉兰等，2020；张云正等，2018）。

因此，本节在可用性基础上，考虑维修服务满意度指标的奖惩，进一步考虑面向设备使用结果的指标——设备产出合格品率、产出市场需求（万光羽和李冬，2020），同时结合曾勇和谭红梅（2017）提出的基于使用的维修概念，将设备产出合格品率、产出市场需求、维修服务满意度进行综合，称为使用性，以此展开使用绩效式预防维修服务决策研究。

5.3.1.2　问题描述

使用绩效式预防维修服务决策概念模型如图 5 – 19 所示，使用性由设备产出合格品率、产出市场需求、维修服务满意度三方面构成。其中，维修服务满意度由预防维修时间、故障次数、更换周期、可用性组成，即在关注设备运行时间绩效——可用性的基础上，关注设备运行产出结果与维修服务质量，更好地满足客户需求，拓展绩效的内涵。在可用绩效维修服务模型基础上，本节针对大型传动设备单部件系统，以"固定支付+使用绩效激励"建立收益函数，分析使用绩效变化规律，研究考虑使用绩效的利润最大化目标下的最优预防维修次数与更换周期决策问题，同时与成本率最小化目标进行对比，分析决策变量与相关参数的差异性。

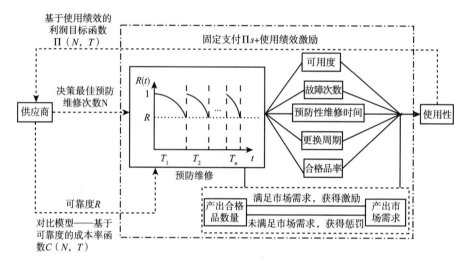

图 5 - 19　使用绩效式预防维修服务决策概念模型

5.3.1.3　符号说明

本节在可用绩效的基础上，考虑合格品率、产出市场需求、维修服务满意度构成的使用绩效进行预防维修服务决策建模，相关符号说明如表 5 - 12 所示。

表 5 - 12　　　　　　　　　　　　相关符号说明

符号	符号说明	符号	符号说明	符号	符号说明
π_s	固定支付	U_{min}	使用性阈值	h_1	预防维修时间阈值
L	使用性激励系数	R_{min}	可靠度最低值	h_2	故障次数阈值
Q_{min}	合格品率阈值	Q	产出合格品率	h_3	更换周期阈值
U	使用绩效函数	S	总收益	m	产出市场需求阈值

5.3.1.4　基本假设

由于大型传动设备通常配合其他设备使用，为了保证模型的合理性，突出使用绩效特点，同时考虑绩效的可测量性，本部分假设大型传动设备产出可度量，假设如下。

（1）设备从全新状态开始运行。

（2）设备故障率服从威布尔分布，当设备发生随机故障时采用小修处理，小修不改变设备的故障率，只有预防维修改变故障率，且预防维修时间服从正态分布。

（3）设备进行小修、预防维修、更换维修时，需要停机停产。

（4）不考虑计划停机、备件短缺等因素造成的停机。

（5）设备产出合格率受可靠度与役龄的影响，假设设备在达到预防维修可靠度阈值 R 前 j 小时产出合格品率将会受到影响，不合格品率为 p，其他正常运行时间设备产出合格品率为 $p1$。

5.3.2　使用绩效式预防维修服务决策建模

5.3.2.1　使用绩效模型

当维修服务进一步靠近客户需求时，供应商不仅要关注设备运行，还要关注维修服务质量与设备使用产出，只有产出满足客户期望结果才是真正有价值的，故本节以设备产出合格品率、产出市场需求、维修服务满意度定义使用绩效。

（1）设备产出合格品率。

假设大型传动设备单位时间产出为 u，在设备每次到达预防维修阈值 R 前 j 小时，由于可靠度降低，设备产出不合格品的概率增加，产出不合格率为 p，这段时间产出合格率为 $(1-p)$，故这段时间产出合格产品数量为 $u \times j \times (1-p)$，不合格产品数量为 $u \times j \times p$。此外，结合上一节的公式推导与可用绩效式预防维修服务决策模型，可得设备产出合格品数量如式（5.28）所示：

$$Q_f = u \times \left(\sum_{i=1}^{N} T_i - i \times j \right) \times p1 + i \times u \times j \times (1-p) \qquad (5.29)$$

故产出合格率如式（5.30）所示。

$$Q = \frac{合格产品数量}{实际生产数量} = \frac{u \times \left(\sum_{i=1}^{N} T_i - i \times j \right) \times p1 + u \times i \times j \times (1 - p)}{u \times \sum_{i=1}^{N} T_i}$$

$$= \frac{\left(\sum_{i=1}^{N} T_i - i \times j \right) \times p1 + i \times j \times (1 - p)}{\sum_{i=1}^{N} T_i} \qquad (5.30)$$

其中，Q_f 表示合格品数量，Q 表示合格率，$\sum_{i=1}^{N} T_i$ 表示设备总运行时间，$u \times \left(\sum_{i=1}^{N} T_i - i \times j \right) \times p1 + i \times u \times j \times (1 - p)$ 表示合格产品数量，$u \times \sum_{i=1}^{N} T_i$ 表设备生产总量。

假设合格率阈值为 $Q_{\min}$，若设备产出合格品率超过客户与供应商协商的阈值，则对供应商进行奖励，否则进行惩罚。为了统一量纲，对设备产出合格品率进行线性比例变换，用 U_1 表示，如式（5.31）所示：

$$U_1 = \frac{Q}{Q_{\min}} \qquad (5.31)$$

即当 $U_1 > 1$ 时，对供应商进行奖励，当 $U_1 < 1$ 时，对供应商进行惩罚。

（2）设备产出市场需求。

当供应商为客户提供产品 + 维修服务时，从面向使用与面向结果的角度分析，供应商需要考虑客户期望结果，若客户使用设备产出未达到市场需求期望值，对供应商进行惩罚。对产出市场需求进行线性比例变换，用 U_2 表示，如式（5.32）所示：

$$U_2 = \frac{u \times \left[\sum_{i=1}^{N} T_i - (i \times j) \times p1 + i \times j \times (1 - p) \right]}{m} = \frac{Q_f}{m} \qquad (5.32)$$

其中，m 为产出市场需求阈值，当 $U_2 > 1$ 时，对供应商进行奖励，当 $U_2 < 1$ 时，对供应商进行惩罚。

（3）设备维修服务满意度。

关于维修服务满意度研究，金玉兰等（2020）、刘勤明等（2021）和张云正等（2019）以故障次数、预防维修时间、可用性组成的维修服务满意度对设备出租方做出惩罚。当部分指标未达标时，客户使用体验与维修服务满意度下降，但是在其研究过程中都是基于满意度指标的惩罚来弥补停机损失，未考虑绩效奖励激励。本节在可用性基础上，以预防维修时间、故障次数、设备更换周期来表达维修服务满意度，不仅考虑对供应商的惩罚，还考虑对供应商的奖励激励。

第一，预防维修时间。预防维修方式包括故障小修、预防维修与更换维修，如果供应商不能在规定时间内完成预防维修，就会导致客户生产计划的调整，造成一定的损失。由上一节及本节假设可知，预防维修时间具有随机性，服从 $\mu = 4.4$，$\upsilon = 0.3$ 的正态分布。对预防维修时间绩效进行线性比例变换，用 U_3 表示，如式（5.33）所示：

$$U_3 = \frac{h_1}{l_i} \tag{5.33}$$

其中，l_i 是每次预防性维护时间，h_1 是预防维修的时间阈值；当 $U_3 > 1$ 时，对供应商进行奖励，当 $U_3 < 1$ 时，对供应商进行惩罚。

第二，故障次数。在设备使用期间，如果设备故障频发，会严重打乱生产节奏。根据金玉兰等（2020）的研究，客户可以根据故障次数对供应商进行奖惩。将故障率指标进行线性比例变换，用 U_4 表示，如式（5.34）所示：

$$U_4 = \frac{h_2}{\sum_{i=1}^{N} \int_0^{T_i} f_i(t)\,dt} \tag{5.34}$$

其中，$\sum_{i=1}^{N} \int_0^{T_i} f_i(t)\,dt$ 是故障次数，h_2 是故障次数阈值；当 $U_4 > 1$ 时，对供应商进行奖励，当 $U_4 < 1$ 时，对供应商进行惩罚。

第三，更换周期。假设设备供应商承诺使用时间，但是由于种种原因未到理论使用时间就进行了更换，这将造成双方损失，服务质量未达标，客户满意度也将下降。由第 4 章维修服务决策模型可知，设备运行总时间如式

（5.35）所示：

$$T_s = \sum_{i=1}^{N} T_i + \sum_{i=1}^{N-1} l_i + T_m \sum_{i=1}^{N} \left[\int_0^{T_i} f_i(t) \, dt \right] + T_f$$

$$\qquad = \sum_{i=1}^{N} T_i + \sum_{i=1}^{N-1} l_i + NT_m(-\ln R) + T_f \qquad (5.35)$$

对更换周期指标线性比例变换，用 U_5 表示，如式（5.36）所示：

$$U_5 = \frac{T_s}{h_3} \qquad (5.36)$$

其中，T_s 为设备运行总时间，h_3 是设备理论更换寿命阈值；当 $U_5 > 1$ 时，对供应商进行奖励，当 $U_5 < 1$ 时，对供应商进行惩罚。

第四，可用性。可用性与可用性表达式（5.18）一致，由运行时间与总时间相比所得。

综上所述，结合设备综合效率的综合表达方式，设备综合效率由时间利用率、性能利用率、合格品率组成，采用相乘的方式，从不同角度刻画设备运行状态（Nakajima，1988）。本节将设备产出合格品率、设备产出市场需求、设备维修服务满意度三个指标相乘来表达使用性，分别从设备运行产出质量、产出面对的市场需求、维修服务质量与效率三方面进行衡量，既关注设备运行状态，也关注设备使用产出与使用体验，同时关注客户使用产出价值，进而形成使用绩效指标，如式（5.37）所示：

$$U = A \times U_1 \times U_2 \times U_3 \times U_4 \qquad (5.37)$$

其中，U 为使用绩效函数。

5.3.2.2 考虑使用绩效的利润最大化维修服务决策模型

本书以设备产出合格品率、维修服务满意度、产出市场需求三个绩效指标联合构成使用绩效指标，结合绩效保障合同，总的收益函数构成仍为"固定支付 + 使用绩效激励"模式，考虑使用绩效的收益函数如式（5.38）所示：

$$S = \begin{cases} 0 & U \leqslant U_{\min} \\ \pi_s + L \times (U - U_{\min}) & U > U_{\min} \end{cases} \qquad (5.38)$$

其中，$U_{\min}$ 为使用性阈值，π_s 为固定支付，L 为使用绩效奖惩系数。由式（5.38）可知，收益函数由"固定支付 + 使用绩效奖惩"构成，即考虑了收益与使用绩效两个目标，使用绩效越高收益越高。

根据收益函数可知，供应商的利润为来源于两方面：一方面是客户为供应商提供的用于供应商生产制造的固定支付，另一方面是满足使用绩效时的奖励激励支付。收益函数考虑收益与使用绩效两个目标，未考虑成本目标，在大型传动设备供应商提供维修服务保障过程中，供应商全权负责设备的维修工作，会产生维修成本，此成本包含预防维修相关成本、停机损失成本以及未满足使用绩效的惩罚成本，所以建立综合收益、成本、使用绩效多个目标的利润最大化函数如式（5.39）所示：

$$\max \pi(N, T) = S - C_{zi}$$

$$\text{s. t.} \begin{cases} R \geqslant R_{\min} \\ U = A \times U_1 \times U_2 \times U_3 \times U_4 \geqslant U_{\min} \end{cases} \tag{5.39}$$

其中，$\max \pi(N, T)$ 为考虑使用绩效的利润最大化函数，C_{zi} 为维修总成本，与上一节式（5.23）一致，C_{zi} 包含预防维修成本，故障维修（小修）成本，预防性更换成本，停机损失成本。根据专家维修经验，大型传动设备最低可靠度阈值 $R_{\min}$ 为 0.7，本书为了分析不同阈值下，最优预防维修次数与更换周期的差异性，使 $R \in [0.7, 0.9]$，以 0.05 的量值进行变化。

由式（5.39）可知，利润函数为收益减去成本，受成本目标的影响，收益最大化并不表示利润能达到最大化；此外，受使用绩效目标的影响，成本最小化时，并不表示利润最大化，考虑使用绩效的利润最大化维修服务决策模型，受收益、成本、使用绩效多个目标的影响。

5.3.3　数值分析

5.3.3.1　参数设置

为了验证模型的有效性，在 5.2.3 节风机齿轮箱数值基础上进行部分参数设置。为了详细分析相关变量的变化规律，本节假设最大预防维修次数为 20 次，同时结合（方玲珍等，2018）以及大型传动设备在生产中的实际运营状况，假设设备产出合格品率绩效阈值 $Q_{\min}$ 为 0.925，预防维修时间绩效阈值为 4.65 小时，故障次数绩效阈值为 3 次，更换周期阈值为 4 000 小时，产出市场需求为 15 000 件，其他参数设置如表 5 – 13 所示。

表 5 – 13   相关参数设置

参数	参数值	参数	参数值	参数	参数值	参数	参数值
π_s	50 万元	U_{min}	2.7	C_p	2 000 元	h_1	4.65 小时
L	20 万元	R_{min}	0.7	C_m	1 000 元	h_2	3 次
μ	4.4	p	0.5	C_f	3 000 元	h_3	4 000 小时
v	0.3	u	3 次	C_d	1 000 元	m	15 000 件
T_m	6 小时	T_f	20 小时	C_i	1 000 元	$p1$	0.95
j	20 小时						

5.3.3.2　结果对比分析

（1）考虑使用绩效的利润最大化优化结果。

以合格品率、产出市场需求和维修服务满意度共同组成使用绩效指标，考虑使用绩效，以利润最大化为目标，不同可靠度阈值下的相关参数与决策变量优化结果如表 5 – 14 所示。

表 5 – 14   考虑使用绩效的利润最大化目标优化结果

可靠度	预防维修周期（小时）	对应的更换周期（小时）	对应使用性	最优利润（元）
$R = 0.7$	5	5 926.269	4.126	717 601.979
$R = 0.75$	5	5 076.352	3.752	684 562.256
$R = 0.8$	7	5 006.489	3.628	605 375.333
$R = 0.85$	7	3 986.834	2.803	443 164.023
$R = 0.9$	1	729.797	0.923	– 29 245.890

由表 5 – 14 可知，考虑使用绩效，以利润最大化为目标时，最优利润随着可靠度阈值 R 的增加而减小，对应的更换周期也逐渐减小，此时，最优的预防维修可靠度阈值 R 为 0.7，最优利润为 717 601.979 元，最优预防维修次数为 5 次，对应的更换周期为 5 926.269 小时，使用性为 4.126。利润随预防维修次数的变化曲线如图 5 – 20 所示。

由图 5 – 20 可知，不同可靠度阈值下，基于使用绩效的利润随预防维修次数呈现先增加后减小的趋势，整体波动性明显，存在一个最优的预防维修

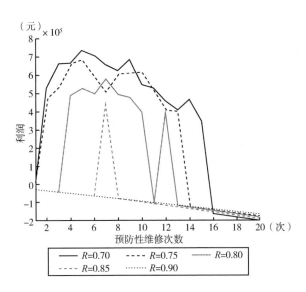

图 5 - 20　考虑使用绩效的利润变化曲线

次数使利润最大化，且可靠度阈值越大，对应的利润越小。当可靠度阈值
$R = 0.9$ 时，整体利润为负值，主要是由于可靠度阈值 $R = 0.9$ 时，使用性最
大为 2.287，低于阈值 2.7；可靠度阈值 R 属于 $[0.7, 0.85]$ 时，预防维修
次数过少或者过多时，部分利润也为负值，根据收益函数可知，使用性低于
阈值时，收益为 0，利润为收益与成本的差值，故当使用性低于阈值时，利
润为负值。使用绩效指标与预防维修时间指标变化曲线如图 5 - 21 (a)、
图 5 - 21 (b) 所示。

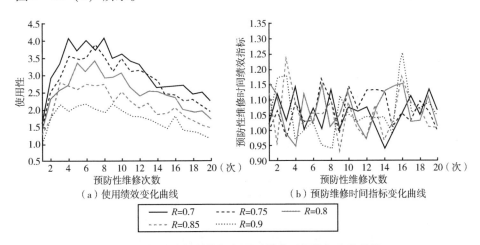

图 5 - 21　使用绩效指标与预防维修时间指标变化曲线

由图 5 – 21（a）可知，不同可靠度阈值 R 下，使用绩效波动明显，进而造成利润波动性较大。由图 5 – 21（b）可以看出，预防维修时间指标波动较大，由于本书为了刻画预防维修时间的随机性，假设预防维修时间服从正态分布，进而造成使用绩效与利润的波动性，使得每次运行结果存在偏差。为了去除预防维修时间随机性的影响，将其设为定量 1，进而再次分析利润与使用绩效的变化。

由表 5 – 15 可知，去除预防维修时间随机性影响后，以利润最大化为目标，伴随可靠度阈值的提高，最优利润逐渐降低，对应的使用性也逐步降低。此外，由于使用性阈值的影响，当可靠度阈值 $R = 0.85$ 与 $R = 0.9$ 时，整体使用性低于阈值，故在此可靠度阈值下，整体利润为负值。

表 5 – 15   去除预防维修时间随机性影响的利润最大化目标优化结果

可靠度	预防维修周期（小时）	对应的更换周期（小时）	对应使用性	最优利润（元）
$R = 0.7$	5	5 926. 269	3. 713	636 294. 629
$R = 0.75$	5	5 076. 219	3. 362	567 057. 318
$R = 0.8$	5	4 229. 559	2. 988	496 595. 169
$R = 0.85$	1	989. 206	1. 095	– 28 711. 014
$R = 0.9$	1	729. 941	0. 895	– 29 390. 375

由图 5 – 22 可知，去除预防维修时间随机性影响后，利润随预防维修次

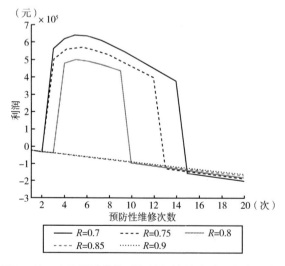

图 5 – 22   去除预防维修时间随机性影响时利润变化曲线

数呈先增加后减小的趋势，存在最优值。此时，以利润最大化为目标，最优
的预防维修可靠度阈值为 0.7，最优利润 636 294.629 元，最优预防维修次
数为 5 次，对应的更换周期为 5 926.269 小时，使用性为 3.713。

（2）使用绩效变化分析。

若不考虑成本、收益两个目标，仅以使用绩效最大化为目标，求出不同
可靠度阈值下最优的预防维修次数与更换周期如表 5 - 16 所示。

表 5 - 16　　　　　使用绩效最大化目标优化结果

可靠度	预防维修次数（次）	对应的更换周期（小时）	最优使用性	对应利润（元）
$R = 0.7$	6	6 524.158	3.743	633 524.783
$R = 0.75$	6	5 588.075	3.388	564 303.943
$R = 0.8$	6	4 656.407	3.010	493 623.781
$R = 0.85$	6	3 708.911	2.594	- 66 297.349
$R = 0.9$	6	2 722.187	2.110	- 65 410.751

由表 5 - 16 可知，去除预防维修时间随机性影响过后，仅以使用绩效最大化
为目标时，最佳的预防维修可靠度阈值为 0.7，最优使用性为 3.743，最优的预防
维修次数为 6 次，对应的利润为 633 524.783 元，更换周期为 6 524.158 小时。

由图 5 - 23 可知，去除预防性随机性影响后的使用性指标随预防维修次
数增加呈先增加后减小趋势，且可靠度阈值越大，对应最优使用性越小。

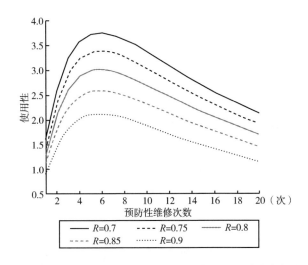

图 5 - 23　去除预防维修时间随机性影响时使用绩效变化曲线

（3）绩效指标变化情况。

为了清楚分析使用绩效指标的变化，设备产出合格品率、合格品数量、故障次数以及总运行时间的变化情况如图 5-24 与图 5-25 所示。

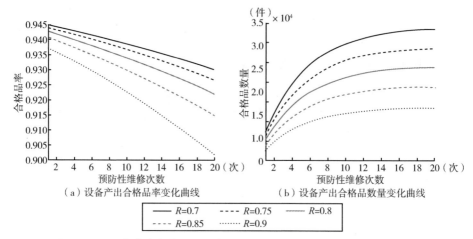

图 5-24　设备产出合格品率、合格品数量与预防性维修次数的变化情况

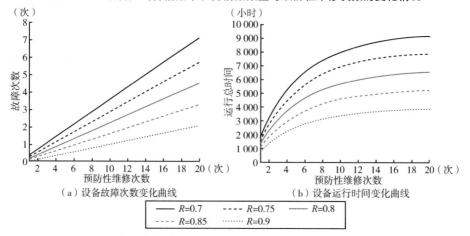

图 5-25　设备产出故障次数、总运行时间与预防性维修次数的变化情况

由图 5-24（a）可知，不同可靠度阈值下，设备产出合格品率随预防维修次数呈递减趋势，且可靠度阈值越高，设备产出合格品率越小，主要是由于可靠度阈值高时，维修周期缩短，结合本项目合格品率的设定，设备产出合格品率随预防维修次数呈下降趋势。由图 5-24（b）可知，设备产出合格品数量逐步增加，且增长率随着预防维修次数的增加逐步放缓，主要由于随着预防维修次数增加，维修周期缩短且设备产出合格品率下降，进而导致增长变慢。

由图 5 – 25 （a） 可知，故障次数随预防维修次数增加而增加，由上一节式 （5 – 11） 可知，故障率与可靠度相关，可靠度阈值越高，故障次数越少。由图 5 – 25 （b） 可知，运行时间随预防维修次数呈逐步上升趋势且上升速度逐渐变缓，由于预防维修次数增加，预防维修周期间隔缩短，进而导致设备运行时间增长变慢，所以大型传动设备不能无限次维修，当维修一定次数后，设备性能损失严重，故障率增加，维修周期缩短，造成维修过于频繁以及生产质量下降。结合上一节的成本率最小化模型，进行不同目标下决策变量与相关参数的对比如表 5 – 17 所示。

表 5 – 17　　　　　　　　不同目标条件下决策变量的差异性

变量名称	成本率最小化目标	利润最大化目标	使用绩效最大化目标
预防维修可靠度阈值	0.7	0.7	0.7
预防维修次数	4	5	6
对应更换周期	5 188.510	5 926.269	6 524.158
使用性	3.564	3.713	3.743
成本率	11.541	11.760	12.068
利润	615 500.311	636 294.629	633 524.783

由表 5 – 17 可知，当利润最大化目标与成本率最小化和使用绩效最大化目标对比时，利润最大化目标条件下，对应预防维修次数、更换周期、使用性、成本率都处于成本率最小化目标与使用绩效最大化目标之间。其中使用性比成本率最小化目标下提高了 4.18%，成本率增加了 1.89%，利润增加了 3.38%；与使用性最大化目标相比，使用性降低了 0.8%，成本率降低了 2.55%，利润增加了 0.4%。考虑使用绩效的利润最大化模型可以获得较大的利润，使用性比成本率最小化目标条件下提高 4.18% 的同时，两个目标条件下的成本率相差较小，由此可以印证以利润最大化为目标的使用绩效式预防维修服务决策模型的优越性。

5.4　本章小结

本章首先以大型减速机、风机齿轮箱两类大型传动设备为例，分析大型传动设备的维修服务现状，发现了设备在故障类型、维修服务流程与方式、维修服务策略、维修服务绩效影响因素四方面存在的问题，并获取部分设备维修服务订单与故障数据。

其次，通过大型传动设备可用绩效式预防维修服务决策建模与分析，发现故障率与可靠度之间关系，以及役龄递减因子与故障率递增因子对预防维修周期的影响。以可用性作为绩效表达，分析出可用绩效、利润与成本率随预防维修次数的变化规律，同时对比几种目标，发现考虑可用绩效的利润最大化预防维修服务决策模型综合性更强。

最后，对大型传动设备使用绩效式预防维修服务决策进行研究，考虑设备产出、维修服务质量与客户需求，构造使用绩效指标——使用性，从设备产出合格品率、产出市场需求、维修服务满意度三个角度去诠释使用性。建立了考虑使用绩效的利润最大化维修服务决策模型，决策最优的预防维修次数、更换周期与使用性，同时分析了使用绩效指标的变化规律。

第 6 章

产品绩效保障下备件与预防维修联合决策

本章首先针对通用备件库存与预防性维修的特征，研究绩效保障下通用备件与预防性更换维修联合优化，以产品绩效为约束条件，以订购量、再订购点和更换间隔为决策变量，建立通用备件与预防性更换维修联合成本率优化模型，以 W 公司通用电磁阀部件为例进行数值验证。其次，针对专用备件库存与预防性维修的特征，研究绩效保障下专用备件与不完全预防维修联合优化策略，以产品绩效为约束条件，以初始库存水平和不完全维修次数为决策变量，建立专用备件与不完全预防维修联合的平均成本率最小化模型，以 W 公司专用发电机部件为例进行数值验证。

6.1 产品绩效保障下通用备件与预防性更换维修联合决策

6.1.1 绩效保障下联合优化问题描述与基本假设

6.1.1.1 产品通用备件库存与预防性维修的特征

按照备件的技术使用特性，可以将备件分为通用备件与专用备件。通用备件是指在不同种类型或者同种类型不同种规格的产品中能够互换的零部件（Takai and Sengupta，2017；李少龙等，2019）。提高通用备件的使用不仅可以降低订货提前期的不确定性，改善备件保障效率，而且可以使新产品更新换代更快，加快生产制造流程。通用备件慢慢受到产品维修和生产领域的重视。因为通用备件使用的范围更大、频次更高，它的数量短缺也会造成一定程度的影响（董琪等，2019；刘峥等，2015；徐立等，2022）。通常情况下，为了让产品能够短时间内恢复生产，往往会对故障或者损坏的部件进行更换维修（王俊龙等，2022）。同时，当产品的一些通用备件故障后维修的效益不高、没有维修的价值（徐立等，2022）时，也参与更换维修策略。因此，对需要更换的部件按照更换间隔进行更换。

基于此，本章针对中小制造企业产品，采取基于可靠度的预防性更换维修策略，来预测部件更换间隔，制订维修计划。基于可靠度的预防性更换维修是指如果部件在规定的使用更换间隔期内发生故障或者损坏，就对其进行故障后更换；如果在更换间隔期内没有发生故障或者损坏，那么在使用达到更换间隔期之后进行预防性更换；不论部件是故障后更换还是预防性更换，更换后都要对其工作时间进行重新计时，即更换维修效果为"修复如新"。

因为通用备件要被多种产品维修使用，它的消耗状况就比专用备件更复杂，企业在对其进行订购和保管时就需要考虑更多因素。有些通用备件价值较高，对产品性能影响大，但消耗量较少；有些通用备件价值低，对产品性能影响不大，但是消耗量大（雷达，2012）。本项目针对单位价值较高、需求率较大的不可修通用部件，采用（Q，r）库存策略（郝增亮和刘子先，2011）对库存进行连续检查，当库存量低于再订货点 r 时进行采购，每次的订货量都是 Q，保持不变。

6.1.1.2 问题描述

预防性更换维修的目的是使部件恢复到初始状态，主要考虑的变量是更换间隔，对于产品来说，更换间隔过大或过小，都会给企业造成巨大的经济损失。备件库存水平对维修计划产生一定的影响，保持适量的备件库存数量能够满足部件更换维修的需求，从而提高产品绩效，减少产品停机时间，保证产品生产能力，又不会过多占用企业的流通资金。同类型多部件系统绩效保障下通用备件与预防性更换维修联合优化概念模型如图 6-1 所示。

针对图 6-1，根据部件可靠度函数和故障率函数建立的成本率模型确定更换间隔 T，当产品运行过程中部件累积工作时间达到更换间隔 T 或突发故障 T_{q1}、T_{q2} 时，出现更换需求，产生预防性更换成本或者故障后更换成本，反之则继续运行。出现更换需求时，对备件库存进行检查，当库存水平满足更换需求时，对部件进行换件，同时库存水平降低；当部件更换需求较大，使库存水平低于再订购点 r 时，则进行备件订购。若订购时剩余库存数量能够满足当前和订货提前期 L_0 内的更换需求，则进行一般性订购，概率为 P_g，

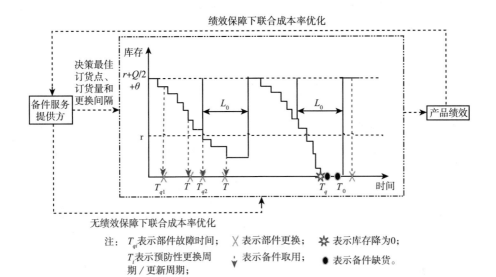

图 6 – 1 绩效保障下通用备件与预防性更换维修联合优化概念模型

订购量为 Q，否则进行紧急性订购，概率为 P_e，订购量为 Q。因为采取连续库存检查策略，所以进行紧急订购的次数较少，因此 $P_g < P_e$。当订货提前期内的更换需求大于剩余库存数量时，也就是在备件到货之前有部件需要进行故障后更换（T_q）或者预防性更换（T_0）却没有可用备件时，此时需要进行预防性更换的产品继续运行生产直至故障停机，而故障的产品则出现停机现象，从而产生缺货损失成本。经过订货提前期后备件到达，对需要预防性更换或者故障后更换的部件直接进行更换，其余的备件放入仓库进行储存，储存在仓库中的备件需要专业人员进行管理，从而产生储存成本。同时考虑备件库存成本与备件维修成本，能够实现运维成本最小化，但是不能保证产品绩效问题。

产品绩效约束能够保障安全库存与部件更换间隔的大小，在备件安全库存满足订货提前期内备件更换需求的情况下，达到最低绩效保障要求。如何保证在维修更换时有充足的备件库存，使总运营成本最低，同时满足产品绩效要求是本节需要解决的重点问题。

6.1.1.3 符号说明

本章研究绩效保障下通用备件与预防性更换维修的联合优化，考虑备件维修成本与备件库存成本，如预防性更换成本 C_p、故障后更换成本 C_f、备件储存成本 C_h 等，以及产品绩效 A，相关符号说明如表 6-1 所示。

表 6-1 相关符号说明

符号	符号说明	符号	符号说明	符号	符号说明
N	产品数量	L_0	订货提前期	C_{loss}	平均缺货损失费用
A_{min}	最小绩效限定值	θ	订货提前期内需求	A	产品可用性
λ	备件需求率	P_e	紧急订货概率	T	预防性更换间隔
$R(T)$	可靠度概率	P_g	一般订货概率	Q	订购量
$F(T)$	累计故障概率	K_e	紧急订购启动费	r	再订购点
β	形状参数	K_g	一般订购启动费	T_p	预防性更换时间
α	尺度参数	C_e	紧急订购备件单价	T_f	故障后更换时间
C_p	预防性更换费用	C_g	一般订购备件单价		
C_f	故障后更换费用	C_h	平均储存费用		

6.1.1.4 基本假设

本章考虑系统是由 N 个类型相同且独立工作的部件组成的，各个部件具有相同的工作环境。为研究部件的备件与预防性更换维修联合优化，本章做出以下假设。

（1）产品的平均绩效水平最小限定值为 A_{min}。

（2）一个部件故障就会导致产品停机，产品同时发生多个故障是小概率事件，可以忽略不计。

（3）产品停机进行更换维修活动时对其他部件的故障率不产生影响，即维修不会植入故障。

（4）维修备件的需求量符合独立增量随机过程，服从参数为 λ 的泊松分布（郝增亮和刘子先，2011；侯展舒，2015；秦绪伟等，2016；司书宾等，2007）。

（5）库存检测时间远远小于维修时间，可以忽略不计。

（6）备件在仓库中保管得当，不会发生任何退化。

6.1.2　成本模型

6.1.2.1　备件维修成本

基于可靠度的预防性更换维修主要有两种更换方式，一种是预防性更换，部件使用达到计划更换间隔的概率是 $R(T)$，即可靠度概率；另一种是故障后更换，部件在使用达到计划更换间隔前故障的概率是 $F(T)$，即累积故障概率。根据更新过程的基本理论，单一部件在长时间使用状态下连续两次使部件恢复如新的时间间隔为一个更新周期，则部件在更新周期内的期望维修成本为预防性更换成本乘以部件使用达到计划更换间隔的概率与故障后更换成本乘以部件在使用达到计划更换间隔前故障的概率之和：

$$C(T) = C_p R(T) + C_f F(T) \tag{6.1}$$

因为部件运行时间大多符合威布尔分布，且在后文通过运行数据拟合有所证明，因此，可靠度概率函数和累计故障概率函数可以表示为：

$$R(t) = e^{-\left(\frac{t}{\alpha}\right)^{\beta}} \tag{6.2}$$

$$F(t) = 1 - e^{-\left(\frac{t}{\alpha}\right)^{\beta}} \tag{6.3}$$

6.1.2.2　备件库存成本

（1）订货提前期内备件的需求。

当产品故障没有可用的备件进行更换或者库存数量低于或等于再订货点 r 时，需要对备件进行订购，订货提前期为 L_0。θ 为订货提前期内的备件需求，则在任一时间备件需求量为 x 的概率密度函数为：

$$P(x) = \frac{e^{-\theta} \theta^x}{x!} \tag{6.4}$$

$$\theta = \lambda L_0 \tag{6.5}$$

（2）备件订购成本。

更新周期内总的订购成本为紧急订购次数乘以紧急订购成本与一般订购次数乘以一般订购成本之和，备件订购成本包括备件价格和启动成本，备件价格中包含产业互联网平台协调成本和备件设计成本（即与备件供应商针对设备绩效设计备件性能的成本）的分摊，总的订货周期次数为更新周期内的需求除以订购量，紧急订购次数为紧急订购概率乘以总的订购次数，一般订购次数为一般订购概率乘以总的订购次数，即：

$$C(T,Q) = P_e \times \frac{T \times \lambda}{Q} \times K_e + P_g \times \frac{T \times \lambda}{Q} \times K_g + P_e \times \frac{T \times \lambda}{Q} \times Q$$

$$\times C_e + P_g \times \frac{T \times \lambda}{Q} \times Q \times C_g$$

$$= \frac{T \times \lambda}{Q} \left[P_e(K_e + Q \times C_e) + P_g(K_g + Q \times C_g) \right] \tag{6.6}$$

一般情况下，紧急订购启动成本 K_e 大于一般订购启动成本 K_g，紧急订购单价 C_e 大于一般订购单价 C_g。

（3）备件储存成本。

备件的单位时间平均持货数量为：$r + \frac{Q}{2} - \theta$。

在更新周期内的储存总成本，等于更新周期与单位持货数量、单位持货成本之积，具体表达式为（秦绪伟等，2016）：

$$C_1(Q,r) = C_h \times T\left(r + \frac{Q}{2} - \theta\right) \tag{6.7}$$

（4）备件的缺货损失成本。

备件在各个订货周期都有可能发生缺货，一个订货周期内的期望缺货量为：

$$EBO_1(r) = \sum_{x=r+1}^{\infty} \frac{e^{-\theta}\theta^x}{x!}(x - r) \tag{6.8}$$

为了便于计算，式（6.8）可以转化为如下形式（Nowicki et al.，2008）：

$$EBO_2(r) = \theta - r - \sum_{x=0}^{r} \frac{e^{-\theta}\theta^x}{x!}(x - r) \tag{6.9}$$

则更新周期内总缺货损失成本为更新周期内订货次数与单位缺货数量、单位缺货成本之积：

$$C_2(Q,r) = C_{loss} \times \frac{T \times \lambda}{Q}\left[\theta - r - \sum_{x=0}^{r} \frac{e^{-\theta}\theta^x}{x!}(x - r) \right] \tag{6.10}$$

6.1.3　产品绩效

产品绩效水平可以用可靠度（戴勇和王文青，2018）、产品可用性（许飞雪等，2021）、备件可用性（秦绪伟等，2016）、备件利用率（涂继亮等，2019）、备件保障概率（毛宇等，2018）等表示。其中，产品可用性是产品绩效保障最常用的关键指标（Guajardo et al.，2012；Jin and Yu，2012；Kim et al.，2007），本章选取产品可用性指标代表产品绩效作为约束条件，也就是在一定的使用时间范围内，产品能够正常生产或者处在正常工作状态的程度，它是对系统可靠度、性能、维修性和可得性的综合评估，可以用产品可用时间与总时间的比值来表示，具体如式（6.11）所示（Sherbrooke，2004）：

$$A = \frac{MTBM}{MTBM + MCMT + MPMT + MSD} \qquad (6.11)$$

其中，$MTBM$ 为平均维修间隔时间（mean time between maintenance，MTBM），$MCMT$ 为平均修复维修时间（mean corrective maintenance time，MCMT），$MPMT$ 为平均预防性维修时间（mean preventive maintenance time，MPMT），MSD 为平均备件供应延误时间（mean supply delay，MSD）。

MSD 是指平均备件供应延误时间，也就是平均等待备件的时间，可以根据备件短缺数除以备件需求率得到（罗祎等，2012），即：

$$MSD = \frac{\dfrac{T \times \lambda}{Q}\left[\theta - r - \sum_{x=0}^{r} \dfrac{e^{-\theta}\theta^x}{x!}(x-r)\right]}{\lambda} = \frac{T}{Q}\left[\theta - r - \sum_{x=0}^{r} \dfrac{e^{-\theta}\theta^x}{x!}(x-r)\right] \qquad (6.12)$$

$MTBM$ 是指平均维修间隔时间，也就是部件两次维修之间的时间，可以表示为可靠度函数在 T 内的积分，即：

$$MTBM = \int_0^T R(t)\,dt \qquad (6.13)$$

则产品可用性可以表示为：

$$A = \cfrac{\int_0^T R(t)\,dt}{\int_0^T R(t)\,dt + T_f F(T) + T_p R(T) + \cfrac{T}{Q}\left[\theta - r - \displaystyle\sum_{x=0}^{r} \cfrac{e^{-\theta}\theta^x}{x!}(x-r)\right]} \quad (6.14)$$

6.1.4 绩效保障下联合优化模型构建与求解算法

6.1.4.1 绩效保障下联合优化模型构建

更新报酬理论是一个更新周期内期望总成本与期望时间长度的比值，即平均成本率，单一部件在长时间使用状态下连续两次使部件恢复如新的时间间隔为一个更新周期，单个更新周期内平均成本率可以表示为：

$$C(T) = \lim_{x\to\infty} \frac{C(T,t)}{t} = \frac{\text{单个更新周期内总费用的期望值}}{\text{更新周期长度}} \quad (6.15)$$

同类型多部件在更新周期内的平均成本率除了与期望总成本和期望时间长度相关，还与 N 相关（李淑敏等，2010）。将式（6.1）、式（6.6）、式（6.7）、式（6.10）代入式（6.15），得到同类型多部件系统绩效保障下通用备件与预防性更换维修联合成本率模型：

$$\min C(T,Q,r) = \lim_{x\to\infty} \frac{C(T,Q,r)}{t} = \frac{\text{每个更新周期内总费用的期望值}}{\text{更新周期长度}}$$

$$= \cfrac{\begin{aligned}&N \times \left[C_p R(T) + C_f F(T)\right] + P_e \times \frac{T\times\lambda}{Q}(K_e + Q\times C_e)\\ &+ P_g \times \frac{T\times\lambda}{Q}(K_g + Q\times C_g) + C_h \times T\left(r + \frac{Q}{2} - \theta\right)\\ &+ C_{lose} \times \frac{T\times\lambda}{Q}\left[\theta - r - \sum_{x=0}^{r}\frac{e^{-\theta}\theta^x}{x!}(x-r)\right]\end{aligned}}{\int_0^T R(t)\,dt + T_f F(T) + T_p R(T) + \frac{T}{Q}\left[\theta - r - \displaystyle\sum_{x=0}^{r}\frac{e^{-\theta}\theta^x}{x!}(x-r)\right]}$$

$$\text{s. t.} \begin{cases} A = \cfrac{\int_0^T R(t)\,dt}{\int_0^T R(t)\,dt + T_f F(T) + T_p R(T) + \cfrac{T}{Q}\left[\theta - r - \displaystyle\sum_{x=0}^{r}\cfrac{e^{-\theta}\theta^x}{x!}(x-r)\right]} \geqslant A_{\min} \\ T > 0, Q \geqslant r \geqslant 0 \end{cases}$$

$$(6.16)$$

其中，T、Q、r 均为整数。

6.1.4.2 求解算法

模型优化的目标是在产品绩效满足要求的情况下同时使规定时间内的平均成本率达到最小，从而确定最佳的再订购点 r^*、订购量 Q^* 和更换间隔 Tp^*。平均成本率模型是一类非常特殊的非线性整数规划问题，因为决策变量 r 位于累加和号 $\sum\limits_{x=0}^{r}$ 的上部，决策变量 T 位于积分 $\int_{0}^{T}$ 的上限。由于模型的复杂性和多变量性，难以采用经典的运筹学方法获得最优解，本章采取共轭梯度算法和枚举法来对比求解平均成本率模型。共轭梯度算法不仅是解决线性方程组最有效的方法之一，也是解决非线性方程组最有效的算法之一。共轭梯度算法具有存储量小、步收敛性、稳定性高和不需要任何外来参数的特点（李冰等，2002）。

共轭梯度算法具体步骤如下。

（1）给定 $x_1 \in R_n$，$0 < \varepsilon \leqslant 1$，令 $d_1 = -g_1$，$k = 1$。

（2）若 $\| g_k \| \leqslant \varepsilon$，停止，否则，转下一步。

（3）由线搜索确定步长 α_k。

（4）令 $x_{k+1} = x_k + \alpha_k d_k$，计算参数 β_{k+1}，若 $\| g_{k+1} \| \leqslant \varepsilon$，停止，否则转步5。

（5）计算 $d_{k+1} = -g_{k+1} + \beta_{k+1} d_k$。

（6）令 $k := k+1$，转第3步。

本章采用 Mathematica 软件实现算法求解，Mathematica 软件是一个计算软件，它和 Matlab、Maple 被一起称为三大数学软件。Mathematica 擅长符号运算，不光能提供一般函数的数学模型运算方法，而且可以进行深度计算。共轭梯度算法是 Mathematica 软件的内置算法，在运算收敛速度快、工作量小、寻找局部最优解方面较有优势。

6.1.5 数值分析

6.1.5.1 数据来源与说明

W 公司半导体生产切割（singulation，SNG）工序上的 15 台切割机产品，分别有 1 个类型相同的电磁阀部件，将其按照预防性更换维修策略进行维修，部件之间互不干预。通过对 15 台切割机产品电磁阀部件运行数据进行整理，得到运行时间，如表 6 - 2 所示。

表 6 - 2　　　　　　　半导体切割机产品电磁阀部件的运行时间

序号	运行时间（小时）	序号	运行时间（小时）
1	2 520	9	976
2	1 008	10	1 120
3	1 375	11	976
4	2 326	12	1 210
5	2 016	13	3 360
6	1 680	14	2 016
7	1 120	15	2 326
8	1 080		

对表 6 - 2 电磁阀部件的运行数据进行分布拟合，可以得到四种拟合分布曲线，如图 6 - 2 所示，分别给出了正态分布、指数分布、威布尔分布和

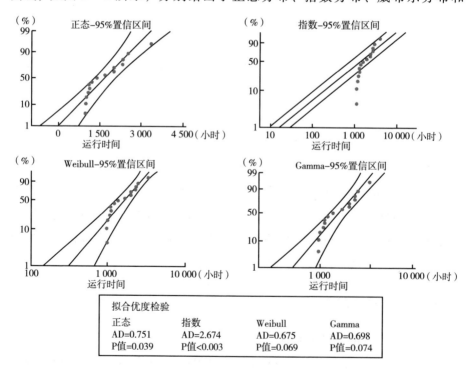

图 6 - 2　运行时间的概率拟合优度检验

Gamma 分布的拟合结果。在这之中，P 值用来评价反对假设检验中原假设的客观性，取 95% 的置信水平。当 P 值大于 5% 时，才可以认为该组数据服从某一分布。AD 统计量用来检验该组数据对某种分布的贴合程度，AD 值越小，说明该组数据与该分布的拟合程度越好。由图 6-2 可得，故障分布最符合威布尔分布。同时得到参数估计值分别为 $m = 2.6$，$\eta = 1\,893$。

依据过去 3.5 年内备件需求数据统计得出部件故障率 λ 为 0.011 次/时，最低产品绩效 A_{min} 设为 95%。进行一次故障后更换的成本 $C_f = 16\,000$ 元，一次预防性更换的成本 $C_p = 7\,500$ 元。根据公司过去紧急订购和一般订购的情况，设紧急订购概率 $P_e = 0.20$，一般订购概率 $P_g = 0.80$。紧急订购启动成本 $K_e = 1\,500$ 元，一般订购启动成本 $K_g = 500$ 元，电磁阀紧急订购时单价 $C_e = 7\,500$ 元，一般订购时单价 $C_g = 5\,000$ 元，订货提前期 $L_0 = 500$ 小时，$\theta = 6$ 个，平均储存成本 $C_h = 1$ 元/时·个，平均短缺损失成本 $C_{loss} = 9$ 元/时·个，平均预防性更换时间 T_p 为 4 小时，平均故障后更换时间 T_f 为 12 小时。

6.1.5.2　结果及对比分析

（1）最优解分析。

通过共轭梯度算法和枚举法计算结果对比得出，通用备件与预防性更换维修的联合优化在以产品绩效为约束条件下的最优决策变量 (T^*, Q^*, r^*) 结果如表 6-3 所示，目标函数最优值迭代如图 6-3 所示。

表 6.3　　　　　绩效保障下平均成本率最小化模型的最优解

最优目标值 C（元）	最优更换间隔 T^*（小时）	最优库存策略 (Q^*, r^*)（个）	产品绩效（%）
194.237	1 365	(9,8)	95.7

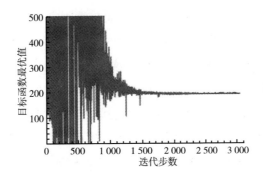

图 6-3　目标函数最优值迭代

由表6-3和图6-3可以看出：经过3000次迭代之后，目标函数最优值为194.237元，对应的最优更换间隔为1365小时，最优再订购点为8个，最优订购量为9个。

（2）模型对比分析。

运用以上电磁阀部件的数据，求解传统模式下分别考虑维修成本率最小化和备件成本率最小化时的最优更换间隔、最优订购阈值（再订购点、订购量）和最小化目标值，以及备件与预防性更换维修联合优化但无绩效约束下的最优更换间隔、最优订购阈值（再订购点、订购量）和最小化目标值。如表6-4和表6-5所示。

表6-4　　　分别考虑备件和维修平均成本率最小化模型的最优解

最优目标值 C（元）	最优更换间隔 T^*（小时）	最优库存策略 (Q^*, r^*)（个）	产品绩效（%）
147.075 4	1 554	—	41.6
38.081 4	—	(5,0)	41.6

表6-5　　　联合优化但无绩效约束下的平均成本率最小化模型的最优解

最优目标值 C（元）	最优更换间隔 T^*（小时）	最优库存策略 (Q^*, r^*)（个）	产品绩效（%）
1.38	2 163	(1,0)	10.8

对比分析表6-4和表6-5可以看出，联合优化但无绩效约束得出的成本率最优目标值比传统模式得出的成本率最优目标值低，证明了联合优化的优越性。联合优化但无约束得出的最优更换间隔比传统模式得出的最优更换间隔大，说明联合优化增加了更换间隔时间，从而减少了更换成本，这是联合优化最优目标值降低的原因之一；同时库存量减少，从而减少了订购成本和储存成本，这是联合优化最优目标值降低的原因之二。

对比分析表6-3、表6-4和表6-5可以看出，传统模式下备件与预防性更换维修联合优化但无绩效约束下所得的成本率最优目标值、最优再订购点和最优订购量都小于联合优化且有绩效约束的成本率最优目标值、最优再订购点和最优订购量，但是产品绩效却远远低于规定的产品绩效下限，主要是因为库存数量少导致产品发生故障时无可用备件更换，造成故障产品大部分时间处于停机状态无法工作，使得产品绩效较低，影响产品产量和质量，降低公司利润率以及信誉等级，这是成本差值无法弥补的，这也是部分公司无法经营的原因之一。

同时还可以看出绩效保障约束下产品绩效维持在 95.7% 左右，不仅满足还高于要求的平均产品绩效下限，可见绩效保障使中小制造企业积极完善备件库存系统，提高备件可用性，从而提高产品绩效，降低产品的故障率。

6.1.5.3　数值分析

（1）决策变量对平均费用率的影响。

为进一步分析更换间隔 T、再订购点 r 以及订购量 Q 与平均成本率 C 之间的关系，分别在其余两个决策变量固定的情况下画出平均成本率单独随更换间隔 T、再订购点 r 和订购量 Q 变化的趋势，如图 6-4、图 6-5 和图 6-6 所示。

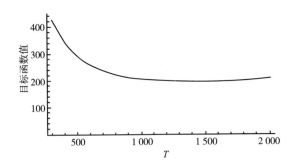

图 6-4　平均成本率随更换间隔变化的曲线

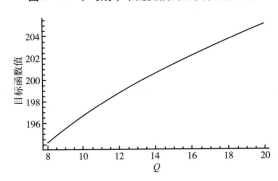

图 6-5　平均成本率随订购量变化的曲线

由图 6-4 可知，在绩效约束下平均成本率 C 随着更换间隔 T 的增加先下降后上升，存在最低点，该点就是本章得出的联合优化且以产品绩效为约束时的最优平均成本率。

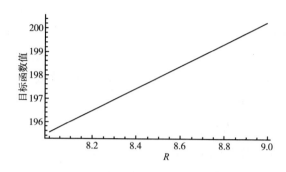

图 6 - 6　平均成本率随再订购点变化的曲线

由图 6 - 5 可知，在绩效约束下平均成本率 C 随着订购量的增加而增加，因为随着订购量的增加，购买的备件数量增加，订购成本越来越多，所以平均成本率 C 越来越多。

图 6 - 6 可知，在绩效约束下平均成本率 C 随着再订购点的增加而直线性增加，因为随着再订购点的增加，仓库储存的备件数量增多，从而增加了储存成本，所以平均成本率急剧增加。同时可以看出再订购点对平均成本率的影响最大。

（2）备件相关成本对平均成本率及决策变量的影响。

系统的其他成本也会影响备件库存策略与预防性更换策略的结果。系统的备件维修成本修改后的优化结果如表 6 - 6 所示。系统的备件库存成本修改后的优化结果如表 6 - 7 所示。

表 6 - 6　　　　　　　　备件维修成本对最优策略的影响

参数	取值 （元）	成本 （元）	更换间隔 （小时）	订购量 （个）	再订购点 （个）	产品绩效 （%）
C_p	75	73. 139	230	9	8	95. 0
	750	100. 135	480	9	8	95. 8
	7 500	194. 237	1 365	9	8	95. 7
C_f	160	106. 511	2 185	10	8	95. 3
	1 600	116. 340	2 115	10	8	95. 3
	16 000	194. 237	1 365	9	8	95. 7

表 6 - 7　备件库存成本对最优策略的影响

参数	取值 （元）	成本 （元）	更换间隔 （小时）	订购量 （个）	再订购点 （个）	产品绩效 （%）
C_e	75	176.781	1 401	9	8	95.7
	750	178.373	1 398	9	8	95.7
	7 500	194.237	1 365	9	8	95.7
C_g	50	147.370	1 478	9	8	95.6
	500	151.678	1 465	9	8	95.7
	5 000	194.237	1 365	9	8	95.7
C_h	1	194.237	1 365	9	8	95.7
	10	251.247	1 276	9	8	95.8
	100	799.957	952	9	8	96.0
C_{loss}	9	194.237	1 365	9	8	95.7
	90	194.280	1 365	9	8	95.7
	900	194.704	1 364	9	8	95.7

　　由表 6 - 6 可知，在绩效保障下，随着预防性更换成本和故障后更换成本的增加，系统的平均成本率都有所增加。随着预防性更换成本的增加，更换间隔逐渐增大，以减少更换次数，降低更换成本。随着故障后更换成本的增加，更换间隔逐渐减小，以增加预防性更换次数，减少故障次数，降低产品故障带来的影响。

　　由表 6 - 7 可知，在绩效保障下，随着备件单价、储存成本和缺货损失成本的增加，系统的平均成本率也均有所增加，其中储存成本增加带来的增幅最大，说明储存成本在平均成本率中所占比重较大。随着储存成本的增加，更换间隔逐渐减小，因为在订购量和再订购点不变的情况下，减小更换间隔，可以减少仓库备件数量，降低储存成本，公司应更加注重储存成本的协调，以降低总成本的比重。

6.2　产品绩效保障下专用备件与不完全预防维修联合决策

6.2.1　绩效保障下联合优化问题描述与基本假设

6.2.1.1　产品专用备件库存与预防性维修的特征

专用备件是指只能用于特定型号产品的维修备件。对于专用备件来说，企业会非常重视，采购规模往往不受采购经费的限制（毛世红，2012）。但企业不能无节制地采购，那样不仅会造成备件积压，还会占用流通资金。同时，作为用于特定型号产品的备件，其短缺也将造成巨大的经济损失和名誉损失。

由于有些专用备件需要进口和临时生产，因此其供货时间较长（邵松世等，2020）、价格昂贵、维修效益较高，具有维修价值。因此，常对部件采取预防性维修活动。通常情况下，部件维修后有三种维修结果："修复如新""修复如旧""不完全维修"，不完全维修即部件修复后状态处于"修复如新"和"修复如旧"之间（张友鹏等，2018）。在产品的实际运转过程中，受到多方面的因素影响，随着其部件出现退化、磨耗等现象，部件的故障率随着产品运转时间的增加会逐渐增加。如果对部件进行预防性维修，其能够工作的时间则会有所减少。为了使部件的维修更加符合上述实际，本项目考虑役龄回退和故障率递增混合模型来描述不完全预防维修结果。基于此，本项目采取基于可靠度的不完全预防维修策略，来预测部件维修间隔，制订维修计划。基于可靠度的不完全预防维修是指对部件的运行数据进行分析，预设可靠度阈值，根据部件的故障率函数和可靠度函数构建成本率模型，来获得预防性维修的次数和时间间隔，以此为计划对部件采取不完全预防维修活动。

因专用备件价格昂贵、消耗量低、缺货损失大以及可修性的特点，一般采用 $(S, S-1)$ 库存策略（杨华等，2009；张金隆等，2003），即每发生一次需求立即发起一次订货，订货量为1。

6.2.1.2　问题描述

本章引入役龄回退因子和故障率递增因子来描述不完全预防维修效果，当部件进行预防性维修后，其役龄按一定比例减少，故障率按一定比例增加，同时，当部件发生随机故障时，对其进行小修；当部件的故障率较大，维修价值较低时，需对部件进行更换维修。同类型多部件系统绩效保障下专用备件与不完全预防维修联合优化概念模型如图6-7所示。

针对图6-7，横轴表示部件运行时间，纵轴表示可靠度阈值和库存数量，因为库存数量一般为大于等于1的常数，而可靠度最大为1，为了保证图形简洁性，将其同时放在纵轴表示。根据可靠度阈值（R_p 或 R_c）确定的部

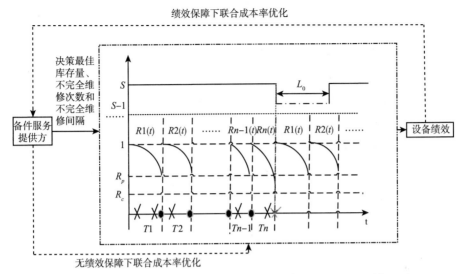

注：$Ri(t)$ 表示可靠度；Ti 表示维修间隔；✕ 表示部件更换；↓ 表示备件取用；✗ 表示小修；
$T1$-Tn 表示更新周期；● 表示预防性维修。

图 6-7　绩效保障下专用备件与不完全预防维修联合优化概念模型

件预防性维修间隔 $Ti(i=1,2,\cdots,n-1)$ 和维修次数 n，当部件运行过程中突发故障或者累积工作时间达到预防性维修间隔 $Ti(i=1,2,\cdots,n-1)$ 时，对其进行小修或者不安全预防性维修，从而产生小修成本或者预防性维修成本。当部件达到第 n 次运行时间时，进行更换维修，产生更换维修成本，同时出现更换需求。部件进行更换时，对备件库存进行检查，当库存水平满足更换需求时，对部件进行换件，同时库存水平降低，此时对备件进行订购。若订购时剩余库存数量能够满足当前和订货提前期内的更换需求，则进行一般性订购，概率为 P_g，订购量为 1，否则进行紧急性订购，概率为 P_e，订购量为 1。因为采取连续库存检查策略，所以进行紧急订购的次数较少，因此 $P_g \leq P_e$。当订货提前期 L_0 内的更换需求大于剩余库存数量时，也就是在备件到货之前有部件需要进行更换而没有可用备件，此时需要进行部件更换的产品继续运行生产，当发生故障出现停机现象时，产生缺货损失成本。经过订货提前期后备件到达，需要进行更换的部件可以进行更换，剩下的备件放在仓库作为库存进行储存，储存在仓库中的备件需要专业人员进行管理，从而产生储存成本。同一时间考虑备件维修成本与备件库存成本，能够实现运维成本最小化，但是不能保证产品绩效问题。

产品绩效约束能够合理设置初始库存水平和不完全维修次数，在备件安全库存满足订货提前期内部件维修需求的情况下，达到最低绩效保障要求。如何保证在维修更换时有充足的备件库存，使总运营成本最低，同时满足产品绩效要求是需要解决的重点问题。

6.2.1.3　符号说明

本章研究绩效保障下专用备件与不完全预防维修的联合优化，考虑备件维修成本与备件库存成本，如小修成本 C_m、不完全预防维修成本 C_p、更换成本 C_f、备件储存成本 C_h 等，以及产品绩效 A，相关符号说明如表6 - 8所示。

表6 - 8　　　　　　　　　　　　相关符号说明

符号	符号说明	符号	符号说明	符号	符号说明
N	产品数量	C_c	固定费用	K_g	一般订购启动费
$A_{\min}$	最小绩效限定值	C_v	可变费用	K_e	紧急订购启动费
λ	备件需求率	T_p	总不完全预防维修时间	C_g	一般订购备件单价
β	形状参数	l	不完全预防维修时间	C_e	紧急订购备件单价
α	尺度参数	C_f	更换费用	C_h	平均储存费用
R_p	不完全预防维修可靠度阈值	T_f	更换时间	L_0	订货提前期
R_c	更换维修可靠度阈值	T_{all}	总停机时间	C_{loss}	备件缺货损失费用
C_m	小修费用	C_d	平均停机损失费用	A	产品可用性
T_m	小修时间	P_g	一般订货概率	n	维修周期数
C_p	不完全预防维修费用	P_e	紧急订货概率	S	初始库存

6.2.1.4　基本假设

本章考虑系统是由 N 个类型相同且独立工作的部件组成，各个部件具有相同的工作环境。针对专用备件价值昂贵、缺货损失大和维修价值高的特点，对本章模型进行如下假设。

（1）产品的平均绩效水平最小限定值为 $A_{\min}$。

（2）最小维修能够把部件的一些功能恢复，但改变不了故障率的大小。

（3）在部件的全生命周期内，只有最后一次维修时才进行更换，其余时间采用最小维修和不完全预防维修相结合的方式。

（4）更换可使部件恢复如新，故障率下降为零，即"修复如新"。

（5）采用连续库存检测和立即维修的策略（魏勇和穆连运，2016）。

（6）维修备件的需求量符合独立增量随机过程，服从参数为 λ 的泊松分布（郝增亮和刘子先，2011；侯展舒，2015；秦绪伟等，2016；司书宾等，2007）。

6.2.2　成本模型

6.2.2.1　备件维修成本

（1）混合故障率模型。

针对不完全预防维修策略，本章考虑役龄回退和故障率递增混合模型来描述不完全预防维修结果，因为部件运行时间大多符合威布尔分布，且在后文通过运行数据拟合有所证明。因此，其故障率可以表示为：

$$f(t) = \frac{\beta}{\alpha}\left(\frac{t}{\alpha}\right)^{\beta-1} \tag{6.17}$$

本章综合考虑役龄回退和故障率递增这两个因素，采用威布尔分布可靠度模型，引入役龄回退因子和故障率递增因子来描述不完全预防维修后部件故障率的变动情况。则第 i 次不完全预防维修前后的故障率函数可以表示为：

$$f_i(t) = b_{i-1}f_{i-1}(t + \alpha_{i-1}T_{i-1}) \tag{6.18}$$

其中，$f_i(t)$ 为第 i 个维修间隔期内的故障率分布函数；$f_{i-1}(t)$ 为第 $i-1$ 个维修间隔周期内的故障率分布函数；b_i 为故障率递增因子，$b_i > 1$；α_i 为役龄回退因子，$0 < \alpha_i < 1$；i 为不完全预防维修的周期数，$i = 1, 2, \cdots, n-1$；T_i 为第 $i-1$ 次和第 i 次不完全预防维修之间的时间间隔。

由式（6.17）和式（6.18）经过推导计算可得第 i 个不完全预防维修周期内的混合故障率函数可以表示为：

$$f_i(t) = \left(\prod_{k=1}^{i-1} b_k\right) h\left(t + \sum_{k=1}^{i-1} \alpha_k T_k\right) \tag{6.19}$$

为了保证产品正常的运行，部件运行到提前设置好的不完全预防维修可靠度阈值时，就对其进行不完全预防维修，则有：

$$e^{-\int_0^{T_1} f_1(t)dt} = e^{-\int_0^{T_2} f_2(t)dt} = \cdots = e^{-\int_0^{T_i} f_i(t)dt} = R_p \tag{6.20}$$

式（6.20）可转化为：

$$\int_0^{T_1} f_1(t)\,dt = \int_0^{T_2} f_2(t)\,dt = \cdots = \int_0^{T_i} f_i(t)\,dt = -\ln R_p \qquad (6.21)$$

那么，在每个预防性维修间隔期内，部件发生故障的次数都可以表示为 $-\ln R_p$，将式（6.19）和式（6.21）结合可以得出第 i 个不完全预防维修间隔为：

$$T_i = \sqrt[\beta]{\left(\sum_{k=1}^{i-1} \alpha_k T_k\right)^\beta - \frac{\ln R_p \times \alpha^\beta}{\prod_{k=1}^{i-1} b_k}} - \sum_{k=1}^{i-1} \alpha_k T_k \qquad (6.22)$$

第 $i-1$ 次和第 i 次不完全预防维修之间的可靠度可以表示为：

$$R_i(t) = e^{-\int_0^{T_i} f_i(t)\,dt} \qquad (6.23)$$

对部件进行第 $n-1$ 次不完全预防维修后，提升了部件的可靠度，之后，可靠度从 1 开始减小。随着部件故障不断增加，维修逐渐频繁，可靠度将由 $R_n(t)$ 下降到 R_c，此时部件工作性能无法得到满足，需要对部件进行更换，则有：

$$R_n(t) = e^{-\int_0^{T_n} f_n(t)\,dt} = R_c \qquad (6.24)$$

T_n 为部件从第 $n-1$ 次不完全预防维修后运行到可靠度为 R_c 的时间。由式（6.19）和式（6.24）可得 T_n 的表达式如下：

$$T_n = \sqrt[\beta]{\left(\sum_{k=1}^{n-1} \alpha_k T_k\right)^\beta - \frac{\ln R_c \times \alpha^\beta}{\prod_{k=1}^{n-1} b_k}} - \sum_{k=1}^{n-1} \alpha_k T_k \qquad (6.25)$$

（2）不完全预防维修及更换成本。

本章考虑最小维修成本、不完全预防维修成本、单位时间内的停机损失成本和更换成本，采用混合维修的方式对部件进行维修。

第一，最小维修成本。部件在运行周期内发生故障时，对其进行最小维修，假设一次最小维修的成本为 C_m，一次最小维修的时间为 t_m，则前 $n-1$ 个维修间隔期内的最小维修成本为：

$$C_m^{n-1} = C_m \sum_i^{n-1} \int_0^{T_i} f_i(t) \, dt \tag{6.26}$$

第 n 个周期的最小维修成本为：

$$C_m^n = C_m \int_0^{T_n} f_n(t) \, dt \tag{6.27}$$

由式（6.26）和式（6.27）可得出部件整个生命周期内的最小维修成本为：

$$TC_m = C_m \left[\sum_i^{n-1} \int_0^{T_i} f_i(t) \, dt + \int_0^{T_n} f_n(t) \, dt \right] \tag{6.28}$$

可得到总的最小维修时间为：

$$T_m = t_m \left[\sum_i^{n-1} \int_0^{T_i} f_i(t) \, dt + \int_0^{T_n} f_n(t) \, dt \right] \tag{6.29}$$

第二，不完全预防维修成本。随着维修次数的增加和部件运行时间的增长，部件的老化程度在增加而恢复程度在减弱，维修的困难程度越来越高，因此考虑预防性维修成本随维修次数的增加而增加，那么第 i 次不完全预防维修的成本为：

$$C_{pi} = C_c + iC_v \tag{6.30}$$

部件在一个维修周期内的不完全预防性维修成本为：

$$TC_p = \sum_{i=1}^{n-1} C_{pi} = \sum_{i=1}^{n-1} (C_c + iC_v) \tag{6.31}$$

在整个周期里总的不完全预防性维修时间为：

$$T_p = (n-1)l \tag{6.32}$$

第三，更换成本。部件更换一次的成本为 C_f，更换一次的时间为 T_f。

第四，由停机造成的停机损失成本。由式（6.29）、式（6.32）和更换维修时间 T_f 可知部件在整个生命周期的总维修时间为：

$$T_{all} = t_m \left[\sum_i^{n-1} \int_0^{T_i} f_i(t) \, dt + \int_0^{T_n} f_n(t) \, dt \right] + (n-1)\tau + T_f \tag{6.33}$$

则总停机损失为：

$$TC_d = C_d T_{all} = C_d \left[t_m \left(\sum_i^{n-1} \int_0^{T_i} f_i(t)\,dt + \int_0^{T_n} f_n(t)\,dt \right) + (n-1)\tau + T_f \right]$$

$$(6.34)$$

总维修成本可表示为：

$$C_T = TC_m + TC_p + TC_d + C_f \qquad (6.35)$$

部件的全生命周期包括正常工作运行时间和停机维修的时间，可表示为：

$$T = \sum_{i=1}^{n-1} T_i + T_n + T_{all} \qquad (6.36)$$

6.2.2.2 备件库存成本

（1）备件订购成本。

由于库存补给采用 $(S, S-1)$ 策略，即初始库存为 S 个，订货为缺一件补一件，则备件订购成本为初始库存备件价格与启动成本和缺一件补一件的备件价格与启动成本，备件价格中包含产业互联网平台协调成本和备件设计成本（即与备件供应商针对设备绩效设计备件性能的成本）的分摊，更新周期内的订购次数为周期内的备件需求量，则：

$$C(T) = K_g + C_g S + P_e \left(\sum_{i=1}^{n-1} T_i \lambda + T_n \lambda \right)(K_e + C_e) + P_g \left(\sum_{i=1}^{n-1} T_i \lambda + T_n \lambda \right)(K_g + C_g)$$

$$= K_g + C_g S + \lambda \left(\sum_{i=1}^{n-1} T_i + T_n \right) \left[P_e(K_e + C_e) + P_g(K_g + C_g) \right] \quad (6.37)$$

一般情况下，紧急订购启动成本 K_e 大于一般订购启动成本为 K_g，紧急订购单价 C_e 大于一般订购单价 C_g。

（2）备件储存成本。

在更新周期内部件的平均库存水平为 S，则总的储存成本为：

$$C(T,S) = C_h \left(\sum_{i=1}^{n-1} T_i + T_n \right) S \qquad (6.38)$$

（3）备件的缺货损失成本。

在一段时间内，部分备件更换维修，造成现有库存数低于初始库存水平 S，还有一些时间现有库存为 0，在备件出现短缺时，更换备件数大于 S。则在更新周期内的期望缺货量为：

$$EBO(S) = \sum_{x=S+1}^{\infty} (x - S) P(x) \tag{6.39}$$

则更新周期内的期望缺货成本为：

$$C(S) = C_{loss} \sum_{x=S+1}^{\infty} (x - S) P(x) \tag{6.40}$$

其中，$P(x) = \dfrac{e^{-\lambda L_0} (\lambda L_0)^x}{x!}$。

6.2.3　产品绩效

产品绩效水平可以用可靠度（戴勇和王文青，2018）、产品可用性（许飞雪等，2021）、备件可用性（秦绪伟等，2016）、备件利用率（涂继亮等，2019）、备件保障概率（毛宇等，2018）等表示。其中，产品可用性是产品绩效保障最常用的关键指标（Guajardo et al.，2012；Jin and Yu，2012；Kim et al.，2007），本章选取产品可用性指标代表产品绩效作为约束条件，也就是在一定的使用时间范围内，产品能够正常生产或者处在正常工作状态的程度，它是对系统可靠度、性能、维修性和可得性的综合评估，可以用产品可用时间与总时间的比值来表示，具体如式（6.41）所示（Sherbrooke，2004）：

$$A = \frac{MTBM}{MTBM + MCMT + MPMT + MSD} \tag{6.41}$$

其中，$MTBM$ 为平均生产运行时间，$MCMT$ 为平均修复维修时间，$MPMT$ 为平均预防性维修时间，MSD 为平均备件供应延误时间。

MSD 是指平均备件供应延误时间，也就是平均等待备件的时间，可以根据备件短缺数除以备件需求率得到（罗祎等，2012），即：

$$MSD = \frac{\displaystyle\sum_{x=S+1}^{\infty} (x - S) \dfrac{e^{-\lambda L_0} (\lambda L_0)^x}{x!}}{\lambda} \tag{6.42}$$

$MTBM$ 是指平均生产运行时间，也就是部件两次维修之间的时间，即：

$$MTBM = \sum_{i=1}^{n-1} T_i + T_n \tag{6.43}$$

针对不同备件采取的备件库存策略和预防性维修策略不同，所以平均生产运行时间、平均修复维修时间、平均预防维修时间和平均备件延误时间的表达都会有所不同。则在（S，$S-1$）库存策略和不完全预防维修策略下的产品可用性可以表示为：

$$
\begin{aligned}
A &= \frac{MTBM}{MTBM + MCMT + MPMT + MSD} \\
&= \frac{\displaystyle\sum_{i=1}^{n-1} T_i + T_n}{\displaystyle\sum_{i=1}^{n-1} T_i + T_n + t_m\left[(-\ln R_p)(n-1) - \ln R_c\right]} \\
&\quad + (n-1)\tau + T_f + \frac{\displaystyle\sum_{x=S+1}^{\infty}(x-S)P(x)}{\lambda}
\end{aligned}
\tag{6.44}
$$

6.2.4　绩效保障下联合优化模型构建与求解算法

6.2.4.1　绩效保障下联合优化模型构建

根据更新过程的基本理论，单部件在长时间使用情况下连续两次使部件恢复如新的时间间隔称为一个更新周期，更新报酬理论是一个更新周期内期望总成本与期望时间长度的比值，即平均成本率，可以表示为：

$$
\min C(T) = \lim_{x \to \infty} \frac{C(T,t)}{t} = \frac{单个更新周期内总费用的期望值}{更新周期长度}
\tag{6.45}
$$

同类型多部件在更新周期内的平均成本率除了与期望总成本和期望时间长度相关，还与 N 相关（李淑敏等，2010）。将式（6.35）、式（6.37）、式（6.38）、式（6.40）代入式（6.45），得到同类型多部件系统绩效保障下专用备件与不完全预防维修联合成本率模型为：

$$
\begin{aligned}
C(T) &= \frac{N(TC_m + TC_p + TC_d + C_f) + C(T) + C(S) + C(T,S)}{\displaystyle\sum_{i=1}^{n-1} T_i + T_n + t_m\left[(-\ln R_p)(n-1) - \ln R_c\right]} \\
&\quad + (n-1)\tau + T_f + \frac{\displaystyle\sum_{x=S+1}^{\infty}(x-S)P(x)}{\lambda}
\end{aligned}
$$

$$
\text{s.t.} \begin{cases} A = \dfrac{\displaystyle\sum_{i=1}^{n-1} T_i + T_n}{\displaystyle\sum_{i=1}^{n-1} T_i + T_n + t_m\big[(-\ln R_p)(n-1) - \ln R_c\big]} \geqslant A\min \\[4mm] \qquad\quad + (n-1)\tau + T_f + \dfrac{\displaystyle\sum_{x=S+1}^{\infty}(x-S)P(x)}{\lambda} \\[4mm] S > 0, n > 0 \end{cases} \tag{6.46}
$$

其中，n 和 S 为该模型的决策变量。

6.2.4.2　求解算法

模型优化的目标是在产品绩效满足要求下使规定时间内的平均成本率最小，从而确定最佳的不完全预防维修次数 n^* 和初始库存水平 S^*。平均成本率模型是一类特殊的非线性整数规划问题，因为决策变量 S 位于累加和号 $\displaystyle\sum_{x=S+1}^{\infty}$ 的下部，决策变量 T_i 位于积分 $\displaystyle\int_0^{T_i}$ 的上限。由于模型的复杂性和多变量性，难以采用经典的运筹学方法获得最优解，本项目采取共轭梯度算法和枚举法来求解平均成本率模型。共轭梯度算法不仅是解决线性方程组最有效的方法之一，也是解决非线性方程组最有效的算法之一。共轭梯度算法具有存储量小、步收敛性、稳定性高和不需要任何外来参数的特点（李冰等，2002）。

共轭梯度算法具体步骤如下。

（1）给定 $x_1 \in R_n$，$0 < \varepsilon \leqslant 1$，令 $d_1 = -g_1$，$k = 1$。

（2）若 $\| g_k \| \leqslant \varepsilon$，停止，否则，转下一步。

（3）由线搜索确定步长 α_k。

（4）令 $x_{k+1} = x_k + \alpha_k d_k$，计算参数 β_{k+1}，若 $\| g_{k+1} \| \leqslant \varepsilon$，停止，否则转步骤5。

（5）计算 $d_{k+1} = -g_{k+1} + \beta_{k+1} d_k$。

（6）令 $k: = K + 1$，转第 3 步。

6.2.5　数值分析

6.2.5.1　数据来源与说明

W 公司半导体生产表面贴装（surface mount technology，SMT）工序上的

6 台贴片机产品上分别有 1 个类型相同的发电机，对其实施不完全预防维修，且部件之间互不干预。通过对 6 台贴片机产品上发电机部件的运行数据进行整理，得到运行时间，如表 6-9 所示。

表 6-9　　　　　　　　半导体贴片机产品发电机部件的运行时间

机器编号	A01					A02				
t/h	901	300	2 462	361		1 601	1 120	990	1 141	961
机器编号	A03					A04				
t/h	1 901	631	1 090	1 221		1 351	1 180	970	180	581	971
机器编号	A05					A06				
t/h	1 601	1 100	1 631	961	511	899	700	1 501	509	400

对表 6-9 发电机的运行数据进行分布拟合，得到四种拟合分布曲线，如图 6-8 所示，分别给出了采用正态分布、指数分布、威布尔分布和 Gamma 分布对运行数据的拟合结果。在这之中，P 值用来评价反对假设检验中原假设的客观性，取 95% 的置信水平。当 P 值大于 5% 时，才可以认为该组数据

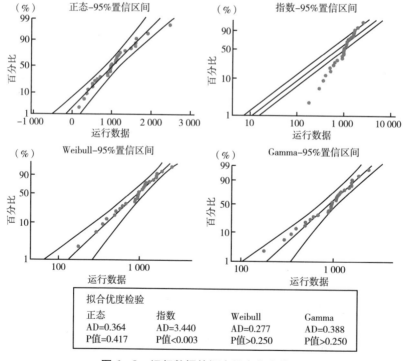

图 6-8　运行数据的概率拟合优度检验

服从某一分布。AD 统计量用来检验该组数据对某种分布的贴合程度，AD 值越小，说明该组数据与该分布的拟合程度越好。由图 6 - 8 可得，故障分布最符合威布尔分布。同时得到参数估计值分别为 $m = 2.1$，$\eta = 1\,158$。

依据过去 3.5 年内备件需求数据统计得出备件需求率 λ 为 $0.0012/h$，最低产品绩效设为 95%。小修成本 C_m 为 3 000 元，停机损失成本 C_d 为 1 800元，不完全预防维修的固定成本 C_c 为 8 000 元，不完全预防维修的可变成本 C_v 为 500 元，更换一次的成本 C_f 为 100 000 元，一般订购启动成本 K_g 为 2 000元，紧急订购启动成本 K_e 为 4 000 元，一般订购时备件单价 C_g 为 120 000 元，紧急订购时备件单价 C_e 为 140 000 元，订货提前期 L_0 为 1 500 小时，平均储存成本 C_h 为 8 元/时·个，平均缺货损失成本 C_{loss} 为 125 元/时·个。前 $n - 1$ 次预防性维修的可靠度阈值 R_p 为 0.8，第 n 次预防性更换的可靠度阈值 R_c 为 0.7，参照李建华等（2021）取 $\alpha_i = \dfrac{i}{5i + 9}$，$b_i = \dfrac{13i + 1}{12i + 1}$。一次小修的时间 t_m 为 2 小时，不完全预防维修的时间 l 为 8 小时，更换维修的时间为 T_f 为 14 小时。

6.2.5.2　结果及对比分析

（1）最优解。

通过共轭梯度算法和枚举法计算结果对比得出，专用备件与不完全预防维修的联合优化在以产品绩效为约束条件下的最优 (S^*, n^*, T_i^*) 结果如表 6 - 10 所示。目标函数最优值迭代如图 6 - 9 所示。绩效约束前后最优解的取值范围变化如图 6 - 10 和图 6 - 11 所示。

表 6 - 10　　　　　　绩效保障下平均成本率最小化模型的最优解

最优目标值 C（元）	前 $n - 1$ 个维修 周期 T_i（小时）	第 n 个维修周期 T_n（小时）	更换周期 T（小时）	初始库存水平 S^*（个）	设备绩效 （%）
825.883	T1 = 567　T2 = 508 T3 = 440　T4 = 377 T5 = 323　T6 = 278 T7 = 241　T8 = 210	T9 = 267	3 211	4	96.28

从表 6 - 10 和图 6 - 9 可以看出：经过 2 000 次迭代之后，目标函数最优值为 825.883 元，对应的最优不完全预防维修次数为 9 次，初始库存水平为 4 个。

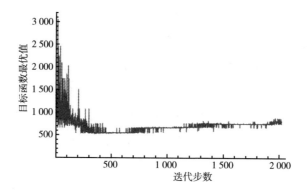

图 6 - 9　目标函数最优值迭代

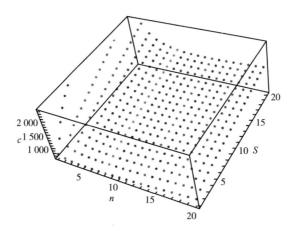

图 6 - 10　绩效约束前最优解的取值范围

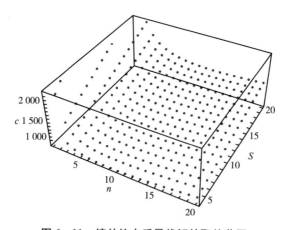

图 6 - 11　绩效约束后最优解的取值范围

由图 6 - 10 和图 6 - 11 对比可得，联合优化模型在加入绩效保障约束后，符合条件的最优解数量减少。

（2）模型对比。

根据以上关于发电机的各项数据，求解传统模式下分别考虑维修平均成本率、备件平均成本率时的最优不完全预防维修次数和初始库存水平以及备件与不完全预防维修联合优化但无绩效约束下的最优不完全预防维修次数和初始库存水平，如表 6 - 11 和表 6 - 12 所示。

表 6 - 11　分别考虑备件和维修平均成本率最小化模型的最优解

最优目标值 C（元）	前 $n-1$ 个维修周期 T_i（小时）	第 n 个维修周期 T_n（小时）	更换周期 T（小时）	初始库存 S^*（个）	设备绩效 （%）
514.349	T1 = 567　T2 = 508 T3 = 440　T4 = 377 T5 = 323　T6 = 278	T7 = 339	2 832	—	76.51
155.151	—	—	—	1	76.51

表 6 - 12　联合优化但无绩效约束下的平均成本率最小化模型的最优解

最优目标值 C（元）	前 $n-1$ 个维修周期 T_i（小时）	第 n 个维修周期 T_n（小时）	更换周期 T（小时）	初始库存 S^*（个）	设备绩效 （%）
539.667	T1 = 567　T2 = 508 T3 = 440　T4 = 377	T5 = 401	2 293	1	73.21

对比分析表 6 - 11、表 6 - 12 可以看出，联合优化得出的最优目标值比传统模式得出的最优目标值低，而且部件的运行时间增加，证明了联合优化的优越性。

对比分析表 6 - 10、表 6 - 11 和表 6 - 12 可以看出，传统模式下和备件与不完全预防维修联合优化但无绩效约束下所得的目标函数值和初始库存水平都小于联合优化且有绩效约束的目标函数值和初始库存水平，产品绩效却远远低于规定的产品绩效下限。主要原因在于传统模式下的备件与不完全预防维修联合优化但无绩效约束下的备件初始库存水平低于联合优化且绩效约束的初始库存水平，会使产品需要更换维修时无可用备件更换，造成产品故障，且大部分时间处于停机状态无法工作，从而影响产品产量和质量，降低公司利润率以及信誉等级，这是成本差值无法弥补的，也是部分公司无法经营下去的原因之一。

同时还可以看出绩效保障约束下产品绩效维持在 96.28% 左右，满足了产品绩效下限要求，可见绩效保障促使产品中小制造企业去积极完善备件库存系统，提高备件可用性和产品绩效，降低产品的故障率。

6.2.5.3　数值分析

（1）决策变量对平均成本率的影响。

为进一步分析不完全预防维修次数 n、初始库存水平 S 与平均成本率 C 之间的关系，分别在其余一个决策变量固定的情况下画出平均成本率单独随另一个决策变量变化的趋势图，如图 6 - 12 和图 6 - 13 所示。

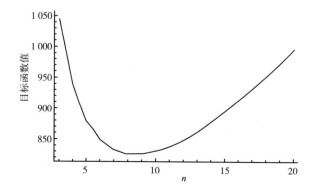

图 6 - 12　平均成本率随不完全预防维修次数变化的曲线

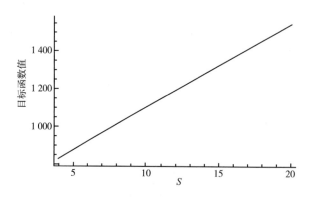

图 6 - 13　平均成本率随初始库存水平变化的曲线

由图 6 - 12 可知，在产品绩效的约束下，随着不完全预防维修次数的增加，平均成本率 C 先减少后增加，存在最小值，该最小值为最优的不完全预防维修次数和平均成本率。

由图 6 - 13 可知，在产品绩效的约束下，随着初始库存水平的增加，平均成本率 C 不断增加，从而在 S 等于 4 时平均成本率取得最小值，可以看出初始库存水平 S 对平均成本率 C 的影响较大。

（2）备件相关成本对平均成本率及决策变量的影响。

系统的成本参数也会影响其不完全预防维修次数与备件策略的制定。系统的备件维修成本调整后的优化结果如表 6 - 13 所示。

表 6 - 13　　　　　　　　　备件维修成本对最优策略的影响

参数	取值	最优目标值 C（元）	前 $n-1$ 个维修周期 T_i（小时）	第 n 个维修周期 T_n（小时）	更换周期 T（小时）	初始库存水平 S（个）	设备绩效（%）
C_m	30	814.554	T1 = 567 T2 = 508 T3 = 440 T4 = 377 T5 = 323 T6 = 278 T7 = 241 T8 = 210	T9 = 267	3 211	4	96.28
	300	815.584	T1 = 567 T2 = 508 T3 = 440 T4 = 377 T5 = 323 T6 = 278 T7 = 241 T8 = 210	T9 = 267	3 211	4	96.28
	3 000	825.883	T1 = 567 T2 = 508 T3 = 440 T4 = 377 T5 = 323 T6 = 278 T7 = 241 T8 = 210	T9 = 267	3 211	4	96.28
C_c	80	811.118	T1 = 567 T2 = 508 T3 = 440 T4 = 377 T5 = 323 T6 = 278 T7 = 241	T8 = 300	3 034	4	96.33
	800	812.489	T1 = 567 T2 = 508 T3 = 440 T4 = 377 T5 = 323 T6 = 278 T7 = 241	T8 = 300	3 034	4	96.33
	8 000	825.883	T1 = 567 T2 = 508 T3 = 440 T4 = 377 T5 = 323 T6 = 278 T7 = 241 T8 = 210	T9 = 267	3 211	4	96.28

参数	取值	最优目标值 C（元）	前 $n-1$ 个维修周期 T_i（小时）	第 n 个维修周期 T_n（小时）	更换周期 T（小时）	初始库存水平 S（个）	设备绩效（%）
C_d	18	812.288	T1 = 567 T2 = 508 T3 = 440 T4 = 377 T5 = 323 T6 = 278 T7 = 241 T8 = 210	T9 = 267	3 211	4	96.28
	180	813.524	T1 = 567 T2 = 508 T3 = 440 T4 = 377 T5 = 323 T6 = 278 T7 = 241 T8 = 210	T9 = 267	3 211	4	96.28
	1 800	825.883	T1 = 567 T2 = 508 T3 = 440 T4 = 377 T5 = 323 T6 = 278 T7 = 241 T8 = 210	T9 = 267	3 211	4	96.28
C_f	1 000	629.677	T1 = 567 T2 = 508 T3 = 440 T4 = 377 T5 = 323	T6 = 385	2 600	4	96.35
	10 000	649.470	T1 = 567 T2 = 508 T3 = 440 T4 = 377 T5 = 323 T6 = 278	T7 = 339	2 832	4	96.36
	100 000	825.883	T1 = 567 T2 = 508 T3 = 440 T4 = 377 T5 = 323 T6 = 278 T7 = 241 T8 = 210	T9 = 267	3 211	4	96.28

由表 6 - 13 可以看出，随着小修成本、不完全预防固定维修成本、停机损失成本和更换成本的增加，平均成本率都有所增加，但小修成本、不完全预防固定维修成本和停机损失成本变化带来的增加幅度较小，更换成本变化带来的增加幅度较大，说明小修成本、不完全预防固定维修成本和停机损失成本在该模型中所占的比重较小，企业只需合理设置成本大小即可，不需花费较大精力。随着更换成本的增加，维修更换周期增加，以减少维修更换次数，降低总平均成本率。系统的备件库存成本调整后的优化结果如表 6 - 14 所示。

表 6 – 14　　　　　　　　　　　备件库存成本对最优策略的影响

参数	取值	最优目标值 C（元）	前 $n-1$ 个维修周期 T_i（小时）	第 n 个维修周期 T_n（小时）	更换周期 T（小时）	初始库存水平 S（个）	设备绩效（%）
C_g	1 200	561.615	T1 = 567 T2 = 508 T3 = 440 T4 = 377 T5 = 323 T6 = 278	T7 = 339	2 832	4	96.36
	12 000	586.299	T1 = 567 T2 = 508 T3 = 440 T4 = 377 T5 = 323 T6 = 278	T7 = 339	2 832	4	96.36
	120 000	825.883	T1 = 567 T2 = 508 T3 = 440 T4 = 377 T5 = 323 T6 = 278 T7 = 241 T8 = 210	T9 = 267	3 211	4	96.28
C_e	1 400	793.855	T1 = 567 T2 = 508 T3 = 440 T4 = 377 T5 = 323 T6 = 278 T7 = 241 T8 = 210	T9 = 267	3 211	4	96.28
	14 000	796.767	T1 = 567 T2 = 508 T3 = 440 T4 = 377 T5 = 323 T6 = 278 T7 = 241 T8 = 210	T9 = 267	3 211	4	96.28
	140 000	820.737	T1 = 567 T2 = 508 T3 = 440 T4 = 377 T5 = 323 T6 = 278 T7 = 241 T8 = 210	T9 = 267	3 211	4	96.28
C_h	8	825.883	T1 = 567 T2 = 508 T3 = 440 T4 = 377 T5 = 323 T6 = 278 T7 = 241 T8 = 210	T9 = 267	3 211	4	96.28
	80	1 103.180	T1 = 567 T2 = 508 T3 = 440 T4 = 377 T5 = 323 T6 = 278 T7 = 241 T8 = 210	T9 = 267	3 211	4	96.28
	800	3 876.130	T1 = 567 T2 = 508 T3 = 440 T4 = 377 T5 = 323 T6 = 278 T7 = 241 T8 = 210	T9 = 267	3 211	4	96.28

参数	取值	最优目标值 C（元）	前 $n-1$ 个维修周期 T_i（小时）	第 n 个维修周期 T_n（小时）	更换周期 T（小时）	初始库存水平 S（个）	设备绩效（%）
C_{loss}	125	825.883	T1 = 567　T2 = 508 T3 = 440　T4 = 377 T5 = 323　T6 = 278 T7 = 241　T8 = 210	T9 = 267	3 211	4	96.28
	1 250	825.900	T1 = 567　T2 = 508 T3 = 440　T4 = 377 T5 = 323　T6 = 278 T7 = 241　T8 = 210	T9 = 267	3 211	4	96.28
	12 500	826.068	T1 = 567　T2 = 508 T3 = 440　T4 = 377 T5 = 323　T6 = 278 T7 = 241　T8 = 210	T9 = 267	3 211	4	96.28

由表 6 – 14 可以看出，随着备件单价的增加，平均成本率均有所增加，尤其随着一般订购备件单价的提高，平均成本率涨幅较大，应合理设置库存数量和更换间隔，减少订购次数和订购数量。随着储存成本的增加，平均成本率涨幅较大。随着缺货损失成本的增加，平均成本率也有所增加。

6.3　本章小结

本章首先针对半导体设备维修备件冗余与库存总额高、备件管理与维修类型匹配度低以及设备绩效水平低的问题，结合通用备件库存与预防性维修的特征，提出了绩效保障下通用备件与预防性更换维修联合优化研究，以设备绩效为约束，以订购量、再订购点和更换间隔为决策变量，建立了平均费用率最小化模型。利用切割机设备通用电磁阀部件数据，采用共轭梯度算法和枚举法，对平均费用率最小化模型和关键参数进行了数值分析，获得了最优的更换间隔和备件库存策略。

其次，结合专用备件库存与预防性维修的特征，提出了绩效保障下专用备件与不完全预防维修联合优化研究，以设备绩效为约束，以初始库存水平和不完全维修次数为决策变量，建立了平均费用率最小化模型。利用半导体设备专用发电机部件数据，采用共轭梯度算法和枚举法，对平均费用率最小化模型和关键参数进行了数值分析，获得了最优的备件库存策略和维修策略。

第 7 章

产品绩效服务实施案例——以 A 公司热泵产品合同能源管理为例

本章以"专精特新"企业——A 公司热泵产品合同能源管理为例，对产品绩效服务实施案例进行研究。主要分为 A 公司热泵产品的合同能源管理实施过程、A 公司热泵产品的合同能源管理案例分析两部分，在此基础上，研究并总结产品绩效服务在 A 公司实施的经验。

7.1　产品绩效服务与产品运营服务

2020 年工业和信息化提出《关于进一步促进服务型制造发展的指导意见》，指出节能环保服务是服务型制造创新发展的十大方式之一，鼓励制造企业推行合同能源管理模式。合同能源管理（Energy Performance Contracting，EPC）作为被国际市场广泛采用的促进节能减排新型机制，自 20 世纪 90 年代被引入中国以来，政府为了推动其发展给予了大力支持和引导，并出台了一系列政策法规和标准规范，明确把"节能环保服务"作为服务型制造创新发展的重要方向之一。合同能源管理作为以制造服务化战略为主导的一种创新型企业项目管理模式，成为节能产业发展的重要组成部分。

产品绩效服务中的使用绩效服务强调客户对产品的使用价值，而产品运营服务产生于服务型制造的发展过程中，主要指产品制造商依靠自身业务的运营经验和技术，介入客户的业务运营中，与客户建立合作关系并提供相应的产品和服务，企业依据客户的使用效果进行盈利。根据制造向服务转型的过程，服务可分为四种，分别是基于过程的服务、基于关系的服务、基于经营的服务和运营服务，进一步拓展了运营服务的类型（Oliva et al. , 2003）。从产品服务化供应链角度，可以整合服务供应链与产品供应链，既包含服务流，又包括产品流。

产品运营服务是一种基于产品价值导向的服务模式，包含了信息、资金、物料、技术等生产要素。产品运营服务的模式主要有合同能源管理（energy management contracting，EMC）模式和建设—移交—运营（build operate transfer，BOT）模式（顾强等，2020），EMC 也称 EPC（energy performance contracting，EPC），即合同能源管理。BOT 模式，中文含义为"建设—移交—运营"，在这种模式中，地方政府机构授予服务公司在某一项目的建设与经营权，在经营期限内，允许其通过该项目收回投资并获取利润，合同期满后，该项目的全部设施由政府收回。

由此可见，产品运营服务是产品使用绩效服务的一种具体形式。传统行业中，制造业与服务业是彼此相互独立的，而制造服务化的主体是制造企业，提供的服务依托其产品，产品与服务二者密不可分。当制造业从基于产品的价值转向服务的质量和创新时，服务对创造价值起到了极大的拓展作用（Reim et al.，2014）。《中国制造 2025》中指出，我国制造服务化的转变，主要包括面向消费的服务经济和基于制造的产品经济两方面。由此可以看出，制造服务化的不同类型主要基于产品和服务在整个价值链中所占比重的不同而不同。

7.2　A 公司产业互联网建设状况

A 公司致力于吸收式热泵、吸收式烟气全热回收机组等产品的研发与制造，此类产品被广泛应用于工业余热回收、区域集中供热项目上，在减少能源消耗和降低污染方面做出了重要贡献。近年来，为响应国家节能减排政策及集团公司战略布局，A 公司在制造业服务化转型的背景下，依托自身产品和技术优势，相继实施了多个具有代表性的合同能源管理项目，如根据项目组调研可知，2014 年锦州市热电联产余热供暖项目，覆盖全城 90% 的供热面积，年节约资金 5 000 多万元。2017 年参与实施了抚矿中机热电厂 523 兆瓦节能改造工程，年回收余热量 230 万吉焦，实现供热面积 1 100 万平方米，为当时国内最大的蒸汽型吸收式热泵余热回收项目。同年，天津 C 供热中心节能改造项目，是国内首例采用热泵技术进行烟气余热回收的合同能源管理项目。2020 年，国家电力投资集团石家庄换热项目，采用补燃型大温差换热机组，供热面积超过 2 000 万平方米。[①]

A 公司产业互联网处于初级阶段，即公司针对特定项目进行远程监控，通过工业物联网技术，将各地的机房机组设备连接到云服务器，实现机组远程监控、故障报警、历史数据存储、远程运维等功能，提升售后服务的效率和质量，提高企业的运行效率，提升客户满意度。整个系统包括：数据采集、连接设备控制器和末端传感器，将设备数据通过网络连接至数据采集中心。数据传输用于远程连接现场，实现设备的远程连接管理、数据采集、存储和转发等功能。物联网软件平台采用 B/S 架构，实时监控设备工况数据、报警、预警、过程数据存储、智能诊断，报修管理、工单管理等功能。

7.3　A 公司热泵产品合同能源管理实施过程

7.3.1　案例资料收集过程

本节主要探讨 A 公司热泵产品的合同能源管理实施过程中节能量计算、节能效益分享方式、运营模式问题，采用案例研究法可以真实反映现实情况并更好地回答上述问题。由于 A 公司实施的合同能源管理项目全部基于热泵产品，类型较为单一，实施方法及模式相对固定，所以本项目选择其中一个具有典型性的案例进行研究。

本章的研究过程中收集了大量与 A 公司及本案例有关的资料，资料收集方法主要有参与式观察、访谈、档案资料整理、会议记录等。

（1）访谈法。通过座谈采访、电话采访等方式对参与该项目的 A 公司相关人员，如运营总监、销售代表、技术工程师、运维经理以及用能单位方项目负责人在内的 8 人进行深入访谈咨询（访谈提纲见附录 D），内容主要有该案例实施中各阶段的详细情况、节能量计算方法、节能效益分配方案的确定过程、运维流程及经验、用能单位背景资料和实施过程的满意度等。访谈分多次进行，并获得了丰富可靠的资料，共记录笔记资料 12 份，录音时长 3 小

---

① 郑建卫，张荣鹏. 国内最大装机容量大温差供暖项目今冬将在石家庄投运［EB/OL］. 2020 - 08 - 24，https：//ishare.ifeng.com/c/s/7zCVkWTt43r.

时并转录 2.9 万字。

（2）档案资料整理。对该案例所有的归档资料进行收集、整理和分类，包括但不限于投标文件、合同能源管理合同、技术规范、施工合同、计量验收报告等，并对项目 2018～2021 年的收益情况及运营成本进行归纳，可以为本案例的研究提供准确的数据资料。

（3）会议记录。对该案例实施过程中的会议记录进行收集整理，有助于更全面的分析在实施过程中的问题及解决方案以及相关策略的制定过程。

7.3.2 A 公司热泵产品合同能源管理背景

7.3.2.1 A 公司概述

A 公司是"专精特新"企业，成立于 2005 年 5 月，坐落在河北省廊坊市经济技术开发区，占地 122 亩，其中建筑面积 33 000 平方米，总投资规模超2 亿元，是中国核工业集团旗下高科技企业。公司秉持"产、学、研相结合"的方针，依托清华大学的科研实力和丰富的人才，形成了独具特色的核心技术，多年来一直致力于高效节能吸收式热泵产品研发和生产，参与制定了有关吸收式热泵机组的国家标准和行业标准，并提供热源系统节能改造方案及服务，逐步发展成为我国吸收式热泵行业的领军企业之一，也是国内综合实力较强的节能服务公司。

A 公司拥有精密的生产设备、数控加工中心、安全性能测试中心，采用先进的加工工艺，具备年生产 1 000 台溴化锂吸收式机组或 2 000 兆瓦吸收式热泵的生产能力。A 公司以国家产业政策作为引导，通过与行业权威机构建立合作关系并长期与清华大学、天津大学、北京科技大学、北京建筑工程学院等高校进行多方位、全方面合作，共建产业化发展路径。在科技成果转化基地、教育教学、实践交流、产业互动等方面实现企业和院校的合力并进发展。

A 公司始终秉承勇于承担、勤于探索、敢于超越的企业精神，为国家减排、为企业节能、为社会解忧，并且获得了多项荣誉，如河北省高新技术企业、企业技术中心、工业设计中心、百强领军企业、博士后工作站等。2011 年获得国家住建部及财政部联合审核批准的"国家级吸收式热泵示范产业基地"。

为了更好地服务客户，全面提高公司产品的运行质量管理水平，A 公司利用产业互联网平台，开发实施了远程智能监控与诊断系统，该系统可实时监控产品的运行情况，及时掌握产品异常趋势变化，做到运行数据的自动传输、自动分析、自动诊断、自动处理、定期给用能单位发送报表，保证产品的安全、稳定、优质运行。可使产品绩效服务工作成本降低、变被动服务为主动服务，有效提升企业形象，增强市场竞争优势。

2005 年，A 公司开始从事溴化锂吸收式热泵机组的研发、制造和销售。2006 年中国第一台吸收式热泵机组在河北唐钢用于供暖；2007 年，4 台 30 兆瓦热泵机组装备在赤峰热电首站投产运行，同时其性能也得到西安热工研究院的权威认证。在研发、生产过程中，A 公司先后取得多项热泵专利技术，突破了吸收式热泵设计极限等技术难题，并在业界首个打破单机 30 兆瓦、58 兆瓦、73.4 兆瓦最大机组的纪录。目前已实施的吸收式热泵项目超过 9 000 兆瓦，解决城镇供暖需求超过 1.9 亿平方米，其中合同能源管理项目 8 000 多万平方米，每年节约能源折合标煤 200 万吨，减少二氧化碳排放 500 万吨，取得了显著的节能减排效果，推动了"工业节能减排，城市清洁冷暖"目标的实现，符合国家 2030 年"碳中和""碳达峰"目标的产业发展方向。

7.3.2.2　A 公司组织架构

A 公司成立以来，为了企业发展需要，曾对组织架构进行过几次战略性调整，2021 年是 A 公司五年发展战略的起始年，根据总部管理要求，以及自身经营发展规划，特明确三条主线，即以加强产品销售、保外服务为业务主线；以提升核心、技术能力、产品标准化程度、产品质量为发展主线；以培养青年干部、优化人员结构为人才管理的主线。截至 2022 年初，公司共有员工 300 余人，分为 6 个中心、11 个部门，在全国设有 12 个办事处，并根据地区设立售后中心，便于及时有效地为客户提供运维服务，公司组织架构较为完整，如图 7-1 所示。

7.3.2.3　A 公司热泵产品商业模式

A 公司能够针对热泵产品成功实施合同能源管理，与其自身的商业模式密不可分，以下从客户细分、核心资源、关键业务等 9 个方面描述 A 公司商业模式画布，如图 7-2 所示。

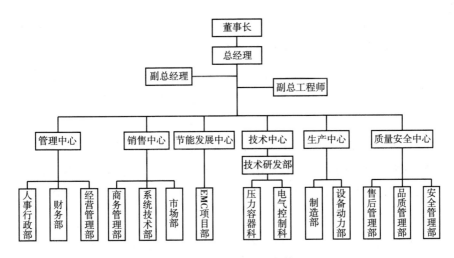

图 7-1　A 公司组织架构

重要合作 (1) 著名高校 (2) 设计院 (3) 专家	关键业务 (1) 热泵产品 (2) 节能服务 核心资源 (1) 加工设备 (2) 研发团队	价值主张 (1) 为国节能 (2) 客户至上 (3) 精益求精	客户关系 (1) 远程服务 (2) 利益分享 渠道通路 (1) 销售团队 (2) 招标平台	客户细分 (1) 供热企业 (2) 商业客户 (3) 用能单位
成本结构 (1) 设备；(2) 原材料；(3) 销售费用； (4) 人员工资；(5) 日常办公			收入来源 (1) 项目利润；(2) 节能效益分享	

图 7-2　A 公司商业模式画布

具体内容如下。

（1）客户细分。A 公司客户主要为供热企业、有采暖需求的商业客户（如酒店，医院，商场等）、有节能改造需求的用能单位，目前客户涉及包括五大电力在内的多个行业。

（2）价值主张。A 公司以"专注为国节能"为己任，研发制造节能耐用的热泵产品，并坚持"客户至上、精益求精"的理念，通过产业互联网平台以先进的技术为客户提供优质的服务。

（3）核心资源。A 公司拥有先进的生产加工设备和专业的研发团队，在吸收式热泵节能领域具有较强的竞争优势和实力。

（4）关键业务。A 公司主要生产以吸收式热泵为主的节能设备，作为节能服务公司，具备为客户提供整体解决方案的能力。

（5）重要合作。A 公司与多所著名高校、设计单位建立合作，并聘请国内热能领域的专家作为技术顾问。

（6）客户关系。A 公司产品可通过产业互联网平台与客户建立数据共享，并提供远程诊断等产品绩效服务，在合同能源管理模式下与客户共同分享利益。

（7）渠道通路。A 公司在国内主要城市建立 12 个办事处，配备经验丰富的销售团队负责市场推广营销，并注册各大招标平台以获取最新市场信息。

（8）成本结构。A 公司成本主要由设备采购、原材料、销售费用、人员工资等构成。

（9）收入来源。主要为产品销售利润和合同能源管理项目的节能效益分享。

7.3.2.4　热泵产品的合同能源管理实施需求分析

2016 年，A 公司利用自身商业模式特点及产品的优势，在工业余热回收领域采用了合同能源管理的模式，并取得了一定成效，同时积累了丰富的经验。截至 2021 年底，A 公司已经实施多个合同能源管理项目，广泛应用在民用建筑及工业工艺流程等节能方面，代表案例有抚矿中机热电厂项目、天津 C 供热中心、锦州市热电联产余热供暖、华润集团沧州热电厂、华电集团银川市智能化集中供暖等项目。

实施合同能源管理的模式，既是 A 公司自身拓展业务模式、进行战略调整的需要，也是适应市场发展的必然选择，主要因素有以下几个方面。

（1）政治因素方面。为推行节能减排、保护环境，我国从财政、税收和资金扶持等方面对合同能源管理给予了大力支持，各地也相继出台了地方政策，以提高行业渗透率，从而带动了合同能源管理的发展。

（2）经济因素方面。"十三五"规划以来，由于经济的增长，人民生活水平不断提高，节能减排的意识逐渐增强，合同能源管理行业的需求持续增加，节能服务产业规模也稳步增长。

（3）市场因素方面。社会节能环保的意识增强，企业对于节能改造的意愿也随之增强，合同能源管理已成为实施节能改造的重要方式之一，特别是解决了部分企业有节能改造的意愿，但因技术不成熟、资金不足等原因不能实施节能改造的难题。

（4）技术因素方面。科技的进步、网络信息技术的发展，节能服务公司的不断壮大，都为实施合同能源管理提供了必要的支持。通过 OA、ERP 等信息系统的实施，优化了合同能源管理行业的管理水平，提高了行业效率，同时 A 公司具备实施合同能源管理的产品和技术条件。

7.3.3　A 公司热泵产品合同能源管理可行性分析

7.3.3.1　热泵产品项目概况与建设意义

项目概况如下。

（1）项目名称。C 供热中心烟气余热回收系统项目。

（2）项目实施时间。2017 年 8 月 15 日至 2017 年 10 月 30 日。

（3）实施背景。天津市 C 供热中心坐落于天津市南开区简阳路，承担着周边 5 万多户居民的供热任务，规划建设容量 14 台 29 兆瓦燃气热水锅炉，节能改造实施前已安装 10 台，供热范围 400 万平方米，未来供热范围将达到 700 万平方米。锅炉排烟温度 80℃ ~ 95℃。该供热中心能源消耗的主要种类为天然气、电力和水，消耗情况如表 7 - 1 所示。

表 7 - 1　　　　　　　　　　C 供热中心主要能源消耗

年份	天然气（立方米）	电（万度）	水（万吨）	热量（万吉焦）
2015 ~ 2016	3 764	274	2.5	123.4
2016 ~ 2017	3 853	286	2.9	128.0

资料来源：在 A 公司调研的基础上经过脱敏处理所得。

因为锅炉运行中产生大量水蒸气，排放到空中遇冷形成了烟状白雾。锅炉房周边社区距离最近的不足百米，在风力影响下，白雾会飘向高层住宅，严重影响了居民的健康生活，同时随着烟气的排放，大量的余热资源也被浪费。

（4）方案分析。为解决上述问题，C 供热中心多次邀请社会各界能源及环保企业进行技术交流和方案讨论，其间提出了以直燃型热泵技术、热水型热泵技术、湿空气燃烧技术为核心的方案。但均存在不同的问题，如采用直燃型热泵设备，热泵置于二层会占据预留的锅炉机位，影响锅炉房最终设计负荷的实现；若热泵置于锅炉房一层，则一层空间将变为一级防火建筑，不符合安监、消防、环保等诸多强制标准，同时也为项目施工、运行带来诸多隐患。经多次技术论证和专家评审，最终确定了采用热水型热泵进行烟气余热回收的方案。

项目实施后，能够提高原锅炉的热效率达到10%以上，烟气温度降至30℃以下，同时可以消除白烟现象，有害气体的排放降低10%～15%；每年可以回收余热120万吉焦，相当于节省360多万立方米天然气，在不增加供热范围的情况下提高锅炉的运行效率，降低燃气费用；同等燃气费用下，供热面积可增加36万平方米，在解决"白烟"现象的同时实现节能减排的目标。

7.3.3.2 技术原理及优势

吸收式热泵是以少量高温热源为驱动，利用溴化锂溶液的强吸水性和水在低温低压下蒸发的原理，从低温余热源中提取热量供用户使用。

本章案例中热水型烟气吸收式热泵主要应用在工业余热回收、集中或分散供热锅炉、热力公司供热站等。在热电、石油石化、冶炼、纺织、建材等行业应用广泛，利用吸收式热泵在工业上进行余热回收，节能效果明显。何勇和张伟程（2022）通过利用热泵进行烟气余热回收技术的研究，得出该技术在降低锅炉能耗、提高锅炉效率和消白方面效果显著，可带来良好的经济效益和环境效益。

项目的主要工艺为，换热器把烟气中的余热转移至循环水，热泵在高温热水的驱动下，将循环水中的余热转移至热网回水中。具体流程是：一部分锅炉高温出水进入热泵，驱动热泵运行后温度降低，再进入热网供水；另一部分热网回水进入热泵，吸收热量后再返回热网回水；循环水与烟气通过接触式换热器换热，余热在热泵中被吸收后再进入换热器继续吸热，如此反复循环。

为使余热被充分吸收，本项目热泵设计 COP 值达 1.808，余热回收量8.94 兆瓦，本方案设计工况下，额定余热吸收量为 17.9 兆瓦，按一台锅炉余热量 2.875 兆瓦计算，可回收余热的锅炉台数为 6.2 台，若按 6 台锅炉运行计算，排烟温度可降低至 28.5℃。

本方案以热水型热泵为核心，以接触式换热器为辅助，吸收烟气余热的同时消除了白烟现象。该项目是国内首个采用该技术的热泵烟气余热回收系统，与其他同类系统相比，主要有以下优势。

第一，技术成熟。热泵余热回收项目，是利用低品位工业余热通过热源驱动提取其中的热能，再通过二次管网进行供热，从而达到节能的效果。热泵技术成熟，应用广泛；接触式换热器换热效率高，冷凝时酸性溶解物可得到及时处理，稳定高效。

第二，效果显著。与传统锅炉相比，热泵的热效率可达 170% ~ 180%，烟气换热器采用接触换热器，烟水换热端温差小，可切实将烟气温度降低至 30℃以下，水蒸气冷凝约 80%，消除白雾造成的影响，并回收约 90% 的烟气余热，使燃气热效率提高 10% 以上，同时可生产 80℃ ~ 90℃具有直接利用价值的热水，广泛适用于各类供热采暖系统，真正实现了余热供暖。

第三，稳定安全。可完全切换到原锅炉供热系统，不影响原锅炉的运行。酸性冷凝水实时处理，换热器寿命更长。

第四，运行可靠。在不改变锅炉运行条件的情况下，使锅炉运行在最佳状态，提高热效率。与纯热泵供热模式相比，热泵余热回收为一套独立系统，由三个分系统组成，分别为热网水系统、烟水系统、水处理系统，且不影响原锅炉系统的正常运行。

第五，实施便利。以高温热水作为驱动的热泵系统，与燃气划清了界限，由此省去了燃气改造、热泵烟气余热回收、热泵排烟、消防验收等一系列附属工程，无安全隐患，为项目的实施提供了便利。

7.3.3.3　节能效益测算

该项目的节能效益主要来自回收烟气的热量价值，首先通过计算得出系统年回收余热量，再减去运营费用及耗电成本，得出最终节能效益。

（1）节能量测算。

本项目计量符合《供热计量技术规程》等相关国家规范，主要计量项目为热计量、电计量和水计量。

节能量的计算依据为 2016 ~ 2017 年历史运行数据、历史气温数据。节能量的计算方式为：根据 2016 ~ 2017 年供热总量和天然气消耗总量，计算得出 C 供热中心的热耗指标（30.3 立方米/吉焦），再根据 2016 ~ 2017 年的历史运行数据，模拟热泵系统每天的运行工况，计算得出热泵系统每天回收的余热量，从而得出一个供暖季内热泵系统的累计回收的余热量。

经计算，该系统平均负荷率为 69.1%；年余热回收量 118 057 吉焦；年节气量 3 287 174 立方米；年耗电量 708 048 千瓦小时；改造后热耗指标 27.5 立方米/吉焦。按《综合能耗计算通则》中规定的气田天然气转换标煤系数 1.214 千克标准煤/立方米计算，本项目年节省标煤量约 3 990 吨。在常规气候条件和正常供暖时长的前提下，该系统年回收余热量折算为燃气量预计约 328 万立方米。

（2）系统运行成本的核算。

本项目基本能源单价按表 7-2 计算。

表 7-2　　　　　　　　　　　　　能源价格

能源	单价	备注
燃气	2.37 元/立方米	101 千帕，20℃
电力	0.85 元/千瓦时	
水	8.14 元/吨	

其中天然气热 8 300 千卡/立方米，锅炉计算热效率 93%，燃气折算系数 30.94 立方米/吉焦。

合同中规定，此价格为固定价格，不受能源价格调整的影响，目的是保证前期相关计算的确定性，以及避免在利益分配过程中引起争议。

（3）运维费用。

该系统日常运行成本不考虑财务费用，包括固定成本、半固定成本和变动成本。变动成本主要为电费，固定成本主要是人员费和校验费，半固定成本主要是维护保养、日常消耗和管理费用。经过计算，该项目运行费用为 60 万元/年，具体成本如表 7-3 所示。

表 7-3　　　　　　　　　　　　固定成本、半固定成本

类型	名称	内容	计划费用（万元/年）
固定成本	工资和福利	运行人员 8 名（年工作时间 121 天）	22
	仪表校验	计量仪表年检费用	4
半固定成本	保养、维修费	检测、清洗、维修等	25
	消耗品、易损件	真空泵油、电子器件等	2
	运行费用	系统电费	2
	管理费用	加班费及日常费用	5

资料来源：在 A 公司调研的基础上经过脱敏处理所得。

（4）耗电成本。

变动成本主要为设备耗电，主要设备及参数如表 7 - 4 所示。

表 7 - 4 主要耗电设备参数

序号	名称	电功率（千瓦）	运行台数（台）	备注
1	热泵	30	2	
2	驱动热水增压泵	75	2	变频
3	输出热水增压泵	75	2	变频
4	余热水循环泵	45	2	变频
5	凝水泵	2.2	1	工频
6	加药装置	1.1	1	工频

资料来源：在 A 公司调研的基础上经过脱敏处理所得。

其中，凝水泵和加药装置耗电量较少，已包含在年不确定成本中。热泵系统达额定负荷时，每小时电力消耗为前四项之和，共计 450 千瓦时，按电力 0.8 元/千瓦时计算得出运行成本为 360 元/时。

（5）财务测算。

根据以上计算得出，该项目收益预计为 659 万元，合同期内的节能总收益可达 4745 万元，如表 7 - 5 所示。

表 7 - 5 年收益预测

序号	类型	数值（万元）
1	节气效益	779
2	系统耗电费用	60
3	系统运维费用	60
4	项目收益	659

资料来源：在 A 公司调研的基础上经过脱敏处理所得。

7.3.3.4 节能效益分享方式

节能效益分享基于该项目采用节能效益分享型合同能源管理模式的基础上，然后根据 A 公司与用能单位合同中约定的分享比例进行效益分享。

（1）运行模式确定。

通过对现有合同能源管理模式的对比，结合该项目的特征，A 公司认为节能效益分享型的模式最适合本项目，原因如下：

首先，政策方面，该模式是我国合同能源管理项目所普遍采用的，也是国财政唯一支持的模式，在政策支持和宣传推广上更具优势。

其次，就 A 公司来说，经过对节能量的测算，确定该项目本身节能潜力巨大，未来的节能效益可观，投资回报方面有较大优势，符合 A 公司的实际情况并可充分发挥其长处。

最后，从用能单位角度，该项目利用热泵进行余热回收的技术尚未成熟，存在一定的实施风险，且对实施效果信心不足，采用节能效益分享的模式既可降低自身风险，又可获得经济效益和环境效益，其项目改造和配合管理的积极性要高，更容易建立合作基础。

（2）节能效益分享方式。

基于节能效益分享的合同能源管理模式，该项目初始投资 1 670 万元，并确定合同期限为自合同生效之日起 8 年，节能效益分享期 32 个月。效益分享期内，A 公司总计分享 90% 的利润，业主总计分享 10% 的利润。合同期内，双方根据余热水热量计读数作为计量依据，并每日、每周、每月确认节能量，作为结算依据。每个供暖季开始之前，由双方委托具备资质的第三方检验机构校检该热计量。在节能量确认后，A 公司向用能单位提出付款请求。在此期间，双方约定的效益分享方式，如表 7-6 所示。

表 7-6　　　　　　　　　节能效益分享方式

年限（年）	预计分享金额（万元）	甲方分享比例（%）	乙方分享比例（%）
1	659	5	95
2	659	5	95
3	659	5	95
4	659	5	95
5	659	15	85
6	659	15	85
7	659	15	85
8	659	15	85

该节能系统在合作期内的所有权归 A 公司所有，并提供免费产品绩效服务。合作期满后，该节能系统无偿转让给用户，包括继续运行所必需的资料，并享有此后的全部节能效益。

7.3.4　项目融资、建设及验收

7.3.4.1　项目融资

该项目前期 A 公司的投入大、风险高，且投资回报周期较长，并且随着项目的不断增加，如果全部使用自筹资金，将占用大量流动资金，对其他项目的开展也会带来不利影响，只依靠自身的资金力量很难发展。因此，利用产业互联网平台，合同能源管理项目中合理的融资模式已成为此类项目能否成功实施的关键因素。

考虑融资成本和项目的预期收益，最终 A 公司决定采用自筹资金加银行贷款的模式，与兴业银行合作并取得了投资额 70% 的银行贷款，初始投资 1 670 万元，另外根据当地关于合同能源管理项目的政策法规及补贴办法申请获得 200 万元的节能补贴。经计算，自有资金投资回收期 3.56 年。A 公司在融资过程中的主要经验如下。

（1）通过与多家银行进行沟通，充分了解其政策、条件、融资成本等，通过对比选择合适的银行进行合作，尤其是有合同能源管理贷款经验的。

（2）A 公司由于具备生产条件，规模较大且自身拥有土地使用权、厂房、设备等固定资产，可以利用资产抵押的方式进行融资，相比小规模节能服务公司有一定的优势。另外，A 公司质押已实施合同能源管理项目的未来收益，作为增信措施。

（3）针对我国目前信用评价体系不健全的问题，A 公司积极向金融提供有关自身资产价值的证明，并通过股东公司担保等方式提高银行授信额度，对成功融资起到了有效作用。

（4）由于信息不对称，金融机构对合同能源管理项目了解不多，对项目风险的评估经验不足，导致对该类型的交易缺乏信心。对此，A 公司不断向合作银行提供此类项目的信息，并通过自身已经成功实施的项目证明其可行性及投资回报率，以此促使交易的成功。

7.3.4.2　项目建设

该项目于 2017 年 9 月开始施工，同年 10 月 25 日，在 A 公司、施工单位和用户的配合下，于 2017 年供暖季之前完成。其中吸收式热泵由 A 公司设计生产，并委托苏华建设集团有限公司按设计方案要求进行安装及其他配套设

施的建设。C 供热中心锅炉房燃气改造工程已于 2014~2015 年完成，现场建筑及道路绿化完毕，本次施工内容主要包括锅炉房彩钢顶拆除、热泵机组吊装、换热器吊装、循环泵安装、余热水收集箱安装、工艺管道安装等，具体施工流程如图 7-3 所示。

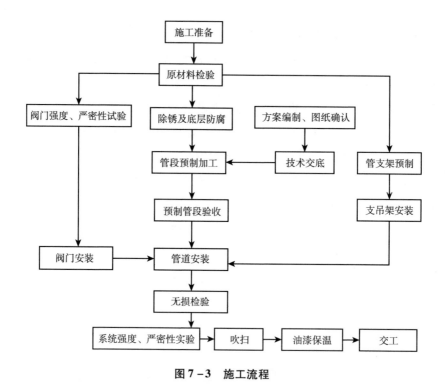

图 7-3 施工流程

设备安装完毕后，A 公司负责整体调试，为检验项目是否符合技术规范，能否达到用能单位的"消白"要求，并达到预期的节能效益。由 A 公司与客户共同选定具有合格资质的第三方检测机构，根据项目合同中的约定内容进行逐项检查，主要包括设备验收、计量验收、性能验收、工程验收。

7.3.4.3 项目验收

项目验收主要包括设备验收和计量验收。

（1）设备验收。

按照技术规范中的设备清单，核对烟气余热吸收式热泵系统中已安装设备的名称、规格、数量、技术参数等，检查设备供货是否已齐全，主要设备清单如表 7 - 7 所示。

表 7 - 7　　　　　　　　　　　　主要设备清单

序号	名称	主要规格	数量（台）	备注
1	热水型吸收式热泵	20 兆瓦，COP 值 1.808	2	
2	接触式烟水换热器	3 兆瓦	10	
3	锅炉给水泵	45 千瓦 1.6 兆帕	5	立式
4	热网水循环泵	90 千瓦 1.6 兆帕	3	立式
5	余热水循环泵	55 千瓦 1.0 兆帕	3	立式
6	凝水泵	1.5 千瓦 1.0 兆帕	2	立式
7	加药装置	含 2 块 PH 值计	1	
8	水箱	7 000 毫米 × 2 500 毫米 × 2 500 毫米	1	304
9	PLC 柜		1	
10	操作员	台式机	2	
11	开关柜	500 千瓦	2	
12	水泵变频柜		6	

经检验，该系统所用设备全部符合技术要求，资料齐全，验收合格。

（2）计量验收。

启动余热计量前，需使用经过检定的仪表校核烟气余热吸收式热泵系统中已安装的热网水热量计、余热水热量计、驱动热水热量计，校核其流量、温度仪表是否准确，校核热网水热量、余热水热量、驱动热水热量之间的热平衡。为保证对双方的公平，采用双方认可的"贸易计量型热表"，由第三方认证（具有计量资质的单位，通常为当地技术监督局，费用由 A 公司支付）。再按照"双方共同管理，单方认为有问题的，由提出方找权威部门检定，实属存在问题由对方付检定费，否则检定费自付"。

项目具体的检验内容如下。

仪表校验。2017 年 11 月 21 日至 22 日，双方使用便携式超声波流量计和玻璃管温度计对本项目流量计、热电阻进行了校核，以实际读数为计算依据，校核仪表测量值和被校核仪表测量值的偏差率如表 7 - 8 所示。

表 7 - 8　　　　　　　　　　　　仪表校验偏差计算

测量名称	校核仪表测量值	被校核仪表测量值	偏差率（％）
热网水流量	2 209.9 立方米/时	2 198.5 立方米/时	0.52
驱动热水流量	1 291.8 立方米/时	1 341.6 立方米/时	− 3.7
余热水流量	922.6 立方米/时	966.8 立方米/时	− 4.5
余热水进水管温度	42.5℃	42.7℃	− 0.47
余热水出水管温度	26.5℃	26.2℃	1.1

资料来源：在 A 公司调研的基础上经过脱敏处理所得。

根据以上数据，校核仪表测量值和被校核仪表测量值偏差的绝对值＜5％，A 公司安装的仪表精度满足使用要求。

（3）热量计量检验。

上位机中读取热泵系统各循环回路的流量和温度，并以此计算了热网水热量、驱动热水热量、余热水热量之间的热平衡，根据实际测量系统回路流量及温度数值读取的数值，计算各循环回路水质量流量如表 7 - 9 所示。

表 7 - 9　　　　　　　　　　　系统回路水质量流量

时间	余热水			热网水			驱动水		
	计算温度（℃）	水密度（kg/m³）	质量流量（t/h）	计算温度（℃）	水密度（kg/m³）	质量流量（t/h）	计算温度（℃）	水密度（kg/m³）	质量流量（t/h）
11：08	22.7	997.58	973.6	42.2	991.38	2 121.56	89.7	991.38	1 385.95
11：18	22.6	997.60	971.7	42.2	991.38	2 139.40	89.4	991.38	1 388.93
11：28	22.4	997.65	965.7	41.9	991.50	2 131.73	89.4	991.50	1 376.21
11：38	22.2	997.70	966.8	42.1	991.42	2 117.68	89.3	991.42	1 371.14
11：58	21.8	997.79	973.8	42	991.46	2 092.98	89.5	991.46	1 380.12

各回路热量计算结果如表 7 - 10 所示。

表 7 - 10　　　　　　　　　　　系统回路热量计算值

时间	余热水负荷（兆瓦）	热网水负荷（兆瓦）	驱动热水负荷（兆瓦）	计算热网水负荷（兆瓦）	偏差率（％）
11：08	11.21	40.22	27.40	38.61	− 3.99
11：18	11.19	40.31	27.78	38.97	− 3.32
11：28	11.23	40.16	27.53	38.76	− 3.49

续表

时间	余热水负荷 （兆瓦）	热网水负荷 （兆瓦）	驱动热水负荷 （兆瓦）	计算热网水负荷 （兆瓦）	偏差率（%）
11：38	11.36	39.90	27.59	38.94	−2.39
11：58	10.53	39.68	27.77	38.30	−3.47

其中，计算热网水负荷 = 余热水负荷 + 热网水负荷；偏差率 = （计算热网水负荷 − 热网水负荷）/热网水负荷。根据以上计算，本项目的热平衡偏差率 <5%，满足国标 GB/T 18431 − 2014 中关于热平衡的要求。

（4）工程验收检验。

吸收式热泵烟气余热回收系统性能验收主要包括三项指标：表观上达到"消白"效果，排烟温度 ≤30℃；系统节能量达到 10%；回收的冷凝水 PH 值 ≥7.5；氮氧化物的减排效果达到 10% ~ 15%；系统能够平稳运行；设计工况下，单台热泵余热回收量达到 8.9 兆瓦。

设备验收、计量验收、性能验收完毕后，由建设方完成剩余扫尾工作，并提交工程竣工验收报告，包括：安装工程竣工验收报告、出版的施工图、工程监理资料、质量保修书；全部设备、阀门、电缆、仪表等合格证、说明书、检验报告等随机资料。

2017 年 12 月 28 日，A 公司组织设计单位、监理单位、施工单位进行验收，经验证，该项目施工内容符合建设单位要求，工程质量达到设计图纸和施工规范的标准，工程过程资料完整，计量仪表资料完整，精度达标，关键仪表具有第三方鉴定报告，计量系统的整体热平衡通过了建设单位校核，达到验收标准；主要设备供货及时，调试顺利，质量可靠，运行平稳，运行参数达到设计指标，经与历史统计数据的对比分析，系统节能率达到 10%，节能效果满足合同要求；排烟温度可降低至 30℃，白烟现象显著降低，实现了节能和环保的双赢目标，符合验收条件，验收结论为合格。至此，烟气余热吸收式热泵系统正式投运，并启动余热计量工作。

7.3.5　实施效果

7.3.5.1　经济效益

项目自 2017 年 10 月验收完毕并投入使用后，经过 4 个采暖季的稳定运行，性能达标，节能效益超出预期。以 2020～2021 年为例，总计节能 129 374 吉焦，折合天然气 4 002 832 立方米；节水 3.6 万吨，用户收益 121.6 万元，A 公司收益 717.1 万元，如表 7－11 所示。

表 7－11 　　　　　　　　　　　 2020～2021 年结算收益

分项	代号	名称	单位	总计	公式
总节能效益	A	节能量	吉焦	129 374	计量值
	B	系数	立方米/吉焦	30.94	已知值
	C	单价	元/立方米	2.37	已知值
	D	气量	立方米	4 002 832	$D = A \times B$
	E	总节能效益	元	9 486 711	$E = D \times C$
耗电费	F	电量	千瓦时	623 058	计量值
	G	单价	元/千瓦时	0.8	已知值
	H	热泵系统耗电费	元	529 599	$H = F \times G$
运维费	I	运行时间	天	114	计量值
	J	日运行费	元	5 000	已知值
	K	系统运维费	元	570 000	$K = I \times J$
总分享额	L	净节能效益	元	8 387 112	$L = E - H - K$
甲方分享额	O	甲方总收益	元	1 216 131	$O = N \times M + L \times 10\%$
A 公司 分享额	R	A 公司收益	元	7 170 981	$R = M \times (1 - N) + K$
	S	其中运维费	元	570 000	$S = K$

2017～2021 年收益汇总数据如表 7－12 所示。

表 7－12 　　　　　　　　　　　 2017～2021 年收益汇总

年份	节气（万立方米）	节水（万吨）	甲方收益（万元）	A 公司收益（万元）
2017～2018	406.04	3.5	146.3	700.3
2018～2019	403.48	3.7	141.9	685.6
2019～2020	416.95	3.8	136.1	725.0
2020～2021	400.28	3.6	121.6	717.1

根据实际收益计算 4 年内的利润如表 7－13 所示。

表 7 – 13 　　　　　　　　　 **2018～2021 年利润** 　　　　　　　　 单位：万元

期间	建设期	第 1 年	第 2 年	第 3 年	第 4 年	合计
收入	—	700	886	725	717	3 028
投资成本摊销	—	230	230	230	230	920
税金及附加	—	39	50	41	40	170
借款利息	39	77	48	19	—	183
利润总额	—	354	559	436	447	1 796
所得税	—	89	140	109	112	450
净利润	—	265	419	327	335	1 346

注：第 2 年的现金流入包含了节能补贴 200 万元。

7.3.5.2　环境与社会效益

项目正式运行后，A 公司委托某大学，并结合一台锅炉和热泵，对安装接触式余热回收装置和吸收式热泵的燃气锅炉节能减排性能进行检测，包括锅炉正、反平衡热效率、接触式热回收换热器回收热量、带吸收式热泵供热热源系统综合热效率、带余热回收装置时，锅炉排烟中的各污染物浓度，主要结果如表 7 – 14 所示。

表 7 – 14 　　　　　　　 **烟水换热器出口污染物去除率**

组分	去除率（%）
CO	32.3
NO	3.2
NO_2	36.8
NO_x	5
SO_2	100

经分析计算，该项目的综合热效率为 99.8%，效率提升率 9.1%。系统运行的 4 个采暖期内，累计回收余热 535 750 吉焦，折合天然气 1 713.6 万立方米，通常情况下 1 立方米天然气燃烧可释放二氧化碳 2 千克，因此该系统相当于少排放 3.42×10^7 千克二氧化碳，常温下其体积可达 172 万立方米。烟气中其他有害气体的排放量也大幅度降低，减少了对环境的污染，空气质量得到改善，环境效益显著。

C 供热中心已于 2015 年进行了"煤改燃"的改造工程，虽然各项排放指标均达标，但改造后"白烟"问题却始终无法解决，周围居民也对此不满。为此，当地政府和 C 供热中心的领导对该问题十分重视，并专门成立工作组，研究处理"消白"问题，随着该烟气余热回收系统的投入使用，"白烟"问题得到了完美解决，空气质量大幅改善，社区居民满意度得到提升，同时A 公司的烟气余热回收系统也得到了各界认可，双方都获得了良好的社会效益。

我国能源利用率较发达国家低 10% 左右，丰富的工业余热资源没有被充分利用是导致能耗高的主要原因，锅炉的能源利用率还有很大的发掘潜力。目前，吸收式热泵技术在应用实践过程中因技术成熟、节能减排效果显著，得到了国家政策的大力支持，利用吸收式热泵技术回收烟气余热，不仅能够缓解能源紧张和环境污染的局面，也有助于推进我国节能服务事业的发展，值得在全国大力推广。

7.4 A 公司热泵产品合同能源管理案例分析

合同能源管理模式的本质是通过共享节能收益来回报用户和节能服务公司，如果实际节能效益达不到预期，将严重影响节能服务公司资金回收，甚至出现亏损，存在很大的风险。从节能服务提供方角度，导致这种情况的原因主要有以下三方面：一是节能量预测不准确；二是在节能效益分配方案上，未实现自身利益最大化；三是在项目运营模式方面经验不足导致项目失败，或产品绩效服务能力不足导致节能系统不能发挥最高效率，节能效益降低。

通过 7.3 节的项目实施效果可以看出，节能改造后系统能耗大幅降低，"消白"效果明显，A 公司也取得了超出预期的收益，用能单位也获得了很好的环境效益和社会效益，实现了双方共赢。因此，本节重点针对上述三方面进行分析，总结其成功经验。

7.4.1 A 公司热泵产品合同能源管理项目节能量计算分析

7.4.1.1 节能量影响因素与一般计算方法

节能量指的是实施节能改造项目后系统能耗较改造前能耗的减少量。在合同能源管理项目中，节能效益是通过改造后的实际节能量转换为相应的能源价值计算得出的，因此计算和检验节能量非常关键。

（1）节能量影响因素。

合同能源管理项目的机制，决定了节能服务公司需要在项目实施前通过理论计算或模拟对节能量进行预测分析，这就必然导致其实际节能量与预测值出现偏差。因合同能源管理项目周期相对较长，随着时间的推移，基期的工况条件会因为温度、设备老化、人为原因等不确定因素的存在产生变化，从而对节能量造成影响（韦奉青，2017）。

本章案例中的能耗设备为工业锅炉，锅炉的运行效率会对节能量产生直接影响。工业锅炉系统能耗的影响因素较多，主要包括运行参数，如燃料、排烟温度、环境温度等；可维护因素，如烟道通风、漏风、风机叶片等；操作模式，如运行方式、工况条件等（周扶林，2018）。

（2）节能量计算的一般方法。

节能量一般通过节能改造前后能耗的对比得出，2019 年，国际标准化组织发布了《预测节能量通用计算方法》。国外合同能源管理中，节能量测量与检验主要参考《国际能效测量和验证规程》（international performance measurement and verification protocol，IPMVP），其中包含了合同能源管理项目中的四个节能量测量和验证方法，如表 7 – 15 所示。

表 7 – 15　　　　　　　　　　　　IPMPV 测量方案与原理

方案	原理
改造部分隔离，测量关键参数	对改造部分进行隔离，根据改造前后能耗的对比确定节能量。只测量对系统能耗影响较大或影响项目成败的关键参数，其他参数无须测量，误差不能是实际测量的错误
改造部分隔离，测量全部参数	将改造部分进行隔离，根据改造前后能耗的测量结果确定节能量。测量参数是影响系统能耗的全部参数
整体测量	将改造部分视为一个整体，根据整个系统报告期内连续测量结果确定节能量
校验模拟	通过计算机模拟确定节能量，由于模拟环境需要对多个参数进行修正，计算的准确性与操作人员的经验和技能有紧密联系

IPMVP 中定义的节能量计算公式为：

$$节能量 = 基期能耗 - 验证期能耗 + 调整值 \qquad (7.1)$$

其中，基期能耗为改造前系统在一定条件下的测量值，验证期能耗为改造后系统的实际能耗，由于众多不确定因素的影响，IPMVP 引入调整值对节能量进行调整，以确保节能量数值的客观性，该数值即可为正也可为负，不过如何确定调整值是计算中的难点，也是有待研究和解决的问题。

国内节能量测量验证规范主要有《节能量测量和验证技术通则》《公共建筑节能改造技术规范》等，测量方法有隔离测量和整体测量，但该通则只给出理论上的指导，未根据不同项目规定节能量的计算方法，可操作性不强。

在供暖项目节能量计量上，罗景辉等（2015）将热泵节能改造项目作为研究对象，通过确定项目边界、项目基期与统计期及基期与报告期的能耗建立数学模型，得出节能量确定的方法。刘泽宇（2015）通过对国内外节能量计算方法的比较，并结合供热系统的特点，提出适合供热系统节能量计算和不确定度分析的方法。韩永明（2020）据节能量审核工作的经验，针对不同项目案例，提出余热余能项目节能量计算的三种方法：

第一，针对余热发电项目，计算节能量公式如下：

$$\Delta E = k \times (Q_t - Q_s) - E_0 \tag{7.2}$$

其中，k 为电力折合标煤系数，Q_t 和 Q_s 分别为项目实施后年发电总量和自用电量，E_0 为折合标煤后的基准能耗。

第二，对于可以直接测量余热的项目，节能量计算公式为：

$$\Delta E = K_1 \times Q_y - E_0 \tag{7.3}$$

其中，K_1 余热折标系数，Q_y 为余热利用量，E_0 为折合标煤后的基准能耗。

第三，若余热利用后使总能耗降低，但设备能耗变化未知，则可根据改造前后能耗和产量的变化计算，方法为：

$$\Delta E = (E_0 - E_1) \times G_0 \tag{7.4}$$

其中，E_0 是未改造前单位产品能耗，E_1 是完成改造后单位产品的能耗，G_0 为改造前产品的产量。

第四，工业锅炉节能量计算方法。

关于锅炉系统的节能量计算目前没有统一的标准，周扶林（2018）在研究中总结了工业锅炉节能量计算的三种方法，分别为锅炉系统效率计算法、利用蒸汽单耗计算法和利用产品单耗计算法。热效率计算法需要对改造后的热效率进行检测，一般由专业机构出具检测报告；蒸汽单耗法需要计量改造前后的能耗和蒸汽产量；产品单耗法需计算改造前后能耗和产品产量。但由于影响因素的不确定性和测量误差，导致计算结果精度不高。

（3）节能量计算方式。

综上可见，节能量计算是在考虑影响计量的各种不确定因素的基础上，采用改造前系统能耗与改造后系统能耗的差值计算得出，即改造前后系统能耗变化值，通用计算方法为：

$$\Delta E = E_0 - E_N \tag{7.5}$$

其中，ΔE 为节能量，E_0 为改造前系统能耗，E_N 为改造后系统能耗。此方法的难点在于对系统改造前后能耗计算的准确性，在合同能源管理项目中，节能服务公司需要利用自身技术或依靠第三方专业机构进行测量，还要根据经验找到节能量影响因素，然后通过调整值来降低计算误差，使实际节能量更趋近于预期。

7.4.1.2　A 公司热泵产品节能量计算方法

通过以上节能量计算方法可知，直接测量锅炉系统的节能量会有一定的误差，由于该项目为烟气余热回收，不涉及产品生产过程，而回收的烟气热量可以相对准确的计量，并可以转换为标煤量计算其价值，根据这个特征，A 公司在该项目合同中约定以烟气余热回收价值作为节能效益分配的依据，再减去系统自身能耗费用和运维费用则可计算出实际收益，所以有：

$$
\begin{aligned}
项目收益 &= 收入 - 成本 = 余热水热量价值（即热量表计量值\\
&\quad \times 热耗指标 \times 燃气单价）+ 热泵系统供水价值\\
&\quad - 热泵系统电费 - 系统运维费用
\end{aligned} \tag{7.6}
$$

其中，余热回收量可以通过计量直接获取，供水价值较少可忽略，热泵系统的能耗主要为电能且能准确计量，运维费用主要为加药费用、人员运营费用和设备维护保养费，可在结算前统计，根据 IPMVP 中的节能量测量方法，该项目的节能量计算公式可表示为：

$$\Delta E = E_0 - E_1 \tag{7.7}$$

其中，ΔE 为节能量，E_0 为余热回收系统中余热回收量，E_1 为节能系统能耗量。该方法中调整值只在节能量测算过程中考虑，实际节能量较为准确，可以为节能效益的分配提供较为客观的依据，也可避免双方在节能效益分配过程中产生分歧。

7.4.1.3 A公司热泵产品节能量计算过程

以上为系统运行后节能效益的计算，为了测算系统的节能潜力及节能收益，项目实施前还要对节能量进行测算，其过程如下。

（1）项目节能量计算依据和基础数据，为2016～2017年供热中心的供热总量和天然气消耗总量。

（2）项目边界，能源的利用效率和节能量分析，都需要明确的研究范围，即系统边界。只有确定系统边界，才能计算出正确的节能量。根据实际情况确定该项目边界范围如下。

一是烟气系统自引出点开始至烟水换热器出口。

二是配电系统自π接箱开始至系统各用电设备。

三是热水系统自引出点开始至返回点。

四是现有建筑结构、设备基础的改造、拆除和恢复。

五是冷凝水处理系统，冷凝水利用系统。

六是自控系统及与供热中心自控系统的对接工作。

七是由此增加的各种管道、线路。

八是由此增加的安全、消防、监控设施。

九是热泵机组、新增热水管道的保温。

（3）节能量计算过程。

由于A公司的收益主要在于热泵烟气余热回收的烟气余热总量，而该值又取决于锅炉的运行负荷，所以要准确测量项目收益，就要以锅炉的历史运行数据为基础进行分析计算。根据2016～2017年的运行数据（天然气日耗量、锅炉开启台数等，具体数据略），可预测相似气候条件时该系统的余热回收量。由于次年度的供热时长受政策影响延长至149天，不具代表性，故仍按常规121天供暖时间进行分析计算，根据调研数据，2016～2017年总燃气消耗量3 853万牛立方米，总供热时间148天，平均小时耗气量为10 846牛立方米/时。其中1月20日用气量最高，达40.6万牛立方米，因此该耗气量可代表上一年度的最大负荷，据此计算该日平均每小时耗气量16 931牛立方米/时。由此分析，最大供热负荷为 175 兆瓦（燃气热值 34.5 兆焦耳/立方米，20℃），相当于满负荷开启 6 台锅炉；平均热负荷为 110 兆瓦时，相当于满负荷开启 3.8 台。

经调研，2015～2016 年出现了极端天气，2016～2017 年气温持续偏高，均不能完全代表典型气温状况。故取二者平均值作为目前锅炉房负荷分析的结果，得出最大供热负荷为 202 兆瓦，相当于满负荷开启 7 台锅炉；平均热负荷为 121 兆瓦，相当于满负荷开启 4.2 台。2016～2017 年最高供水温度为 76℃，对应回水温度为 48.4℃，热网水总流量约 3 000 立方米/时。其中供热回水温度超过 48℃的仅 3 天，根据国家供热规范，历年不保证天数为 5 天，该项目以 48℃为设计条件为目标性和经济性最佳值。若低于该参数作为设计条件，多数情况下不能满足"消白"的目标，计算数据如表 7 - 16 所示。

表 7 - 16　　　　　　　　　耗电量、节能量计算

序号	名称	单位	数值
1	耗电总量	千瓦时	643 680
2	修正系数		1.1
3	耗电总量修正	千瓦时	708 048
4	计算余热回收量	吉焦	118 057
5	折算节省燃气量	立方米	3 652 416
6	折扣系数		0.90
7	节气总量修正	立方米	3 287 174

7.4.1.4　A 公司热泵产品节能量验证

经过 2018～2021 年 4 个供暖周期的运行，实际收益与运营成本与前期预测对比，如表 7 - 17 所示。

表 7 - 17　　　　　　　　　收益、支出对比

年份	预计收益（万元）	实际收益（万元）	预计支出（万元）	实际支出（万元）
2017～2018	659	700.3	120	126
2018～2019	659	685.6	120	115
2019～2020	659	725.0	120	123
2020～2021	659	717.1	120	118

通过以上数据可以看出，该项目实际节能量与预测值接近，达到了预期效果，实施后第四年 A 公司已经收回投资成本，预计在剩余 4 年的合同期内，可继续盈利约 2 800 万元，实际收益比预期提高 6.8%，并且高于 A 公司非合同能源管理项目的平均利润。由此可见，该项目节能效果显著，是合同能源管理模式下烟气余热回收系统项目的典型成功案例。

7.4.1.5 A 公司合同能源管理项目节能量计算经验

虽然项目实施后节能量可以通过计算获得，但这不意味着节能服务公司可以在合同期内获取理想的收益，其原因主要是节能服务公司的预期收益是根据预测的节能量进行计算，如果系统的实际回收热量不能达到预期，势必影响实际收益，这就要求项目实施前对节能量有相对准确地计算。A 公司在节能量计算计量过程中主要有以下三方面的经验。

（1）确保节能量计算的合理性。针对不同类型的项目采用科学合理的节能量计算方法，并根据运行数据进行对比分析，不断总结经验，以降低节能量预测与实际的误差，保证技术方案的可靠性。

（2）考虑影响因素的完整性。首先确定能耗边界，对系统运行的实际数据等详细资料进行收集并统计，通过对比分析排除异常数据，然后针对影响系统效率的关键因素，包括天气、环境、锅炉的燃料、排烟温度、烟气成分等进行准确的测量，再根据修正值进行修正。如果确定的边界范围过大，导致成本增加且会产生较大误差，边界过小则会造成分析不全面，节能量计算不准确。

（3）计算和测量过程保证精确性。对热泵的参数进行准确的测量，并根据收集的实际运行数据判断其真实运行效率，再通过工艺的改进、生产过程中质量的把控及高质量产品绩效服务的提供，保证产品的可靠性，基于稳定的参数可以对节能效果进行准确的预测。在系统能耗测量中，在误差允许的范围内选择仪表，并经过严格校验，必要时可采用多仪表对比的方式。计量是确定合同能源管理收益的主要依据，计量装置安装位置应位于独立的空间且便于维护标校，并由双方共同管理，当计量出现异议时，为避免争议，A 公司将负责聘请专业第三方机构对仪表进行标校，经用能单位确认后继续投入使用。

另外，成本测算中耗电修正系数是考虑水泵变频运行时效率发生变化带来的影响，系数大小应根据设备运行环境、状态等确定。收入预测中的折扣系数是避免由于管理水平、设备故障、气候异常及产品绩效服务等因素使实际收益偏低带来的影响。与传统供热项目不同的是，合同能源管理项目在热泵选型时一般参考历史供暖周期中能耗最低值或平均值进行计算，以保证热泵机组能够满负荷运行，使节能效益最大化，否则可能造成设备闲置的现象。而非合同能源管理项目中要按最高值计算，或未来供热面积的最大能耗量设计，以确保热泵机组能够满足预期的供热需求。

7.4.2 A 公司热泵产品合同能源管理节能效益分享方式分析

7.4.2.1 节能效益分配的一般方法

合同能源管理模式通过契约的形式实现节能效益的分配，在节能减排的同时使合作双方获得额外的利润，实践中具有可操作性。合同能源管理需要用能单位与节能服务公司的共同配合和努力，来实现节能效益的最大化，效益的合理分配是关系到双方能否顺利签订合同，对项目实施起着重要作用，同时也是保证合同能源管理项目顺利开展的基础。该模式合同期限一般为 4～8 年，甚至更长，如果利润分配不能公平合理，很难维持项目的稳定长久发展，最终导致失败，甚至影响整个合同能源管理产业的健康发展，因此节能效益分配问题是合同能源管理的核心问题之一。近些年，国内文献开始对节能效益的分配问题进行研究，主要分为基于风险系数的分配方法和基于博弈论的收益分配方法。

（1）基于风险系数的分配方法分析。

早期的分析方法主要以双方的供求均衡为核心，将不同个体作为统一的整体，这种方法忽略了个体之间的相互影响。王敬敏和王李平（2007）通过研究，提出借助专家打分的途径来确定二者风险系数，随后依据风险和收益确定分享比例和合同期限的方法。刘亚臣等（2013）基于双方对项目的贡献值和投入资源的多少，通过建立公平熵的方法确定分享比例。喻蕾（2013）建立了灰色多层次评价模型，根据合同能源管理项目风险系数创建节能效益分配模型。

上述研究将合同能源管理项目中风险因素作为节能效益分配的主要依据，并通过模型计算合理的收益比例并确定分配方案。但合同能源管理中，作为理性投资人的双方，用能单位与节能服务公司之间都以自身利益最大化为目标，很难仅通过风险的大小达成一个公平合理的分配方案，双方从合作谈判到节能效益分配的确定，实际上是一个博弈的过程。

（2）基于博弈论的分配方法分析。

博弈论，又称对策论，合作博弈主要研究的是双方达成合作时如何进行利益分配的问题。基于博弈论的收益分配方法主要有核心法、纳什谈判模型、讨价还价理论、Shapley 值法和 Stackelberg 模型等。

纳什在 20 世纪 50 年代发展了合作博弈理论，建立了讨价还价模型，还通过纳什谈判公理，推导出纳什谈判解。王丹等（2013）建立了用能单位与节能服务公司合作博弈模型，并应用纳什谈判公理解决节能效益分配的问题。该方法以双方合作为前提，且合作收益不低于非合作收益，但未考虑诚信因素的影响，若其中一方或双方为追求利益最大化，隐瞒自身的真实情况，则很难达成公平的分配方案，因此还需要依靠市场因素或相关规范的制约。

在合同能源管理博弈决策研究方面，黄智星（2016）基于价值链、实物期权、非合作博弈对合同能源管理的投资决策进行研究，并对主要利益相关方之间的博弈行为进行详细分析，为节能效益分享型的合同能源管理项目在谈判过程中的博弈决策提供了指导。卢志坚和孙元欣（2015）通过序贯博弈理论，建立完全信息下节能效益分享型的合同能源管理合作博弈模型，并分析用能单位与节能服务公司的最佳决策。但在研究过程中假设博弈双方是具备完全信息的，而现实情况下这种假设很难达成。

（3）一般分配方法——合作博弈。

综上所述，目前关于节能效益分配的研究主要分为基于各种模型的计算和基于博弈论的方法，在基于模型的计算中，由于假设或约束条件过于理想，未考虑实际操作过程中的影响因素，应用不同的模型计算结果也有所差异，所以实际指导意义不强，具有一定的局限性，而且相对复杂的计算在现实项目中很少被应用。

合同能源管理的本质是在节能减排的同时达到共赢或多赢的目的，而前提是能够达成合作。现实中的博弈行为是多样且复杂的，涉及多个利益相关者，包括用能单位、节能服务公司、施工部门、金融机构等，这些利益主体之间也存在博弈的关系，比如用能单位与节能服务公司之间的博弈，节能服务公司之间的博弈、节能服务公司与建设单位的博弈等。但作为直接利益相关者和参与方，也是收益分配的两大主体，用能单位与节能服务之间的博弈，对合同能源管理项目的健康发展起着关键性作用，又由于在合同期间内，节能服务公司所承担的风险和投资要远大于用能单位，保证节能服务公司的利益分配也是合同能源管理健康发展的重要因素。因此本项目通过 A 公司与用能单位间的合作博弈，找出使双方达成合作的关键因素及节能效益分配方式的确定方法，在上述理论研究基础上，通过该项目谈判过程中的不同阶段，说明如何利用博弈论的思想实现双方共赢的问题。

7.4.2.2　A 公司合同能源管理效益分享博弈分析

C 供热中心在与 A 公司建立合作前，曾针对该节能改造项目邀请相关专业机构进行多次讨论及论证，最终决定采用热水型热泵的方案。A 公司在充分了解该项目的背景后，通过调研数据计算出该系统的节能量，然后，综合考虑双方的策略并经过博弈分析，提出采用合同能源管理的模式进行合作，并最终得到对方的认可，顺利实施了该项目。A 公司博弈过程主要有合同签订前的博弈分析和合同签订中基于诚信角度的博弈及如何实现纳什均衡。

（1）合作博弈过程分析。

合同能源管理的显著特征，就是通过市场调节，以及节能服务公司和用能单位之间的谈判，实现各自利益的最大化。所以，对于该项目是否可以采用合同能源管理的方式就要分析合作双方是否能够实现利益最大化并使利益得到合理的分配，这是合同能源管理的核心问题之一。在建立合作前，运用合作博弈理论，将 A 公司与 C 供热中心（以下简称用能单位）作为参与双方，构建二者合作博弈模型，以合作博弈假设为前提，应用纳什谈判公理分析该项目合作博弈过程如下。

第一，个体合理性。该项目以合同能源管理的方式合作，双方均可以获得相应的利润，且通过合作，其收益要比不合作时多，满足个体合理性条件。

第二，可行性。A 节能装备公司通过节能量的计算，可以得出该项目具备节能改造的潜力，用能单位对该结果认可，所以合作是可行的。

第三，帕累托最优性。通过谈判约定双方节能效益的分配比例，达到预期且满足帕累托最优。

第四，无关选择的独立性。在双方谈判期间，补充方案属于原方案的范围，这表明附加谈判方案对谈判结果不产生影响。

第五，线性变换的无关性。分配方案与结果线性相关，收益可以用函数表示。

第六，对称性。谈判过程汇总双方的地位和利益是相等的。

在用能单位与 A 公司的合作博弈阶段，存在唯一解 $\varphi(F, T)$，且满足纳什谈判公理中的个体合理性，即：

$$\varphi(F,T) \subseteq \operatorname{argmax}(X_1 - T_1)(X_1 - T_2), X \in E, X > T \qquad (7.8)$$

就双方而言，达成合作的前提是基于个体合理性，依据利益分配的纳什谈判解，能够建立用能单位和 A 公司的效益分配模型。假设 P 为节能效益，是第 $T_i(i=1, 2)$ 个效用函数，起点向量 $T = (T_1, T_2)$，即用能单位与 A 公司能够认可的节能效益分配最低值，那么双方的利益分配向量 $X = (X_1, X_2)$，是以下模型最优解：

$$目标函数:\max(X_1 - T_1)(X_2 - T_2)$$
$$\text{s. t.} \begin{cases} P = X_1 + X_2 \\ X_1 > T_1 \end{cases} \qquad (7.9)$$

约束条件分别表示双方利益之和为全部节能效益和节能效益不小于合作前各自的收益。因此可以得出用能单位与 A 公司利益分配模型的解，再对 (F, T) 一阶求导，又 $P = X_1 + X_2$，得出：

$$X_1 = \frac{1}{2}(P + T_1 - T_2), X_2 = \frac{1}{2}(P + T_2 - T_1) \qquad (7.10)$$

就该项目而言，初始投资额为 1 670 万元，年收益为 659 万元/年。根据上述理论可以得出，若双方不合作，即用能单位不进行节能改造，其节能效益只能依靠减少能源浪费的简单方式取得，总计约为 10 万元，A 公司的节能效益为 0。双方通过合同能源管理的方式合作后，并按约定比例进行节能效益分享，根据纳什谈判理论，将 $P = 659$ 万元，$T = (8, 0)$，$X = (X_1, X_2)$，且 $X_1 + X_2 = 659$，代入式（7.11）得：

$$X_1 = \frac{1}{2}659 + 8 - 0 = 333.5, X_2 = \frac{1}{2}659 + 0 - 8 = 325.5 \qquad (7.11)$$

即纳什谈判解为（333.5，325.5），此结果表明可以获得取得理想的收益，具备双方合作的基础。

上述博弈分析证明了该合作的可行性，但考虑了道德因素，现实中作为理性人的双方为了追求各自利益的最大化，往往会忽略道德因素，如诚信。由于合同能源管理以契约方式进行，因此存在违约风险，对用能单位来说，有经营风险和信用风险，对 A 公司来说存在技术风险、财务风险和诚信风险，在这些风险中，诚信风险最为突出，有效解决诚信问题可以使交易成本大幅下降。

（2）基于诚信的博弈分析。

合同能源管理项目中，诚信主要体现在两方面：一是双方建立合作之前，其中一方提供的信息是否真实；二是建立合作之后是否都履行承诺（陈友芳，2011）。在我国目前合同能源管理体制不健全的条件下，这两种情况都有可能发生，如节能服务公司为达成合作可能夸大节能改造项目的节能量，用能单位也可能出于自身利益考虑而故意隐瞒自身的真实用能情况，无论哪种情况都必然影响项目的顺利实施，并关系到项目的成败，从节能服务行业的发展看，诚信问题是困扰节能服务公司的难题，决定着节能服务公司甚至行业的生死存亡（刘俊卿，2013），所以分析用能单位和节能服务公司之间的诚信博弈关系非常必要。

第一，诚信博弈模型。

在合同谈判期间，将用能单位与 A 公司作为博弈的双方，假设二者都是理性并追求利益最大化，且都可独立采取诚信和不诚信策略，则可以构建双方博弈模型如下。

①参与方集合 = ｛用能单位，A 公司｝。

②策略空间 = ｛诚信，不诚信｝。

③博弈顺序为双方同时选择策略。

④双方得益：若都选择诚信策略，则用能单位和 A 公司均得到 8 个单位得益；若 A 公司诚信、用能单位不诚信，则 A 公司损失 2 个单位得益、用能单位有 10 个单位得益；若用能单位诚信，A 公司不诚信，则用能单位损失 2 个单位得益，A 公司有 10 个单位得益；若双方都不诚信，则都没有得益。

博弈矩阵如表 7 - 18 所示。

表 7 – 18 博弈矩阵

用能单位	A 公司	
	诚信	不诚信
诚信	(8，8)	(－2，10)
不诚信	(10，－2)	(0，0)

在此博弈过程中，用能单位和 A 公司都会在诚信和不诚信之间做出选择，出于利益最大化考虑，双方博弈的结果必然是（不诚信，不诚信），双方得益（0，0）。如果双方都选择诚信，得益（8，8）显然要比（0，0）好，但（诚信，诚信）并不满足纳什均衡的条件，因为未能满足自身利益最大化，不是纳什均衡。

另外，从集体的角度出发，根据双方的策略，可以得到 4 个支付方案：A = 都诚信；B = A 公司诚信，用能单位不诚信；C = A 公司不诚信，用能单位诚信；D = 都不诚信。上述方案中，集体的收益会因双方行动的不同而产生不同的结果，支付矩阵如表 7 – 19 所示。

表 7 – 19 集体行动支付矩阵

行动	支付		
	用能单位收益	A 公司收益	集体收益
A	8	8	16
B	10	－2	8
C	－2	10	8
D	0	0	0

从表 7 – 19 可以看出，集体最大化收益组合是 A，最低收益是 D，但如果双方仍然考虑自己的利益，选择对自己有利的方案，就不可能实现最终的集体收益最大化，从而形成囚徒困境。这非常不利于合同能源管理项目的开展，虽然项目本身能够带来很好收益，双方也对此充满信心，但不能实现最优结果。这解释了为什么合同能源管理模式被看好，却没有得到很好发展的问题。如果其中一方在保证自身利益不受损的前提下，有能力对另一方的不诚信做出"惩罚"，以此约束不诚信行为的发生，就可以改变双方的选择策略，从而得到较好的结果，（诚信，诚信）才有可能成为纳什均衡。

第二，诚信合作博弈分析。

要使帕累托效率提升，就要在博弈过程中存在触发策略，使双方在选择策略的时候会考虑到此影响而改变各自策略的选择，这是提升诚信合作的关键。所谓触发策略实际上是一种"报复机制"，也就是其中一方若采取不诚信策略将会受到一定的"惩罚"，从而抑制不诚信行为的发生。这种"惩罚"可能来自对方，也可能来自社会或其他方面，但是需要双方具备"惩罚"对方的能力，也要依靠完善的市场机制。在实际市场环境中，节能服务公司的数量和规模都在迅速增长，而合同能源管理项目相对稀缺，尤其是投资价值高的项目，节能服务公司之间的竞争也会非常激烈。用能单位也可以凭借自身优势使自己处于主动地位，比如采用招投标的方式选择合适的节能服务公司进行合作，从而实现自身利益最大化。正是这种机制，成为双方博弈过程中的触发策略，不诚信行为可能导致失去合作机会，下面从合作的角度分析博弈过程。

假设在博弈中，由用能单位决定是否合作，且双方只合作一次，同样策略还是诚信和不诚信，支付结果是合作与不合作，合作后如果 A 公司提供了诚信服务，用能单位得益为 8，不诚信得益 –2；A 公司诚信得益 8，不诚信得益 10，由此建立支付矩阵如表 7 – 20 所示。

表 7 – 20　　　　　　　　　　　　诚信合作博弈

用能单位	A 公司	
	诚信	不诚信
合作	(8, 8)	(–2, 10)
不合作	(0, 0)	(0, 0)

对于 A 公司，如果选择诚信合作，得益为 8，不诚信得益是 10，但如果选择不诚信，代价是之后将不会有用能单位与之合作，预期收益都是 0，不诚信的高得益只是短期的，所以从长远角度考虑，选择不诚信服务是得不偿失的。对于用能单位，只有他的预期是 A 公司诚信才与之合作，否则不合作才是最佳选择。但随着时间和诚信合作次数的增加，为了长期利益，A 公司的信用也会不断增长，用能单位也预期 A 公司将继续提供诚信服务。这样的博弈过程使双方形成一个利益集体，从而会采取集体最优策略组合以获得长

期得益。可见，不管是 A 公司还是用能单位，以诚信为前提才是有利于双方发展的最佳选择。

7.4.2.3　A 公司节能效益分享决策纳什均衡过程分析

诚信是建立双方合作并实现共赢的基础。在接下来的谈判中，节能效益的分配问题也是合同能源管理项目实施中的关键环节，关系到双方的切身利益。对于节能服务公司，该节能效益对资金回收和再投资具有重要意义。对于用能单位，收益分配的额度也会影响其节能改造的积极性，双方能否达成公平合理的分配方案对项目成功实施起着关键作用。如果分配任意一方对分配方案不满，则不能实现纳什均衡，导致合作失败。上文介绍了常用节能效益的一般分配方法及模型，但实际操作过程中由于预测参数的变化，应用不同模型计算出的结果也不同，加上人为主观因素的存在，合同双方很难只通过理论计算值确定分配比例。所以 A 公司采用纳什均衡分析项目节能效益分配获取收益最大化的过程。

（1）收益分配的原则。

合同能源管理的目的是实现共赢，收益分配首先要满足基本的原则，具体包括以下内容（李怡飞，2019）。

第一，公平和互利互惠原则。公平是建立合作的基础，双方建立合作的目的是获取利益，包括经济利益、环境效益、社会效益等，双方应积极配合以实现集体利益最大化。

第二，投入和收益对称原则。节能服务公司在项目的投入上通常要远大于用能单位，理应获取更高的收益。

第三，风险与收益对称的原则。在合同能源管理模式下，节能服务公司承担了更多的风险，用能单位风险较低甚至可以忽略，所以在收益分配上应对其进行相应补偿。

第四，信息透明原则。节能服务公司在项目调研时，为保障节能量计算的准确性，用能单位要提供详细真实的资料。合同结束后节能服务公司还要将设备的运行维护技术转移给客户并进行培训以保证后续的正常使用。

（2）纳什均衡的过程。

基于以上原则，A 公司首先通过项目的初始投资、财务成本及运行维护费用等测算出符合自身利益的分配额度，并作为依据进行分配方案的博弈，确定分配方案的博弈实际也是一个寻找纳什均衡的过程。刘亚臣等（2013）在研究中指出，合同能源管理中双方的利益分配不仅取决于各自的策略，还同时受到对方策略的影响。纳什均衡从双方直接反应的角度分析和研究了用能单位与节能服务公司之间的均衡问题，纳什均衡由双方各自策略组合构成，博弈方策略包括纯策略和混合策略。纳什均衡被定义为对博弈对方的任何策略做出最佳反应的策略组合（即该策略产生的效果不低于其他策略）。

利用纳什均衡理论可以对用能单位和节能服务公司的决策选择和博弈结果进行分析和预测，这种方法核心是找到纳什均衡，但定义中并未给出如何找出，如果博弈方数量少，而且策略有限时，可以对所有策略组合进行分析和检验，找出纳什均衡。

但就该项目而言，根据纳什谈判公理计算出理论的利益分配比例与实际约定的比例偏差较大，A 公司实际分享 90% 的节能效益，在双方成功合作的前提下实现了利益最大化。A 公司实现纳什均衡的过程如下。

首先，A 公司利用技术优势准确计算出改造后系统的节能量，同时根据项目投资和运行成本可以核算出利润，再按自己的策略提出分配方案；用能单位则在节能效果上的信心不足，尤其是该项目为首个热水型烟气余热回收系统，对节能量效果还需要项目实施后进行验证，有一定的实施风险，采用合同能源管理模式则可以将风险转嫁给 A 公司，且项目前期投资由 A 公司承担，没有财务风险，利润分配方案有利于双方利益，A 公司在合作的前提下找出了纳什均衡。

其次，A 公司充分分析对方策略，找出其弱势。就 A 公司而言，实现利益最大化是主要目的，但对于用能单位，其改造的主要目的是解决排烟对附近居民造成的影响，来自政府和社会的压力较大。欧阳建军（2016）在进行收益分配的博弈研究中总结出，最优节能效益分享比例与用能单位的环境压力负相关。

最后，A 公司通过分析，将自身风险因素量化，客观上要求分配更多的利益。基于以上因素，A 公司将得到更优的纳什均衡，从而在利益分配比例上取得更大的优势。

7.4.2.4　A 公司节能效益分享方式制定的经验

在合同能源管理项目中，节能服务公司可以通过合理的对策实现自身利益最大化。此项目中，A 公司主要有以下四方面经验。

（1）与用能单位建立信任关系。产业互联网平台将节能服务公司与用能单位高效匹配，而建立信任关系是节能服务公司与用能单位合作的基础。一般来说，节能服务公司对节能改造的专业程度和技术要高于用能单位，在节能效果和收益上有相对确定的预期。而用能单位往往由于资金问题或对节能效果没有信心而采用合同能源管理的模式。节能服务公司在节能量计算上应采取科学公正的态度，由相关专业机构或能源审计单位出具相关报告，取得用能单位信任从而达成合作。

（2）充分考虑双方策略。通过以上分析可知，双方策略的选择对分配的结果会产生直接影响，在项目调研阶段，节能服务公司通过产业互联网平台掌握详细的资料，了解对方的需求并充分分析对方对策，获得主动权。

（3）尽量量化风险。基于高风险对应高分配比例的原则，分析双方风险并进行量化。由于合同能源管理中，用能单位前期无资金投入，风险程度极低，但节能服务公司需要承担项目本身的风险、合同违约风险、节能量不达标风险、财务风险等，风险远远高于用能单位，因此，可以对这些风险因素进行量化，争取更高的分配比例。

（4）考虑合同期内的能源价格变动问题。能源的价格变动直接导致节能收益的变化，因此在合同中必须充分考虑。由于节能效益是由节约的热量折算成能源的价值得出，但能源的价格可能会在合同期内出现变化，导致节能效益的计算结果与预期不一致，所以在合同中要约定当能源价格变化时的计算方法，以免出现纠纷。

7.4.3　A 公司热泵产品合同能源管理运营模式分析

7.4.3.1　合同能源管理一般运营模式构建

传统经营模式中，节能改造项目的所有投资、风险和收益都由实施节能改造的企业承担，而合同能源管理模式的最主要特点，就是允许用能单位使用未来的节能效益支付节能改造的全部成本，将风险转嫁给节能服务公司，并负责项目的融资、建设、运营等产品绩效服务，项目实施后节能服务公司与用能单位共同分享节能效益（陈元志，2012）。

目前，在我国节能效益分享型的合同能源管理模式仍是主流（吴琦和谭玉茹，2013），在该模式下，主要的环节是节能效益的产生、确定和分享。涉及的运行主体主要有节能服务公司、用能单位、设计单位、施工单位、设备供应商、第三方检测机构、保险公司、融资机构、政府部门等。首先，两大运行主体节能服务公司和用能单位签订合同能源管理合同，并约定节能效益分享的方式和比例；其次，节能服务公司委托施工单位进行项目建设和产品绩效服务，包括前期的所有投入和融资，用能单位无须承担任何费用；再次，当项目完成后，经过第三方检测机构、节能服务公司、用能单位共同确定节能量和节能效益；最后，根据合同约定的比例节能服务公司与用能单位共同分享节能效益至合同结束，并将整个节能系统转移给用能单位继续享受全部节能效益。保险公司可以参与并为节能量提供担保，财政部门在资料审核通过后发放节能补贴（朱汝泓，2015）。

　　根据该模式涉及的主要运行主体及各主体之间的相互关系，构建其运营模式如图 7－4 所示。

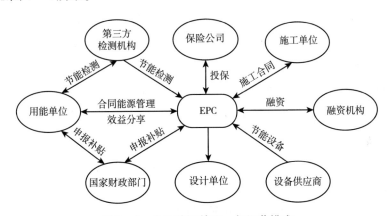

图 7－4　合同能源管理一般运营模式

　　就 A 公司而言，其实施合同能源管理是建立在自身制造企业的基础之上，因此，某些业务单位的功能被 A 公司所取代或削弱，在实施合同能源管理的运营模式上与传统的节能服务公司略有不同，需要根据自身特点构建适应节能装备企业的运营模式。

7.4.3.2　A 公司合同能源管理运营模式描述

　　A 公司实施合同能源管理实质是向服务型制造模式转型的过程，此过程主要经历了三个阶段。

（1）产品扩展阶段。

A公司成立之初主要以生产溴化锂吸收式冷温水机为主，并吸收国外先进的技术，力争打造最节能、最耐用的中央空调。该阶段的运营模式主要是传统制造业的生产、销售、售后的模式，但由于该产品相比电力空调在使用范围上具有一定的局限性，加上国内市场竞争激烈，导致市场份额不高。于是，2012年开始，A公司开始转向吸收式热泵产品的研发，并在供热行业和余热回收利用领域取得了一定成效。

（2）产品服务阶段。

这一阶段，A公司开始转向热泵产品加产品绩效服务的运营模式，通过销售的产品为客户提供捆绑式服务。A公司利用产业互联网平台，对用户机组实现远程监控及管理，通过对机组的监控可以实时了解运行状态，并在设备发生故障时发出报警，通过对数据的收集和分析，可以提前预见问题，防患于未然，从而降低了管理成本。另外，A公司针对客户的实际情况，尤其对保外用户提供"代运营服务"，利用自身的经验和技术，帮助用户解决现场管理问题，一方面可以提升机组的运行效率；另一方面能够及时解决设备故障，保障系统的正常运行。

（3）合同能源管理阶段。

在这一阶段，A公司开始从设备制造商向服务提供商转变，并通过合同能源管理的模式开展项目，为用户提供节能改造等产品绩效服务和热泵产品。在该模式下，A公司主要扮演了节能服务公司的角色，是合同能源管理中的运行主体，同时A公司也是节能设备的供应商，自身具备较强的产品设计研发和能力，不再需要节能设备的单独采购，增加了利润空间，另外，实体制造企业在资金实力和融资能力上要优于一般节能服务公司，以A公司为运行主体的合同能源管理运营模式及运作流程如图7-5所示。

A公司以产品、管理和服务的理念为指导，以技术、人才作为保障，构建了在热泵产品合同能源管理的运营模式，实践证明，该模式适应市场的需要以及A公司自身的战略发展目标，在热泵节能服务领域得到了很好的应用。

7.4.3.3　A公司合同能源管理运营模式分析

（1）业务单位关系分析。

A公司合同能源管理模式中主要业务单位包括用能单位、设计单位、材

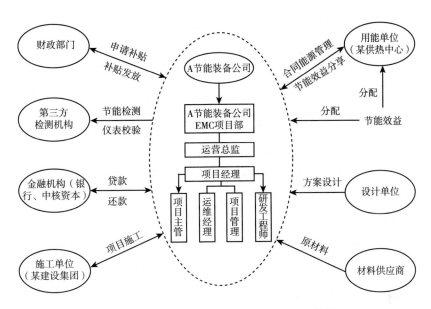

图7-5 A公司热泵产品的合同能源管理运营模式

料供应商、第三方检测机构、施工单位、金融机构等，也是合同能源管理中主要的利益相关者，通过项目的成功实施，各利益主体都可以分享到相应的收益，具体关系如下：

第一，用能单位。主要是有节能改造需求的用户，包括供热中心、有余热资源回收的单位等，通过合同能源管理的方式与其合作并分享节能效益。节能服务公司和用能单位是合同能源管理中最主要的实施主体，对节能项目实施起着关键作用，在这个过程中二者的博弈也一直存在。为了保证节能效益，对节能服务公司来说，项目的实施效果和用户的满意度就显得十分重要。

第二，设计单位。A公司具有设计、研发、生产制造及节能系统解决方案的能力，但在个别项目上还需要与相关设计单位合作，以获取更加专业的方案。另外，有些情况下，用能单位也会委托第三方设计单位进行项目的可行性研究和技术方案的制定。

第三，材料供应商。作为节能设备生产单位，A公司利用产业互联网平台与各材料供应商合作以获取制造热泵产品所需原材料，通过产品自营模式，省去了设备采购的环节，设备供货周期上拥有主动权，同时降低了设备采购成本。另外，A公司还对其热泵产品的性能参数更了解，可以对节能量进行较为准确地计算，通过技术研发和对产品的不断改进，节能效果更有保障。利用自身经验还可以在产品维护和运行过程中为用户提供更好的服务及后续培训。

第四，第三方检测机构。为项目提供能源审计、检测、评估等服务，为使节能量有较为权威准确的测量，还需要对系统运行状态、用能效率、节能量等进行检测，同时获得用户的认可，作为节能效益分享的依据。

第五，施工单位。双方签订合同后，由于 A 公司委托施工单位进行项目的建设，并在施工过程中对项目进行管理和监督，以保证项目的顺利实施并按约定时间完工。

第六，金融机构。实施合同能源管理，融资是必不可少的重要环节，A 公司作为生产制造企业，且隶属于国有企业，公司规模相比一般节能服务公司大，资产多，在融资上具有一定的优势。融资机构主要包括商业银行、集团公司融资部门等。

第七，财政部门。可以充分利用当地政策，积极通过财政部门申请节能补贴，对缓解资金压力具有重要作用。

（2）A 公司内部合同能源管理运营组织模式分析。

第一，运营组织结构。

制造企业实施合同能源管理，还需要具备组织变革能力，即建立以当前及未来客户需求为诉求的组织架构。冯永春等（2016）指出，制造商要提高服务能力，一方面要打破传统的组织结构或设立独立部门；另一方面要不断重构服务网络，以不断满足用户需求和市场环境的变化。组织变革对制造企业实施服务化的影响积极且显著（肖挺，2021）。

通过图 7 - 5 对 A 公司的介绍可以看出，A 公司整体组织架构为职能型，这种模式有其优点，比如员工稳定、专业技能强等。组织结构应匹配组织战略，而战略又随外部环境而变化，因此，服务型制造的组织结构会受到外部环境和企业战略的影响。如在合同能源管理模式下，需要有专人与客户对接，并且能快速响应不同客户的个性化需求，新项目的实施也需要 A 公司内部各部门之间的配合，而且合同能源管理项目一般周期较长，需要在合同期内一直与客户保持紧密的联系。

与一般节能服务公司不同的是，为满足合同能源管理项目的发展，又同时保持原有业务模式的正常运行，必须选择一种合适的组织模式，基于此，A公司成立了EMC项目部（组织架构如图7-5所示），隶属于节能发展中心，属于项目型组织类型，为合同能源管理增加了统一的接口，该项目部负责所有合同能源管理项目的运作，并协调公司各部门保障项目的推进，该部门下设运营总监、项目经理、运维经理、项目主管、研发工程师等岗位。

第二，EMC项目部组织中的部门及岗位职责。

一是根据公司总体发展思路，对能源利用领域的新技术、新模式和新政策动向的跟踪、分析，并进行具有可行性、适度前瞻性的节能技术路线及产品研发。

二是研究吸收式节能产品与其他节能技术的联合应用技术、系统及解决方案，拓展吸收式产品新型应用领域。

三是负责与重点专业院校、研究机构及设计院所科研合作关系的拓展和公司既有技术支撑资源、渠道的维护。

四是对研发的技术方案及产品，针对目标客户进行技术推广、项目应用示范。

五是维护与既有重点客户（各电力集团研究院）、重点设计院所、科研单位、学术机构、技术团队的技术合作关系。

六是开展新型节能技术的技术寻源，拓展公司技术支撑资源及渠道。

七是负责节能系统解决方案的设计及可行性研究。

八是对既有合同能源管理项目的运维及问题解决

九是节能效益的计算及分配。

运营总监的职责主要有：合同能源管理项目的总体规划、协调、风险管控；合同能源管理项目技术文件、可研报告、实施方案、招投标文件及验收的审查、批准；分析市场产品需求，拓展公司产品应用市场领域等。

基于以上的运营组织模式，A公司通过EMC项目部的统筹安排，充分利用各种资源，在实施合同能源管理过程中发挥了项目部的优势，从业务流程到运作模式等各个环节都取得了良好的效果，同时把握了市场发展趋势和客户需求。

第三，A公司合同能源管理运维组织架构。

热泵余热回收作为一种新兴的供热模式，在该项目的运维管理方面也面临新的挑战。与非合同能源管理项目相比，传统的供热行业经营管理模式较为粗放，只关注事后的控制。但合同能源管理模式下的供热项目，其节能效果直接影响到节能服务公司的收益，所以更需要一套科学合理的运营方案，对事前、事中、事后提供产品绩效服务并进行全面的控制，以保证系统的高效运行，同时还要尽可能降低能耗费用、人工费、维护费等运营成本。

项目建设阶段，A 公司成立工程项目部，建立项目组织机构，实行项目经理负责制，以"团队、协作、共赢"为理念，采取强有力的组织保障措施，努力为项目的施工创造良好的环境，确保项目各项指标如期实现。项目运维阶段，运营总监负责批准运营计划与考核项目的实施；项目经理负责具体计划的制订、统计成本及对成本偏差进行分析并制定纠偏方案；具备资质的各类技术人员和合同能源管理人员，负责技术支持和相关管理并参与项目的实施；系统运行人员若干，管理人员配置如表 7 –21 所示。

表 7 –21　　　　　　　　　合同能源管理的人员配置

职位	拟任本项目职务	人数（人）
运营总监	项目综合管理	1
运营项目部经理	运营项目负责人、技术负责人	1
运营班长	运行负责人	1
运营副班长	运行负责人	1
运行人员	运行人员	6
维保工程师	设备、系统维护负责人	1

实际工作中，运行人员配置 8 人组成的运行班，每两人为一组，分为四组，四班轮流制，并且确定一名组长为抄表签字人，培训后上岗，进行日常的运行维护，并严格按照规定的制度执行。另外，为更好地服务客户，更快地解决问题，A 公司还实行"决策权下放"制度，这是由于现场人员与用能单位接触密切，对系统运行环境和状态更为清楚，当出现设备故障或其他临时情况时，现场一线员工在一定范围内可行使决策权，以免需要通过各级审批延误问题的解决。

第四，A 公司合同能源管理运维模式。

节能改造项目的运维管理直接影响到系统的节能效果，从而影响节能服务公司的收益。为了确保节能效益，提高市场竞争力，优化合同能源管理项目的运营水平和绩效，节能服务公司必须在系统运行过程中把握关键环节，提高系统效率并控制运行成本。该项目的运维策略有如下四方面。

一是针对主要设备，在采购期间提出易损部件、保养更换件的选配方案，或者直接根据项目期限、机组现场使用条件等提供长期限的保修服务，如定期清洗换热管束、更换胶垫等，以降低采购及运营费用。

二是针对因设备故障产生的经济损失，A 公司在运维期间投入足够的人员及技术支持，以避免锅炉、热泵等设备因长时间运行导致效率降低或出现问题影响节能效果。

三是制定详细的《设备维护制度》《设备检修制度》《备件管理制度》等，供暖期结束后，A 公司对设备进行全面系统的维护及检修，以排除隐患。并核算运营成本，对比计划偏差进行详细分析，总结经验形成运营报告，再针对存在的问题或不足制订下一阶段的运营计划。

四是为实现科学高效的管理，A 公司利用产业互联网平台实现了对该项目的远程监控与管理，提高了系统运行效率。该产业互联网平台通过工业物联网技术，将机组设备连接到云服务器，实现机组远程监控，故障报警，数据存储，远程运维等功能，真正实现用户设备的无人值守，保证现场设备安全、可靠、高效的运行。

7.4.3.4　A 公司合同能源管理运营模式经验总结

A 公司利用自身优势，并结合热泵产品的特点，在传统制造的运营模式基础上，成功开展了合同能源管理，实现了向服务型制造的转型升级，形成一套适用于热泵产品的合同能源管理运营模式，总结其经验，主要有以下三方面。

（1）依托技术研发保持产品优势。

A 公司将产品优势作为核心竞争力，积极投入技术研发并申请各项发明专利，基础加工等非核心业务采用外协加工的方式，保证技术创新的核心地位，并采用产学研的模式与国内各高校及科研单位保持密切合作，将最新科研成果应用于产品，保持自身产品的技术优势并提升综合方案解决能力。另外，A 公司抓住市场优势，跟踪市场最新动态，积极利用国家政策，如减税和节能项目补贴等，充分发掘节能市场的潜力，开展合同能源管理项目。

（2）为合同能源管理业务成立独立部门。

A 公司利用自身产品的自营服务模式，为合同能源管理项目提供节能设备，可以发挥企业内部资源（如劳动力、技术、资金、设备等）调配和部门之间相互配合的优势，并重新设计组织架构，成立 EMC 项目部加强各主体之间的协作，其组织形式有助于生产制造与服务的融合及组织效率的提升。

（3）提升综合服务能力。

合同能源管理主要为用能单位提供节能改造以及节能系统的运营等产品绩效服务，所以服务的质量对合同能源管理项目的顺利开展起着非常重要的作用。A 公司在全国范围内建立了完善的服务体系，并通过培训制度不断提升服务人员的技能水平，以便能够快速解决系统及设备运行中的问题，保证用户的正常使用。另外，A 公司针对热泵余热回收项目普遍存在的"重设计、轻运行"的现象，利用多年运维管理经验和信息化手段对节能系统进行科学化管理，以保障节能量和系统的稳定高效运行。

7.5 本章小结

本章首先对 A 公司的情况做详细介绍，通过分析其产品和技术优势，引出实施合同能源管理的需求，并对其实施成果及项目案例进行概述。其次，从该项目背景、技术方案、节能量计算、项目建设与验收等方面具体阐述 A 公司典型成功案例的实施过程。再次，根据项目实施后的经济效益、环境效益及社会效益分析，说明该项目在热泵烟气余热回收领域采用合同能源管理的模式是非常成功的，其实施过程及方案具有典型性。最后，在现有文献研究和 A 公司实施合同能源管理实际案例的基础上，对比分析了影响合同能源管理成功实施的关键因素，包括节能量的计算、节能效益分享方式及合同能源管理运营模式，总结出热泵产品余热回收项目中节能量计算的方法，节能效益分配的经验，以及节能装备公司实施合同能源管理运营模式的特点，并对其成功经验进行总结。

第8章

结论、对策与展望

8.1　主要研究结论与对策

8.1.1　产品绩效服务目标确定与对策

（1）可用绩效服务与对策。

本书从上下游供应链、发展阶段和服务重心三个层级构建三级服务内容分类初始模型，选取北方华创、东方雨虹、大华股份三家制造企业作为案例，采用三级编码方法对该模型进行分析与修正，进而识别产品服务供应链中制造企业服务提供的内容。研究发现，企业主要在初始阶段和成长阶段提供可用绩效服务，包括咨询、维修等。

可用绩效服务的重点是"产品"，因此，当中小制造企业在技术、人才等资源难以满足市场对产品需求的情境下，可以将服务重点定位在"产品"上，向下游提供面向产品的技术支持服务，如安装与调试、检查与诊断等；随着企业能力和资源进一步发展，企业可以依托产业互联网平台，与实力更强的一流供应商加强合作，提供面向"产品"的上游服务，如共同研发原材料等。

（2）使用绩效服务与对策。

本书通过案例研究发现，企业在成长和转型阶段主要提供面向"使用者"或"客户"的服务，如设备托管、系统解决方案等使用绩效服务。

因此，当中小制造企业人才、技术等资源占据行业优势地位，其技术可以引领市场需求，并且希望将服务作为主要利润来源时，企业可以向下游提供可用绩效服务，如设备托管、一站式综合解决方案服务。可以采用按产品使用量或使用时长进行收费，同时承担产品运营服务。此外，可以依托产业互联网平台，向上游针对弱势供应商提供面向供应商的服务，如精益帮扶等。

可见，中小制造企业在成长或转型阶段所需的资源，从以自身资源为主转变为社会资源为主，因此有利于加大对产业互联网平台的联系，同时针对上下游客户提供使用绩效服务。

8.1.2 产品绩效服务路径选择与对策

本书结合深交所上市公司年报数据，以 101 家中小制造企业为样本案例，采用 fsQCA 对制造企业服务化路径进行组态分析，研究发现平衡型、协同型和技术型三类服务开发路径。

（1）可用绩效服务路径。

可用绩效服务路径包括如下四条。

路径 1（平衡型）：物联网＊～云计算＊企业规模＊研发投入＊政府支持力度＊～地区经济水平，即物联网应用程度高＊云计算应用程度较低＊企业规模较大＊研发投入高＊政府支持力度大＊地区经济发展水平低。

路径 2（技术型）：物联网＊大数据＊云计算＊～企业规模＊～研发投入＊～政府支持力度＊～地区经济水平，即物联网应用程度高＊大数据应用程度高＊云计算应用程度高＊企业规模小＊研发投入低＊政府支持力度小＊地区经济发展水平低，能够实现可用绩效服务。

路径 3（协同型）：物联网＊～大数据＊云计算＊～企业规模＊研发投入＊～政府支持力度＊地区经济水平，即物联网应用程度高＊大数据应用程度低＊云计算应用程度高＊企业规模小＊研发投入高＊政府支持力度小＊地区经济发展水平较高。

路径 4（平衡型）：物联网＊大数据＊云计算＊企业规模＊研发投入＊政府支持力度＊地区经济水平，即物联网应用程度较低＊大数据应用程度高＊云计算应用程度较高＊企业规模较大＊研发投入较高＊政府支持力度大＊地区经济发展水平高。

（2）使用绩效服务路径。

使用绩效服务路径包括如下四条。

路径 1（平衡型）：物联网＊大数据＊云计算＊～企业规模＊研发投入＊地区经济水平，即物联网应用程度高＊大数据应用程度高＊云计算应用程度

高 * 企业规模小 * 研发投入高 * 地区经济发展水平高。

路径 2（协同型）：物联网 * 大数据 * 云计算 * ~企业规模 * 研发投入 * 政府支持力度，即物联网应用程度高 * 大数据应用程度高 * 云计算应用程度高 * 企业规模小 * 研发投入高 * 政府支持力度较大。

路径 3（平衡型）：物联网 * 大数据 * 云计算 * 研发投入 * 政府支持力度 * 地区经济水平，即物联网应用程度低 * 大数据应用程度高 * 云计算应用程度高 * 研发投入高 * 政府支持力度大 * 地区经济发展水平高。

路径 4（技术型）：物联网 * 大数据 * 云计算 * ~企业规模 * ~研发投入 * ~政府支持力度 * ~地区经济水平，即物联网应用程度高 * 大数据应用程度高 * 云计算应用程度高 * 企业规模较小 * 研发投入低 * 政府支持力度较小 * 地区经济发展水平低。

由此可见，物联网是进行服务化的技术基础；实现使用绩效服务比实现可用绩效服务更需要物联网、大数据和云计算技术在制造企业服务化转型过程中发挥作用。

因此，（1）当企业选择可用绩效服务或使用绩效服务作为服务化目标时，可以采用技术驱动型路径；当企业单独选择可用绩效服务目标时，也可以依靠技术、组织、环境三重条件联动适配，或技术、组织两重条件协同并发来驱动；（2）当企业选择使用绩效服务目标时，可以选择技术组织协同并发或技术、组织、环境三重条件联动适配来驱动；（3）中小制造企业应加强数字技术的建设，将物联网、大数据、智能传感器、工业机器人、云计算等新兴技术广泛应用于生产和服务过程中，以获得更高的服务化水平，进而增加企业效益；（4）中小制造企业应借助政府的扶持和区位优势，大力发展和应用数字技术来提高服务化水平。

8.1.3 产品绩效服务能力开发与对策

8.1.3.1 可用绩效服务配置能力与对策

本书考虑可用绩效服务与产品的差异化动态关系，构建了以客户满意度和制造商利润最大化为目标函数的双层目标规划模型。在以功能需求为中介的产品服务关系模型基础上，采用云模型和信息公理确定实体产品与可用绩效服务的差异化动态关系，并嵌入配置模型中求解优化方案。利用 OPPO 手机相关产品和服务配置数据，经数值分析后刻画了不同方案报价约束下的配置结果。研究发现：（1）随着可接受最大方案报价的不断提升，客户更倾向于选配属性值更优的模块实例，同时也会选择更多的可用绩效服务模块；（2）可用绩效服务与实体产品的关系越强越有利于弥补产品制造的不足，这将有助于更大程度地实现服务功效，保障产品服务系统的成功配置；（3）通过与未考虑差异化动态关系的传统模型对比分析，发现传统模型中孤立产品和服务而单独考虑各自属性、功效的配置方法与现实情况相悖，而本项目的产品服务配置效果更有利于满足客户的定制化诉求。

因此，中小制造企业应该在产品与可用绩效服务整体配置过程中考虑两者的差异化动态关系。在进行可用绩效服务与产品组合配置时，当客户追求产品可用价值并能接受较高的报价时，企业应该注重开发选配属性值更优的产品模块实例；在客户或企业有限资源的约束下，企业应该基于功能需求优先选配与实体产品关系更强的服务内容，以弥补产品制造或功能的不足。

8.1.3.2 可用绩效服务协调能力与对策

本书将提供可用绩效服务的供应链绩效保障定义为单位订购量带来的成本节约，并建立了由强势供应商、制造商和市场客户构成的产品服务供应链，其中供应商向制造商提供合作研发服务，研发出的原材料销售给制造商，且两者均租用产业互联网平台。其中原材料订购量由制造商决策，原材料批发价格和研发水平由供应商决策。在产出不确定条件下研究原材料订购量、研发水平和原材料批发价格与单位生产成本节约激励系数、单位生产成本节约的关系。研究发现：（1）相较于不实施激励措施，单位生产成本节约激励系数较小时，可以使供应商和制造商利润均增加，从而协调供应链成员利润，但当激励系数过大时，激励措施只对占主导地位的供应商有利；（2）激励措施对原材料批发价、订购量和研发服务水平均存在促进作用。与不存在成本节约激励相比，当单位生产成本节约在一定范围内可以提高供应链成员利润，当单位生产成本节约较大时，增加成本节约激励对占主导地位的供应商更有利。

因此，当中小制造企业将服务目标定为可用绩效服务时，即向客户提供基于"产品可用"的服务时，可以采用单位生产成本节约激励系数或单位生产成本节约两个抓手，实现与供应商的协调，有利于共同为客户提高使用绩效服务水平。具体来讲，在提供可用绩效服务时，如果企业希望在一定程度上提高自身和供应的利润，可以将单位生产成本节约激励或单位生产成本节约激励系数控制在较小范围内，在一定程度上激励供应商提高研发水平；如果企业希望显著提高供应商的利润从而达成与自身更深入的合作关系，可以显著提高单位生产成本节约激励或单位生产成本节约激励系数。

8.1.3.3　使用绩效服务配置能力与对策

本书结合使用绩效服务与产品之间的差异化动态关系研究产品服务方案配置问题。首先，建立了以客户满意度和制造商利润最大化为目标函数，以互斥、依赖产品服务关系为约束条件的双层目标规划模型。其次，基于产品与使用绩效服务的属性关联识别模型，采用 Choquet 积分算子和灰色关联分析组合设计方法确定差异化动态关系，并嵌入配置模型中求解优化方案。最后，通过数值检验探究了 OPPO 手机硬件产品和服务活动在不同市场报价约束下的模块配置方案。研究发现：（1）随着方案预算价格的不断提高，产品模块和使用绩效服务模块整体表现为倾向于选配属性值更优的模块实例；（2）当方案报价不断提升时，与产品模块关系更强的服务模块会优先选配更优的模块实例，与产品模块差异化动态关系较弱的服务模块更倾向于选配稍差的实例。

因此，中小制造企业应该考虑产品与使用绩效服务整体配置过程中两者的差异化动态关系。在资源无限约束条件下，进行使用绩效服务与产品组合配置时，应该优先选配属性值较优的模块实例；在资源有限约束下，应该基于属性关联识别模型优先选配与实体产品关系更强的服务内容，提高产品和服务的匹配满意度。

8.1.3.4　使用绩效服务协调能力与对策

本书首先对提供使用绩效服务的供应链绩效保障进行了定义，并建立了包括制造商和客户的产品服务供应链，其中制造商为客户提供解决方案，并按使用时长收费，以可用性为绩效指标，产品使用时长、可用性为决策变量，研究使用时长、可用性与效益共享系数、可用性激励系数、提高单位可用性的成本系数、客户运营成本系数的关系。研究发现：（1）可用性激励措施可以促进使用时长和可用性的提高，当激励系数较小时，可用性激励在一定范围内可以协调供应链利润，尤其对制造商而言存在较大的激励范围，因此可用性激励措施对于制造商是有利的；（2）制造商共享的使用收益比例的增加使得可用性先增高后降低，使用时长减少，最终导致制造商利润先增高后降低，客户利润减少，这意味着制造商可以在较广的使用收益共享系数范围内获得较高的利润。

因此，中小制造企业如果希望提高供应链利润做大服务市场，可以与客户进行初步合作，进而初步提升产品可用性激励系数；在此基础上，中小制造企业如果希望提高自身收益，可以与客户进行深度合作，进而显著提升产品可用性激励系数；同时，制造商可以在一定范围内通过调节使用收益比例控制产品可用性，实现供应链利润或自身收益最大化。

8.1.3.5 产品绩效服务评价能力与对策

本书从多利益相关者的角度出发，建立了服务质量多方评价指标体系。由于 QoS 指标值量纲不一，波动性、不确定性较大，项目提出采用区间数模型展现属性指标的波动及不确定性；同时在实际情况中指标间存在着不可避免的关联关系，因此本项目考虑到指标间的关联性，运用 2 − 可加模糊测度衡量关联指标的重要程度，结合灰色关联模糊积分模型对关联指标综合评价，根据评价结果排序选择，并详细说明了产品绩效服务具体的性能匹配过程。然后通过算例结果分析与对比，说明所提产业互联网环境下产品绩效服务性能匹配方法具有有效性。

因此，中小制造企业在借助产业互联网平台进行服务化性能选择时，一方面，应该考虑服务质量属性之间的关联性，另一方面，应考虑实际属性指标波动的不确定性，并从多利益相关者的角度出发进行服务评价。

8.1.4 产品绩效服务实施内容与对策

产品绩效的保障与产品维修、维护和备件供应密切相关，本书结合影响产品可用绩效和使用绩效的具体服务内容，即预防维修服务、备件库存服务和产品运营服务，分别针对传动设备、半导体切割设备和能源装备产品，研究预防维修次数、更换周期、备件订购、产品绩效测量等具体实施决策问题。

8.1.4.1 中小制造企业绩效式预防维修服务与对策

本书在考虑产业互联网平台协调成本基础上，将役龄递减因子与故障率递增因子引入故障率模型，以可靠度为约束，以可用度作为可用绩效指标，结合绩效保障合同，建立以利润最大化为目标的预防维修服务决策模型；在可用度基础上，延伸绩效内涵，考虑合格率、产出市场需求、维修服务满意度三个方面刻画使用绩效——使用性，建立使用绩效式预防维修服务决策模型。研究发现：（1）可靠度越高对应的维修周期越短，在役龄递减因子与故障率递增因子作用下，伴随维修次数增加，维修周期不断减小。（2）以成本率最小化为优化目标时，维修成本率伴随着维修次数的增加呈现先减小后增加趋势，加入绩效保障合同，以可用度作为绩效，以考虑可用绩效的利润最大化为优化目标时，利润与可用度呈现先增加后降低趋势。（3）存在最优的预防维修可靠度阈值、预防维修次数、更换周期分别使成本最小化、利润最大化以及可用绩效最大化。（4）在考虑使用绩效利润最大化维修目标下，利润与使用绩效指标呈现先增加后减小趋势，且存在最优值。此外，考虑使用绩效的利润最大化维修服务决策模型，不仅可以获得较高的利润，而且还可以保障较高的产品使用性。

因此，中小制造企业作为服务供应商提供预防维修服务过程中，可以通过提高产品绩效进而提高服务收入。具体来讲，针对以"产品"为中心的可用绩效服务，如果希望在保障设备可用绩效的同时，获取较高的利润，可以使预防性维修计划中预防性维修次数更少、预防性更换周期更短。针对以"客户"为中心的使用绩效服务，即想进一步考虑客户需求，从维修服务中获得客户青睐与满意，可以在一定程度上调整产品使用绩效进而获得利润最大化。

8.1.4.2 中小制造企业备件库存与预防维修联合服务与对策

本书针对产品通用备件不可修以及复杂的消耗特点，采用（Q，r）库存策略和预防性更换维修策略，以产品绩效为约束，将通用备件与预防性更换维修进行联合成本率优化，即考虑产品互联网协调成本，以产品绩效为约束条件，以平均成本率最小化为目标函数，建立数学模型，以半导体设备和备件数据为例，进行算例分析。针对产品专用备件可修以及单位价值高的特点，采用（S，$S-1$）库存策略和不完全预防维修策略，以设备绩效为约束，将专用备件与不完全预防维修进行联合成本率优化，以产品绩效为约束条件，以平均成本率最小化为目标函数，建立数学模型，以半导体设备和备件数据为例，进行算例分析。研究发现如下。

（1）针对通用备件，本书提出的绩效约束使再订购点提高、更换间隔减少，虽然增加了储存成本和更换成本，但提高了设备可用性，通过提高设备可用性带来的效益远高于增加的储存成本和更换成本。更换间隔、订购量、再订购点、备件维修成本和备件库存成本的增加都使备件维修平均成本率增加，其中再订购点和储存成本的增加使平均成本率增加的幅度最大，预防性更换成本、故障后更换成本和储存成本的变化对更换间隔的影响最大。（2）针对专用备件，本书提出的绩效约束使初始库存水平提高，虽然增加了订购成本和储存成本，但提高了设备可用性，通过提高设备可用性带来的效益远高于增加的订购成本和储存成本。不完全预防维修次数、初始库存水平、备件维修成本和备件库存成本的增加都使平均成本率增加，其中小修成本、不完全预防固定维修成本、停机损失成本和缺货损失成本的增加使平均成本率增加的幅度较小，备件价格、更换成本和库存成本对平均成本率、更换间隔、初始库存水平的影响较大。

因此，中小制造企业在考虑产品备件库存与维修联合优化时，除了将备件与预防性维修进行联合优化以降低成本外，还应该考虑产品绩效问题。总体来讲，企业如果期望提高产品绩效，应该提高备件再订购点、缩短预防维修间隔和更换间隔。具体来说，针对通用备件，可以通过适当提高预防性更换成本、故障后更换成本和储存成本来缩短更换周期；针对专用备件，可以通过调整备件价格、更换成本和库存成本来调整备件初始库存水平。

8.1.4.3 中小制造企业产品运营服务与对策

本书对"专精特新企业"——A 公司热泵产品的合同能源管理进行研究，深入了解其实施产品运营服务的需求和过程，并在现有文献研究的理论基础上，通过调研访谈等方式收集了丰富的案例数据及 A 公司发展过程中的详细资料，总结了项目实施过程中的关键环节和成功经验，具体如下：（1）节能量对合同能源管理项目的成功起着重要作用，通过对 A 公司合同能源管理的案例进行分析，总结出烟气余热回收项目中节能量的计算模型，经过第三方权威机构的检测并结合实际节能量的计量数据，说明该方法完全适用于余热回收行业的节能量计算。（2）合同能源管理项目涉及众多利益主体，通过对用能单位和 A 公司两个主要利益分配主体之间的博弈分析可以看出，诚信问题是影响合同能源管理发展的关键因素，双方的合作应建立在诚信的基础之上，并组成"利益集体"以降低交易成本，才能最终实现共赢。另外，节能服务公司可以通过不断提升自身的重复博弈能力，采用恰当的策略争取节能效益的最大化。（3）在合同能源管理运营模式上，首先应保证自身产品的竞争优势。然后在企业内部进行组织重构，如成立单独的节能服务部门，以提高服务能力，逐步向节能服务商转变。此外，应加强运维及售后服务能力，以便在更好服务客户的同时获取更高的节能效益。

对此，中小制造企业在实施产品运营服务时，应根据其产品计划和界定运营服务模式，包括可用绩效服务和使用绩效服务。具体来讲：（1）应保持产品的质量和技术领先优势，完善产品售前、售后等基础服务，在此基础上，通过产品和技术的提升、信息化手段的支持、服务网络的完善等带动支持客户的服务，从而逐步实现制造服务化的转型。（2）在实施服务的过程中，企业既要根据服务行业和性质的不同制定合理策略，并通过自身优势争取利益最大化，还要关注与客户建立良好的合作关系，提升客户满意度，实现双方共赢。（3）运营模式的匹配也很关键，实施服务化转型战略的制造企业必须调整其组织结构。企业应建立与服务相匹配的组织架构，实行服务化首先要建立独立的服务业务组织，通过专有部门建立与客户的对接和企业内部业务的协调，并设立分权机制，以便更迅速应对客户需求的变化，更好地提供个性满意的服务，促进服务业务的发展。

8.2 研究不足与展望

本书基于绩效保障合同视角研究产品绩效服务目标、开发路径、能力及方法、绩效服务实施问题，在研究过程中，由于各部分研究内容的特点和数据调研的约束，主要采用深交所上市数据和企业调研数据展开研究。制造企业的产品涵盖半导体切割设备、传动设备、建筑防水、视频安防、手机、节能装备六大类，这虽然能在一定程度上反映中小制造企业的产品特征，但是另一方面也降低了研究的系统性。未来可以界定某一具体类别产品进行深入研究。

总体来讲，本书研究还存在如下不足。

（1）在绩效服务目标研究中，本书选取的案例企业虽然均为深交所上市企业，但所涉及的制造行业并不全面，研究的普适性还有待提高，未来可以扩大样本数量进行实证研究；其次，本项目的服务内容开发主要针对供应链中具有特定技术的核心中小制造企业，未来可对非核心企业开发的服务内容进行展开。

（2）在绩效服务开发路径与能力研究中，定性比较分析方法存在因果不对称性，而本项目并未考虑阻止制造企业进行服务化路径选择的组态分析，未来可以将导致与阻止企业服务化路径选择的条件组态进行对比分析。另外，在配置能力方面，本书虽然揭示并验证了具有差异化动态关系的产品模块与服务模块的配置过程，但在实现过程中是采用不同的方法分别确定可用绩效服务模块与产品模块的差异化动态关系，以及使用绩效服务模块与产品模块的差异化动态关系，没有比较两类服务活动与产品关系的强弱对集成解决方案产生的影响。在服务协调能力方面，由于量化制约，仅仅以可用性作为系统解决方案服务的绩效指标，未来可用扩展对应的绩效指标，如使用水平等。在服务质量评价方法方面，仅面向产业互联网环境下的单任务，未能考虑多任务的优化配置，与实际制造过程存在一定偏差，未来可在复杂制造项目中建立和优化多任务服务组合评价体系，提升服务评价效果。

（3）在绩效服务实施研究中，针对使用绩效式预防维修，本书主要从绩效内涵上进行研究，在以设备产出合格品率、产出市场需求、维修服务满意度作为使用绩效指标的研究过程中，模型与决策变量的联系性较差，未来可用考虑使用绩效的测量方法，加强模型的控制性。在绩效保障下通用或专用备件与预防性维修的联合优化中，均假设备件需求服从泊松分布，实际上在研究备件库存与预防性维修的联合优化时，备件的需求应根据实际的维修计划设置，未来可用根据实际历史数据的拟合分布函数，提高模型的真实性和适用性。在绩效服务实施案例研究中，采用 A 公司热泵产品单一案例，资料的收集主要来自 A 公司内部，未来可以进行多案例对比研究，此外，产品绩效——节能量的计算仅适用于特定行业，存在一定的局限性，未来可以进一步拓展产品绩效测量研究。

附　　录

附录 A1　　基于功能需求的产品满足程度调研表

尊敬的专家：

您好！

首先感谢您参加本次基于功能需求的产品满足程度的调研。本研究以功能需求为中介，探讨产品与服务的差异化动态关系，希望您结合实际情况对不同产品模块实例关于功能需求的满足程度进行评价，并将评价结果填入表格。本次调研内容仅用于项目研究，您的信息将被严格保密，请您放心。

表 A11　　　　　　　　　　　产品模块和功能需求信息

模块名称	模块实例及编码	功能需求
主板 P_1	高通骁龙 730G（P_{11}）	运行速度快 FR_1
	天玑 1000 +（P_{12}）	
	高通骁龙 865（P_{13}）	
屏幕 P_2	OLED 材质、全面屏（P_{21}）	屏保功能 FR_2
	AMOLED 材质、全面屏（P_{22}）	
	AMOLED 材质、曲面屏（P_{23}）	
电池 P_3	电池配件 I（P_{31}）	续航功能 FR_3
	电池配件 II（P_{32}）	
	电池配件 III（P_{33}）	
机身 P_4	塑料机身（P_{41}）	机身保护 FR_4
	玻璃机身（P_{42}）	
	陶瓷机身（P_{43}）	

表 A12　　　　　　　　　　面向功能需求的产品满足程度

$P - FR$	语义评价变量				
	低	较低	一般	较高	高
$P_{11} - FR_1$					
$P_{12} - FR_1$					
$P_{13} - FR_1$					
$P_{21} - FR_2$					
$P_{22} - FR_2$					
$P_{23} - FR_2$					
$P_{31} - FR_3$					
$P_{32} - FR_3$					
$P_{33} - FR_3$					
$P_{41} - FR_4$					
$P_{42} - FR_4$					
$P_{43} - FR_4$					

再次感谢您参加本次调研，祝您工作顺利！

附录 A2　　产品服务匹配满意度调研表

尊敬的专家：

您好！

首先感谢您参加本次基于属性关联的产品模块与服务模块的匹配满意度调研。本研究通过测度产品模块与服务模块的差异化动态关系，深入研究产品服务方案配置过程，希望您结合实际情况对不同关联属性下的产品服务匹配满意度进行评价，并将评价结果填入表格。本次调研内容仅用于项目研究，您的信息将被严格保密，请您放心。

表 A21　　　　　　　　　　　　　　　　　**模块信息**

模块	编码
主板模块	P_1
屏幕模块	P_2
电池模块	P_3
机身模块	P_4
维修方式模块	S_5
备件供应模块	S_6
知识支持模块	S_7
调试服务模块	S_8

表 A22　　　　　　　　　　**语义评价变量和云评价标度的关系**

语义评价变量	云评价标度
不满意	$E_{-2}(0, 1.0302, 0.2618)$
比较不满意	$E_{-1}(3.09, 0.6367, 0.1618)$
一般	$E_0(5, 0.3935, 0.1)$
比较满意	$E_1(6.91, 0.6367, 0.1618)$
满意	$E_2(10, 1.0302, 0.2618)$

表 A23　　　　　　　　　基于属性关联的产品服务匹配满意度

模块匹配	规格参数	产品寿命	产品成本	服务功效	响应时间	服务价格
$P_1 - S_5$						
$P_1 - S_6$						
$P_1 - S_7$						
$P_1 - S_8$						
$P_2 - S_5$						
$P_2 - S_6$						
$P_2 - S_7$						
$P_2 - S_8$						
$P_3 - S_5$						
$P_3 - S_6$						
$P_3 - S_7$						
$P_3 - S_8$						
$P_4 - S_5$						
$P_4 - S_6$						
$P_4 - S_7$						
$P_4 - S_8$						

再次感谢您参加本次调研，祝您工作顺利！

附录 A3　产品服务因素对配置方案的影响调研表

尊敬的专家：

您好！

首先感谢您参加本次关于产品属性、服务功效和企业利润对方案配置影响程度的调研。本研究在文献回溯基础上选择产品属性、服务功效和企业利润作为影响客企双方实现价值共创的重要指标。希望您结合实际情况对不同影响指标的重视程度进行评价，并将评价结果填入表格。本次调研内容仅用于研究，您的信息将被严格保密，请您放心。

表 A31　　　　　　语义术语和三角模糊数的转化关系

语义术语	三角模糊数
不重要（L）	(0, 0.1, 0.3)
比较不重要（ML）	(0.1, 0.3, 0.5)
一般（M）	(0.3, 0.5, 0.7)
比较重要（MH）	(0.5, 0.7, 0.9)
重要（H）	(0.7, 0.9, 1)

表 A32　　　　　　方案影响指标的语义术语

影响指标	不重要	比较不重要	一般	比较重要	重要
产品属性					
服务功效					
企业利润					

再次感谢您参加本次调研，祝您工作顺利！

附录B 服务质量指标重要程度专家打分表

尊敬的专家：

您好！

首先，非常感谢您能抽出宝贵的时间帮助我们进行此次打分工作，本次打分是为了解在对产业互联网环境下产品绩效服务进行质量评价时，各指标对评价目标的重要程度。本项目通过相关文献研究，确定了时间、成本、可用性、可靠性、吞吐量、信誉度和安全性7维一级指标和18项二级指标，见表B1，表B3~表B7。参照表B2，请您根据您的领域知识和专业经验对上述各指标的相对重要程度进行打分，采用九分制打分。为了获得更准确的打分情况，可以采用1~2，2~3，3~4，4~5，5~6，6~7，7~8，8~9之间的分数或小数进行打分。本次打分数据仅用于学术研究，对涉及的相关隐私数据全部进行保密，请您放心填写。

表B1   **指标评价体系**

指标评价体系	
一级指标	二级指标
时间	响应时间
	制造加工时间
	辅助工作所需时间
	物流运输所需时间
成本	平台服务费
	制造加工费
	辅助费用
	物流运输费用
可用性	提供服务可用率
	平台调用可用服务率
可靠性	—
吞吐量	—

指标评价体系	
一级指标	二级指标
信誉度	评价满意度
	反馈及时率
	服务合格率
	交付及时率
	交易成功率
安全性	—

表 B2　　　　　　　　　**相对重要程度对照分值**

含义	分值
两个指标重要程度一样	1
一个指标比另一个指标略微重要	2
一个指标比另一个指标轻微重要	3
一个指标比另一个指标稍微重要	4
一个指标比另一个指标比较重要	5
一个指标比另一个指标较多重要	6
一个指标比另一个指标明显重要	7
一个指标比另一个指标很重要	8
一个指标比另一个指标极重要	9

表 B3　　　　　　　　　　　**一级指标打分**

一级指标	时间	成本	可用性	可靠性	吞吐量	信誉度	安全性
时间							
成本							
可用性							
可靠性							
吞吐量							
信誉度							
安全性							

表 B4　　　　　　　　　**二级指标 – 时间打分表**

二级指标 – 时间	响应时间	制造加工时间	辅助工作所需时间	物流运输所需时间
响应时间				
制造加工时间				
辅助工作所需时间				
物流运输所需时间				

表 B5　　　　　　　　　**二级指标 – 成本打分表**

二级指标 – 成本	平台服务费	制造加工费	辅助费用	物流运输费用
平台服务费				
制造加工费				
辅助费用				
物流运输费用				

表 B6　　　　　　　　　**二级指标 – 可用性打分表**

二级指标 – 可用性	提供服务可用率	平台调用可用服务率
提供服务可用率		
平台调用可用服务率		

表 B7　　　　　　　　　**二级指标 – 信誉度打分表**

二级指标 – 成本	评价满意度	反馈及时率	服务合格率	交付及时率	交易成功率
评价满意度					
反馈及时率					
服务合格率					
交付及时率					
交易成功率					

再次感谢您参加本次调研，祝您工作顺利！

附录 C1　　维修服务记录表

传动设备维修服务记录表如表 C11 所示。

表 C11　　　　　　　　　　**维修服务记录表**

维 修 服 务 记 录 表

Maintenance Service Record Form

客户名称：		地点：	
设备名称：		名牌：	
维修单号：		维修日期：	年　　月　　日
维修人员：			

是否需要返厂维修：	是□　　　　否□
故障部件名称：	
安装时长：	月　　　天　　　小时
维修服务时长：	月　　　天　　　小时

	故障维修流程与维修现场记录
故障检查记录与原因分析	现场图片 签字：
维修措施	 签字：

	所需备件与零部件清单			
序号	名称	数量	单价	合计
1				
2				
3				
4				
5				

记录日期：　　年　　月　　日

附录 C2　大型传动设备维修服务现状调查访谈提纲

尊敬的专家：

您好！

非常感谢您参加本次访谈，本次访谈主要想了解目前大型传动设备的维修服务现状，此次访谈不涉及机密问题，且仅用于项目研究，您的信息也将会被严格保密，请您放心。请您根据您的维修服务经验，以及对设备维修服务现状的了解回答以下五个问题。

（1）您在企业的主要职务以及负责的业务是什么？

（2）大型传动设备主要有哪些？它们的用途以及经常出现的故障是什么？

（3）常见的大型传动设备维修策略以及维修模式是什么？

（4）在设备维修服务过程中，采取的维修合同与维修服务流程是什么？

（5）您认为哪些因素会影响设备运行与维修服务效果，如何提升呢？

再次感谢您参加本次访谈，祝您工作顺利！

附录 C3　　维修服务绩效影响因素结构化数据分析

本书采用结构化数据分析方法分析大型传动设备维修服务绩效影响因素，部分资料分析过程如图 C31 所示。

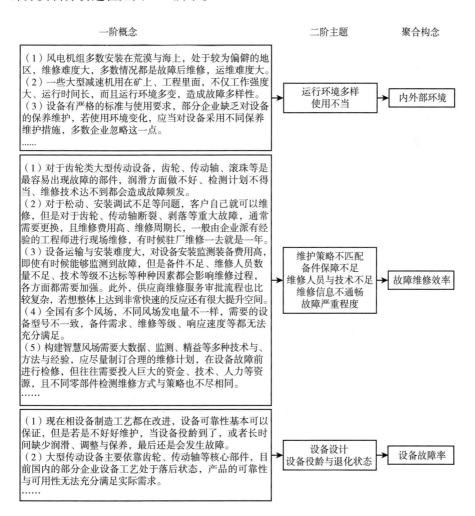

图 C31　维修服务绩效影响因素结构化数据分析

附录 C4　部件故障因素结巴分词程序

```python
import matplotlib. pyplot as plt    # 数据可视化
import jieba    # 词语切割
import wordcloud    # 分词
from wordcloud import Word Cloud, Image Color Generator, STOPWORDS    # 词云,颜色生成器,停止词
import numpy as np    # 科学计算
from PIL import Image    # 处理图片
def ciyun():
    with open('维修资料. txt','r', encoding ='utf - 8 ') as f:    # 打开新的文本转码为 gbk,open 文本项目件
        textfile = f. read()    # 读取文本内容
    wordlist = jieba. lcut(textfile)    # 切割词语
    print(wordlist)
    listresult = []
    for word in wordlist:
        if len(word) = =1 or word. isnumeric() = =True:    # 删去助词,标点,数字
            continue
        elif word = ='雨天' or word = ='晴天':    # 同义替换
            rword ='天气'
        else:
            rword = word
        listresult. append(rword)
    print(listresult)
    space_list =''. join(listresult)    # 空格链接词语
    #print(space_list)
```

```python
        backgroud = np.array(Image.open('词云背景.jpg'))
        wc = WordCloud(width=1400, height=2200,  #画幅大小
                       background_color='white',  #背景颜色
                       mode='RGB',
                       mask=backgroud,    # 添加蒙版,生成指定形状的词
云,并且词云图的颜色可从蒙版里提取
                       max_words=500,
                       stopwords=STOPWORDS.add('需要删除的词写在这
里'),    # 内置的屏蔽词
                       font_path='C:\Windows\Fonts\STZHONGS.ttf',
                       max_font_size=150,
                       relative_scaling=0.6,    # 设置字体大小与词频的关
联程度为0.4
                       random_state=50,
                       scale=2
                       ).generate(space_list)
        image_color = ImageColorGenerator(backgroud)    # 设置生成词云的颜
色,如去掉这两行则字体为默认颜色
        wc.recolor(color_func=image_color)
        plt.imshow(wc)    # 显示词云
        plt.axis('off')    # 关闭x,y轴
        plt.show()    # 显示
        wc.to_file('词云结果.jpg')    # 保存词云图
    def main():
        ciyun()
    if __name__ == '__main__':
        main()
```

附录C5 可用绩效式预防维修服务决策建模程序

```
function y = fun_2( x)
pai = 500000;          % 固定支付
K = 8000000;           % 可用度激励系数
miu = 4. 4;            % 预防维修时间分布参数
v = 0. 3;
A_min = 0. 97;         % 可用度最低阈值
R_min = 0. 7;          % 可靠度下限
d_1 = 6;               % 故障维修时间
d_2 = 20;              % 预防更换时间
c_0 = 2000;            % 预防维修费用
c_1 = 1000;            % 故障维修费用
c_2 = 4000;            % 预防更换费用
c_3 = 1000;            % 单位时间停机损失成本
aerfa = 3599;          % 故障率威布尔分布参数
beita = 1. 38;
for R = 0. 7：0. 05：0. 9;    % 枚举法可靠度变化区间
%% 开始仿真
t = 0;
t_1 = 0;
y = c_2;
% 第一个周期
temp_t = aerfa * ( - log( R))^(1/beita);    % 第一个预防性维修周期
error = ( temp_t/aerfa)^( beita);           % 故障次数
y = y + c_1 * error;                        % 故障费用 + 预防维修费用
l_1 = normrnd( miu,v,1);                     % 预防维修时间
y = y + c_3 * ( l_1(1) + d_1 * error + d_2);    % 总费用
```

```
t_3 = temp_t/( temp_t + l_1 + d_1 * error + d_2 );    % 第一个周期可用度
t = t + temp_t + l_1 + d_1 * error + d_2;              % 第一个周期总时间
t_1 = t_1 + temp_t;                                    % 第一个周期时间
if t_3 > 0.97                                          % 可用度绩效
Y2 = ( pai − y + K * ( t_3 − A_min ) );                % 利润
else
    Y2 = 0 − y;
end
final_Y2 = Y2
final_t_3 = t_3;
% 开始 N 个周期
T = [ ];
    for i = 2:10
        y = y + c_0;
        T( i − 1 ) = temp_t;
        temp = 1:( i − 1 );
        a = temp. /( 3. * temp + 8 );
        b = ( 12 * temp + 1 ). /( 10 * temp + 1 );

temp_t = ( ( − log( R ) * aerfa^( beita ) )/prod( b ) + ( sum( a. * T ) )^( beita ) )^( 1/
beita ) − sum( a. * T );
        error( i ) = prod( b ) * ( ( ( temp_t + sum( T. * a ) )/aerfa )^( beita ) −
( sum( T. * a )/aerfa )^( beita ) );
        y = y + c_1 * error( i );
        l_1( i ) = normrnd( miu , v , 1 );
        y = y + c_3 * ( l_1( i − 1 ) + d_1 * error( i ) );
        l_2( i ) = error( i ) * d_1;
        t_1 = t_1 + temp_t;
        t = t + temp_t + l_1( i ) + l_2( i );
        t_3 = t_1/t;
```

```
if t_3 > 0.97
Y2 = ( pai − y + K * ( t_3 − A_min ) ) ;
else
    Y2 = 0 − y
end
final_Y2( i ) = Y2
final_t_3( i ) = t_3 ;
end
figure( 1 )
plot( final_Y2 ) ;
hold on
figure( 2 )
plot( final_t_3 ) ;
hold on
end
[ a , b ] = max( final_Y2 )
disp( [ '可靠度,最优预防性维修次数、最大利润' ] )
disp( R )
disp( b )
disp( a )
```

附录 D　A 公司合同能源管理实施过程访谈提纲

尊敬的专家：

您好！

为了详细了解本供热中心合同能源管理项目的实施过程及细节，以及实施过程中具体环节的方法和经验，采用座谈采访和电话采访的方式进行，并辅助直接观察和文件收集的方法进行资料收集。此次访谈不涉及机密问题，且仅用于项目研究，您的信息也将会被严格保密，请您放心。此次访谈人员主要包括 A 公司运营总监、项目经理、销售负责人、EMC 项目部同事 4 名，供热中心节能改造项目负责人等。涉及内容包括：该项目的背景资料、采用合同能源管理模式的原因、实施过程中节能量计算的方法、节能效益分配的博弈过程、实施过程中都遇到的问题等。

请您根据下列问题进行回答：

(1) 请问此项项目当时的实施背景是怎么样的？

(2) 采用合同能源管理的模式是出于哪些方面考虑？优势是什么？

(3) 项目实施过程中节能量计算的方法是什么？有什么经验？

(4) 节能效益分配的谈判过程是怎样的？

(5) 实施过程中都遇到哪些问题？如何解决的？

(6) 您对该项目的评价怎么样？满意度如何？

(7) 在该项目上运维方式是怎样的？有什么经验？

再次感谢您参加本次访谈，祝您工作顺利！

参考文献

［1］陈嘉倩，刘勤明，叶春明，等．基于故障风险的医院诊疗设备预防性机会维修策略研究［J］．工业工程与管理，2021，26（5）：51-58.

［2］陈洁雄．制造业服务化与经营绩效的实证检验——基于中美上市公司的比较［J］．商业经济与管理，2010，29（4）：33-41.

［3］陈林聪．风电机组齿轮箱预防性维修与机会维修决策研究［D］．北京：华北电力大学，2016.

［4］陈素琴，孟悦．资金密集型企业资本结构与财务绩效的相关性研究——以电力企业为例［J］．财务与金融，2014，6（6）：83-88.

［5］陈岩，李庭，鲍博．基于 Choquet 积分的指标关联模糊多目标指派问题［J］．系统工程理论与实践，2017，37（8）：2162-2170.

［6］陈友芳．重复博弈、信息不对称与诚信建设的博弈机制［J］．福建论坛（人文社会科学版），2011（1）：17-21.

［7］陈元志．合同能源管理的商业模式与运行机制［J］．改革与战略，2012，28（3）：51-53，165.

［8］程巧莲，田也壮．制造企业服务功能演变与实现路径研究［J］．科研管理，2008，29（6）：59-64，73.

［9］戴克清．共享式服务创新的基因遗传表达与成长——基于制造业纵向案例的扎根分析［J］．管理评论，2020，32（10）：324-336.

［10］戴勇，王文青．基于 PBC 的服务备件供应链运营优化策略：库存共享的引入［J］．系统工程，2018，36（12）：67-74.

［11］戴勇．PBL 模式下的服务备件供应链研究综述［J］．系统工程，2014，32（4）：7-14.

［12］戴勇．基于服务主导逻辑的 PBC 模式价值创新机理研究［J］．科

研管理，2014，35（7）：67－74.

［13］但斌，罗骁，刘墨林．基于制造与服务过程集成的产品服务供应链模式［J］．重庆大学学报（社会科学版），2016，22（1）：99－106.

［14］邓云，刘燕燕，蒋铠名，等．中国消费互联网向产业互联网转型的研究——基于产业互联网发展背景下的战略分析［J］．全国流通经济，2022（1）：41－43.

［15］丁珍妮，陈华友，朱家明．三角模糊数组合预测模型及其 Shapley 值近似解法［J］．统计与决策，2019，35（24）：68－72.

［16］董航宇，刘勤明，叶春明，等．基于可靠度的高铁制动机周期预防维修优化研究［J］．上海理工大学学报，2020，42（4）：384－389.

［17］董琪，赵建忠，朱良明，等．考虑通用件的备件多级配置优化研究［J］．计算机与数字工程，2019，47（4）：756－761，784.

［18］杜华勇，王节祥，李其原．产业互联网平台价值共创机理——基于宏图智能物流的案例研究［J］．商业经济与管理，2021，353（3）：5－18.

［19］杜运周，贾良定．组态视角与定性比较分析（QCA）：管理学研究的一条新道路［J］．管理世界，2017（6）：155－167.

［20］方玲珍，史凯龙，陆彪，等．基于维护效率的设备多目标预防维护优化建模［J］．计算机集成制造系统，2018，24（6）：1438－1444.

［21］方晓波．服务型制造的发展路径与模式研究［J］．学习与实践，2016（9）：27－34.

［22］方译翎．产业互联网背景下企业战略、组织模式与发展路径［J］．商业经济研究，2021（13）：118－121.

［23］冯永春，崔连广，张海军，等．制造商如何开发有效的客户解决方案？［J］．管理世界，2016（10）：150－173.

［24］耿秀丽，薄振一，张永政．基于概率语义信息公理的顾客满意度测评［J］．计算机集成制造系统，2020，26（7）：1868－1874.

［25］耿秀丽，董雪琦．基于云模型和信息公理的产品功能需求配置优化［J］．计算机集成制造系统，2018，24（1）：154－163.

［26］耿秀丽，徐士东，李易林，等．考虑产品服务组合效应的产品服务系统方案评价方法［J］．计算机集成制造系统，2015，21（10）：2798－2806.

［27］耿秀丽，徐士东，叶春明．顾客需求驱动的产品服务系统模块选配方法［J］．计算机集成制造系统，2016，22（1）：55－61．

［28］耿秀丽，徐轶才．基于云模型 QFD 的产品服务系统工程特性重要度分析［J］．计算机集成制造系统，2018，24（6）：1494－1502．

［29］顾强，王晶，郝金星，等．服务型制造支撑理论与实用模式［M］．北京：经济管理出版社，2020．

［30］顾新，刘松岑．以预测性为中心的维修理论和维修方式发展研究［J］．航空工程进展，2021，12（5）：7－14．

［31］郭伟，仝克宁，邵宏宇，等．基于 RS 与 AHP 的中小企业云制造模式下多服务主体信用评价体系构建［J］．计算机集成制造系统，2013，19（9）：2340－2347．

［32］郭燕，陈之昶．传统制造企业服务化转型研究——基于"互联网＋"的背景［J］．技术经济与管理研究，2020，40（7）：11－15．

［33］韩帮军，范秀敏，马登哲．基于可靠度约束的预防性维修策略的优化研究［J］．机械工程学报，2003，39（6）：102－105．

［34］韩永明．工业企业项目节能量计算方法及分析［J］．节能，2020，39（4）：154－157．

［35］郝增亮，刘子先．二维保证下汽车维修备件动态库存控制策略［J］．工业工程，2011，14（2）：84－89．

［36］何勇，张伟程．浅谈燃气锅炉余热回收消白技术的应用［J］．特种设备安全技术，2022（1）：11－13，20．

［37］贺德强，肖红升，姚晓阳，等．地铁列车预防性维修多目标优化模型及应用［J］．广西大学学报（自然科学版），2019，44（2）：299－305．

［38］贺可太，朱道云．云制造服务质量评价［J］．计算机集成制造系统，2018，24（1）：53－62．

［39］侯展舒．时变维修需求下备件库存与性能合同协同设计及应用研究［D］．沈阳：东北大学，2015．

［40］胡查平，汪涛．制造业服务化战略转型升级：演进路径的理论模型——基于 3 家本土制造企业的案例研究［J］．科研管理，2016，37（11）：119－126．

［41］胡有林，韩庆兰．考虑双方努力的产品服务系统价值共创［J］．计算机集成制造系统，2018，24（1）：213－223.

［42］黄柏雄，周德俭，袁海英．基于改进加权和算法的模块化产品配置设计［J］．机械设计与制造，2016，27（4）：245－248.

［43］黄宝敏．能源效率、环境约束与我国经济增长质量研究［D］．吉林：吉林大学，2015.

［44］黄超群，蒋仁言．风电机组的运维管理研究现状与展望［C］．2015年全国机械行业可靠性技术学术交流会暨第五届可靠性工程分会第二次全体委员大会，中国江苏常州，2015.

［45］黄智星．节能效益分享型的合同能源管理项目投资决策研究［D］．北京：北京交通大学，2016.

［46］霍明庆．风电机组传动系统预防维修决策方法研究［D］．北京：华北电力大学，2016.

［47］简兆权，伍卓深．制造业服务化的路径选择研究——基于微笑曲线理论的观点［J］．科学学与科学技术管理，2011，32（12）：137－143.

［48］蒋敏辉．产业互联网的管理逻辑［J］．供应链管理，2021，12（8）：122－128.

［49］解季非．制造企业服务化路径选择研究［J］．中国管理科学，2018，26（12）：135－145.

［50］金玉兰，刘莹，严嘉欣．考虑维修时间和惩罚的租赁设备维护策略研究［J］．工业工程与管理，2020，25（2）：30－35.

［51］寇军，张旭梅，周茂森．产品服务供应链中产品与延保服务的联合定价与协调［J］．系统管理学报，2020，29（3）：601－607.

［52］雷达．考虑备件重要度系数的通用备件采购数量分配决策［J］．财会月刊，2012，12（5）：53－54.

［53］李葆文．设备管理新思维新模式［M］．北京：机械工业出版社，2019.

［54］李冰，刘洪，李幼铭．三维地震数据离散光滑插值的共轭梯度法［J］．地球物理学报，2002（5）：691－699.

［55］李德毅，孟海军，史雪梅．隶属云和隶属云发生器［J］．计算机

研究与发展，1995（6）：15-20.

［56］李国英.产业互联网模式下现代农业产业发展路径［J］.现代经济探讨，2015（7）：77-82.

［57］李浩，刘根，焦起超，等.基于 NSGA-Ⅱ的产品服务系统多目标优化配置设计［J］.机械设计与制造，2019，14（8）：201-206，210.

［58］李佳丽.企业生命周期研究综述［J］.中国集体经济，2019，34（18）：93-94.

［59］李建华，徐家生，任丽娜.可靠度约束下的不完全预防更换维修模型［J］.太阳能学报，2022，43（4）：7.

［60］李靖华，林莉，李倩岚.制造业服务化商业模式创新：基于资源基础观［J］.科研管理，2019，40（3）：74-83.

［61］李靖华，马江璐，瞿庆云.授人以渔，还是授人以鱼——制造服务化价值创造逻辑的探索式案例研究［J］.科学学与科学技术管理，2019，40（7）：43-60.

［62］李靖华，瞿庆云，林莉，等.内外导向视角下的制造企业服务创新能力演进研究：探索性案例研究［J］.科学学与科学技术管理，2019，40（5）：87-104.

［63］李军亮，陈跃良，张勇，等.基于可用度的预防性维修间隔优化综述［J］.系统工程理论与实践，2021，41（6）：1611-1624.

［64］李磊，郭歌，李杰，等.基于云模型和信息公理的车辆故障模式风险评估方法［J］.北京交通大学学报，2019，43（5）：126-134.

［65］李楠博，孙弘远.基于云模型的区域企业绿色技术创新环境成熟度评价［J］.科技进步与对策，2021，38（22）：50-57.

［66］李少龙，黄南，董红莉，等.航空发动机通用件设计体系建设思路研究［J］.航空科学技术，2019，30（4）：21-25.

［67］李淑敏，孙树栋，司书宾，等.基于年龄更换策略的多——单维修备件库存控制优化［J］.中国制造业信息化，2010，39（3）：18-21.

［68］李天柱，刘小琴，李潇潇.VCC 视角下的制造业服务化模式及其演进［J］.科研管理，2020，41（9）：230-237.

［69］李伟，李凯.考虑渠道势力和研发溢出的竞争制造商研发决策研

究［J］.中国管理科学，2019，27（5）：196-207.

［70］李晓华.数字技术推动下的服务型制造创新发展［J］.改革，2021，16（10）：72-83.

［71］李怡飞.节能效益分享型合同能源管理项目收益分配研究［D］.北京：北京交通大学，2019.

［72］林志炳.考虑产出不确定的供应链绿色制造策略研究［J］.软科学，2021，35（3）：123-128.

［73］令狐克睿，简兆权.制造业服务化价值共创模式研究——基于服务生态系统视角［J］.华东经济管理，2017，31（6）：84-92.

［74］令狐克睿，简兆权.制造业服务化升级路径研究——基于服务生态系统的视角［J］.科技管理研究，2018，38（9）：104-109.

［75］刘俊卿.合同能源管理难题［J］.中国经济和信息化，2013，23（14）：48-51.

［76］刘丽文，郭祥雷.武器装备保障供应链中基于绩效的整体外包机制［J］.中国管理科学，2009，17（6）：91-97.

［77］刘名武，万谧宇，彭冠军.绩效保障模式下的装备可修部件售后保障策略［J］.计算机工程与应用，2015，51（17）：245-249.

［78］刘名武，张旭，彭冠军.基于绩效保障模式的可修备件保障系统运营管理策略［J］.运筹与管理，2016，25（2）：276-281.

［79］刘勤明，王雨婷，叶春明，等.考虑租赁双方的租赁设备多目标预防维护策略［J］.上海理工大学学报，2021，43（1）：102-110.

［80］刘伟强，金智献，徐立云.基于脆性度和云模型的发动机缸盖装配系统健康状态评估［J］.计算机集成制造系统，2022，28（2）：368-384.

［81］刘晓辉，任群罗.产业互联网背景下电商C2M模式发展困境与突破路径［J］.企业经济，2021，40（6）：138-144.

［82］刘亚臣，徐佳欣，刘宁.基于公平熵的节能效益分享型合同能源管理效益分配研究［J］.科技进步与对策，2013，30（23）：137-140.

［83］刘莹，金玉兰.租赁设备的预防性维修综述［J］.中国集体经济，2018，16（7）：65-66.

［84］刘泽宇.供热系统节能量计算方法的研究［D］.北京：北京建筑

大学，2015.

［85］刘振，宋寒，代应，等．碳交易与消费者低碳偏好下低碳服务供应链收益共享契约［J］．计算机集成制造系统，2020，28（1）：294－306.

［86］刘峥，周敏，赵袁军，等．大规模定制背景下可控提前期通用件安全库存优化算法［J］．数学的实践与认识，2015，45（24）：61－70.

［87］卢志坚，孙元欣．完全信息下的合同能源管理节能效益分享模式博弈模型［J］．科技管理研究，2015，35（24）：216－219.

［88］罗伯特·K. 殷（Robert K. Yin）案例研究：设计与方法（第5版）［M］．重庆：重庆大学出版社，2014.

［89］罗建强，李伟鹏，赵艳萍．制造企业服务衍生的产品—服务匹配机制［J］．系统工程，2017，35（3）：137－144.

［90］罗建强，彭永涛，周菁．客户参与制造企业服务衍生的实现机制［J］．系统工程，2018，36（6）：55－61.

［91］罗建强，吴启飞．供需交互视角下的产品服务系统方案配置［J］．计算机集成制造系统，2020，26（5）：1304－1313.

［92］罗建强．服务型制造企业服务衍生的存在性研究［J］．科学学与科学技术管理，2015，36（12）：119－127.

［93］罗景辉，王侃宏，崔志强，等．热泵技术改造项目节能量量化方法研究［J］．河北工程大学学报（自然科学版），2015，32（1）：48－51.

［94］罗燕君．从"平台互联网"到"产业互联网"：消费大爆炸背景下的互联网产业融合研究［J］．商业经济研究，2019，13（20）：85－88.

［95］罗祎，阮旻智，李庆民．任意结构下可修复备件的配置方案优化［J］．系统工程与电子技术，2012，34（9）：1865－1871.

［96］马仁杰，陈军，郭钢．基于区间和灰色关联度的云制造服务匹配方法［J］．计算机集成制造系统，2022，28（3）：918－926.

［97］马文聪，侯羽，朱桂龙．研发投入和人员激励对创新绩效的影响机制——基于新兴产业和传统产业的比较研究［J］．科学学与科学技术管理，2013，34（3）：58－68.

［98］马文龙，朱李楠，王万良．云制造环境下基于QoS感知的云服务选择模型［J］．计算机集成制造系统，2014，20（5）：1246－1254.

［99］毛基业，李高勇. 案例研究的"术"与"道"的反思——中国企业管理案例与质性研究论坛（2013）综述［J］. 管理世界，2014，25（2）：111-117.

［100］毛世红. 基于重要度的通用备件采购数量分配决策研究［J］. 科技管理研究，2012，32（13）：242-244.

［101］毛宇，黄之杰，李威，等. 基于多种约束条件的维修备件库存优化方法研究［J］. 数学的实践与认识，2018，48（10）：163-166.

［102］梅嘉健，刘勤明，叶春明，等. 基于模糊理论的设备多目标预防性维护策略研究［J］. 重庆师范大学学报（自然科学版），2021，38（1）：46-54.

［103］欧阳建军. 节能效益分享型合同博弈分析［J］. 合作经济与科技，2016，16（20）：106-107.

［104］欧阳中辉，胡道畅，陈青华，等. 基于模糊集理论和 TOPSIS 的 FMEA 分析方法［J］. 兵器装备工程学报，2020，41（11）：117-123.

［105］秦昌媛，雷春昭. 基于制造业转型下的多属性关联的产品服务方案决策研究［J］. 工业技术经济，2021，40（4）：68-74.

［106］秦绪伟，纪梦旭，蒋忠中，等. 性能保障模式下关键设备市场扩张期的二级备件库存优化及案例［J］. 计算机集成制造系统，2016，22（12）：2888-2899.

［107］秦绪伟，康万根，蒋忠中，等. 面向关键设备维修服务的性能合同与中断保险联合优化设计［J］. 系统工程理论与实践，2017，37（11）：2821-2832.

［108］秦绪伟，刘虹，蒋忠中，等. 面向关键设备系统多层级维修服务的性能合同设计及激励机制［J］. 系统管理学报，2018，27（6）：1184-1204.

［109］邱华清，耿秀丽，徐轶才. 基于粗糙 Choquet 积分的产品服务系统设计方案优选［J］. 中国机械工程，2018，29（20）：2416-2424.

［110］邱娟. 产品服务关系评估与需求驱动的 PSS 配置研究［D］. 武汉：华中科技大学，2013.

［111］邱泽奇. 技术与组织：多学科研究格局与社会学关注［J］. 社会学研究，2017，32（4）：167-192，245-246.

［112］曲毅．装备维修保障项目绩效评价体系研究［J］．海军工程大学学报（综合版），2019，16（3）：87 – 92．

［113］任保平．我国产业互联网时代的新特征及其发展路径［J］．人民论坛，2021，14（1）：66 – 68．

［114］赛义德．可靠性工程［M］．第2版．杨舟，译．北京：电子工业出版社，2013．

［115］邵松世，阮旻智，张志华．基于库存状态的备件初始配置及采购优化模型［J］．系统仿真学报，2020，32（3）：509 – 517．

［116］史国举．基于 Python 的中文分词技术探究［J］．无线互联科技，2021，18（23）：110 – 111．

［117］司书宾，贾大鹏，孙树栋，等．服务水平约束下的多—单维修备件协同库存控制模型及其仿真研究［J］．中国机械工程，2007，（23）：2844 – 2847．

［118］宋均有．数控机床产品服务系统配置设计研究［D］．沈阳：东北大学，2014．

［119］宋之杰，杨志秀，赵玉忠，等．可用度及动态维修成本下的维修决策模型［J］．工业工程，2014，17（2）：17 – 22．

［120］苏敬勤．重视中小制造企业在解决卡脖子技术中的关键作用［J］．中国科技论坛，2020，15（6）：7 – 9．

［121］苏媛，李广培．绿色技术创新能力、产品差异化与企业竞争力——基于节能环保产业上市公司的分析［J］．中国管理科学，2021，29（4）：46 – 56．

［122］孙晓琳，金淳，马琳，等．云制造环境下基于本体和模糊 QoS 的供应商匹配方法［J］．中国管理科学，2018，26（1）：128 – 138．

［123］唐娟，王璐，刘志．基于证据理论和层次分析法的云制造服务质量评价方法［J］．安徽广播电视大学学报，2016，11（2）：55 – 58．

［124］田杰棠，闫德利．新基建和产业互联网：疫情后数字经济加速的"路与车"［J］．山东大学学报（哲学社会科学版），2020，21（3）：1 – 8．

［125］涂继亮，余洪，余松，等．基于性能保障分析的飞机备件需求预测模型［J］．海军航空工程学院学报，2019，34（4）：356 – 362．

[126] 万光羽, 李冬. 基于绩效的产品维修服务合同最优设计与比较分析——考虑零部件过期的影响 [J]. 中国管理科学, 2020, 21 (9): 1-12.

[127] 王丹, 张小曼, 刘琳. 效益分享型 EMC 利益分配的博弈分析——基于合作与非合作博弈解的比较 [J]. 中国市场, 2013, 23 (15): 88-91.

[128] 王海杰, 宋姗姗. 基于产业互联网的我国制造业全球价值链重构和升级 [J]. 企业经济, 2018, 37 (5): 32-38.

[129] 王慧, 王谦. 供应链合作研发中下游合作方优先定价效果分析 [J]. 管理评论, 2021, 33 (8): 314-325.

[130] 王敬敏, 王李平. 合同能源管理机制的效益分享模型研究 [J]. 能源技术与管理, 2007, 27 (4): 92-93, 107.

[131] 王俊龙, 楼京俊, 阮旻智, 等. 面向满足率与利用率的通用备件优化配置方法研究 [J]. 航空学报, 2022, 17 (3): 1-9.

[132] 王康周, 江志斌, 林文进, 等. 服务型制造混合供应链管理研究 [J]. 软科学, 2013, 27 (5): 93-100.

[133] 王凌, 郑恩辉, 李运堂, 等. 维修决策建模和优化技术综述 [J]. 机械科学与技术, 2010, 13 (9): 133-140.

[134] 王伟, 黄照旺, 丁黎黎, 等. 研发结果不确定时制造商的横向技术授权策略研究 [J]. 中国管理科学, 2021, 19 (42): 1-12.

[135] 王卫东. 产业互联网是金融科技新蓝海 [J]. 中国金融, 2020, 15 (22): 56-57.

[136] 王文周, 施黎蒙, 林则夫. 基于 Choquet 积分的绩效评价模型研究——以建筑企业为例 [J]. 中国海洋大学学报 (社会科学版), 2015, 23 (5): 79-85.

[137] 王孝宁, 颜玲, 何钦成. 基于 TOPSIS 法和 SOM 神经网络的论文评价研究 [J]. 科技进步与对策, 2009, 26 (24): 155-161.

[138] 韦奉青. 合同能源管理项目节能量测量和验证方法研究 [D]. 北京: 北京交通大学, 2017.

[139] 魏勇, 穆连运. 鱼雷装备备件隶属关系的两级库存系统配置优化研究 [J]. 火力与指挥控制, 2016, 41 (10): 43-47.

[140] 吴琦, 谭玉茹. 合同能源管理运行模式分析 [J]. 电工电气,

2013，24（12）：55 – 58.

［141］吴启飞．供需交互视角下产品服务系统方案配置研究［D］．镇江：江苏大学，2018.

［142］吴小超，张怡，熊坚，等．卷包机组设备效率评价指标体系的设计与实现［J］．包装工程，2021，42（13）：262 – 269.

［143］肖挺．业务维度、外部服务供应商与制造企业服务化战略实施效果分析［J］．南开管理评论，2021，26（8）：1 – 20.

［144］肖挺．制造企业服务化、产品技术创新与组织变革［J］．中国科技论坛，2021，17（5）：46 – 56.

［145］谢萍．CDHY 公司的战略研究［D］．成都：西南财经大学，2019.

［146］谢小军，马虹，朱宁，等．基于区间相似度 IOWGA 算子的三角模糊数组合预测模型［J］．统计与决策，2020，36（23）：23 – 27.

［147］徐建新，张海迪，许强．机会窗口、复合式战略与后发企业追赶——基于大华股份的纵向案例研究［J］．科技进步与对策，2020，37（23）：81 – 90.

［148］徐建中，翟佳琦．基于云模型—灰色关联分析的云平台军民融合创新方案评价研究［J］．运筹与管理，2021，30（7）：154 – 159.

［149］徐立，阮旻智，李华．对数正态型通用备件满足率评估及需求量计算方法［J］．系统工程与电子技术，2022，44（4）：1417 – 1423.

［150］徐新照，方峻．基于模糊信息公理的可配置产品设计方案评价方法及应用研究［J］．机械设计，2019，36（7）：14 – 20.

［151］许飞雪，刘勤明，欧阳海玲，等．基于服务性能合同的多部件系统维修策略模型优化［J］．计算机应用，2021，41（4）：1184 – 1191.

［152］许飞雪，刘勤明，叶春明，等．基于服务性能合同模式下单部件系统视情维修策略研究［J］．计算机应用研究，2021，38（2）：460 – 464.

［153］许庆瑞，李杨，刘景江．结合制造与服务逻辑发展企业创新能力——基于海尔集团的纵向案例研究［J］．科研管理，2020，41（1）：35 – 47.

［154］杨斐杰，杨华．装备保障信息系统建设绩效评价指标的构建［J］．物流技术，2018，37（2）：131 – 133，148.

［155］杨华，郭伟，毕海玲，等．大型设备制造企业维修备件联合库存

优化研究 [J]. 中国机械工程, 2009, 20 (15): 1802 – 1806.

[156] 杨水利, 梁永康. 制造企业服务化转型影响因素扎根研究 [J]. 科技进步与对策, 2016, 33 (8): 101 – 105.

[157] 杨旭, 李文强. 一种基于灰色关联度的产品/服务集成设计方法 [J]. 机械设计与制造, 2020, 12 (3): 285 – 288.

[158] 杨垚立. 产业互联网时代商业银行转型发展研究 [J]. 西南金融, 2020, 16 (7): 56 – 64.

[159] 杨玉丽, 李宇航, 邓岸华. 面向个性化需求的云制造服务可信评价模型 [J]. 计算机科学, 2022, 49 (3): 354 – 359.

[160] 杨钊. 产业互联网的现实应用及其模式创新 [J]. 重庆社会科学, 2016, 13 (2): 17 – 22.

[161] 姚树俊, 陈菊红, 赵益维. 服务型制造模式下产品服务模块化演变进程研究 [J]. 科技进步与对策, 2012, 29 (9): 78 – 83.

[162] 伊辉勇, 张露. 支持在线定制的商品和服务混合配置过程模型 [J]. 计算机集成制造系统, 2020, 26 (1): 260 – 267.

[163] 余菲菲, 高霞. 产业互联网下中国制造企业战略转型路径探究 [J]. 科学学研究, 2018, 36 (10): 1770 – 1778.

[164] 喻蕾. 合同能源管理项目风险评价与收益分配研究 [D]. 武汉: 武汉理工大学, 2013.

[165] 袁际军, 黄敏镁, 杨宏林, 等. 客户需求动态变更驱动下的产品配置更新建模与优化 [J]. 计算机集成制造系统, 2018, 24 (10): 2584 – 2598.

[166] 曾经莲. 服务型制造企业外部组织整合对服务创新绩效的影响机制研究 [D]. 广州: 华南理工大学, 2019.

[167] 曾勇, 谭红梅. 不同维修策略下钢筋混凝土梁桥的最优维修时机研究 [J]. 公路, 2017, 62 (8): 95 – 100.

[168] 张殿峰, 王宇亮, 李颖, 等. 基于模糊信息公理的水利工程规划方案选择 [J]. 计算机集成制造系统, 2020, 26 (10): 2889 – 2896.

[169] 张红梅, 刘沃野, 董良. 基于性能的合同商装备保障研究 [J]. 装备指挥技术学院学报, 2010, 21 (5): 37 – 41.

[170] 张金隆, 陈涛, 王林, 等. 基于备件需求优先级的随机库存控制

模型研究［J］．中国管理科学，2003，27（6）：26-29．

　　［171］张丽芬，董才林，喻莹，等．一种支持混合 QoS 属性的服务选择方法［J］．计算机应用与软件，2016，33（9）：15-19．

　　［172］张旭梅，吴黛诗，江小玲，等．动态匹配视角下装备制造企业产品服务价值链构建路径——基于振华重工 1992-2019 年的纵向案例研究［J］．软科学，2021，35（4）：76-82．

　　［173］张叶青，陆瑶，李乐芸．大数据应用对中国企业市场价值的影响——来自中国上市公司年报文本分析的证据［J］．经济研究，2021，56（12）：42-59．

　　［174］张友鹏，杨凯雄，石磊．可靠度约束下不完全预防性维护经济优化模型［J］．计算机集成制造系统，2018，24（12）：3019-3026．

　　［175］张云正，曾建潮，张晓红，等．多设备租赁条件下基于服务质量评估的预防性维修策略优化［J］．计算机集成制造系统，2018，24（5）：1162-1170．

　　［176］张云正，张晓红，曾建潮．租赁设备的状态维修决策建模与优化［J］．系统工程理论与实践，2019，39（7）：1732-1743．

　　［177］张在房，褚学宁，高健鹰．基于通用物料清单的完整产品总体设计方案配置研究［J］．计算机集成制造系统，2009，15（3）：417-424．

　　［178］张在房，尚钰量，孙建，等．基于多目标离散布谷鸟搜索算法的产品服务系统方案配置优化［J］．计算机集成制造系统，2017，23（8）：1774-1786．

　　［179］张在房，孙建，尚钰量．基于功能需求的产品服务系统模块化聚类研究［J］．组合机床与自动化加工技术，2017（8）：152-156．

　　［180］章玲，周德群．多属性决策分析方法与应用［M］．北京：科学出版社，2013．

　　［181］赵金辉，王学慧，关文革，等．基于模糊信息公理与云模型的虚拟企业合作伙伴选择［J］．运筹与管理，2020，29（1）：202-208．

　　［182］赵坤，高建伟，祁之强，等．基于前景理论及云模型风险型多准则决策方法［J］．控制与决策，2015，30（3）：395-402．

　　［183］赵诗诗．产业互联网视角下商贸流通业发展的新趋势［J］．商业

经济研究，2019，13（22）：20-22.

[184] 赵艳萍，郭亚婷，罗建强，等．制造企业服务衍生的分类及其价值创造［J］．软科学，2017，31（7）：103-107.

[185] 赵艳萍，潘蓉蓉，罗建强，等．制造企业服务化悖论研究述评［J］．管理学报，2020，17（3）：467-474.

[186] 郑江淮，荆晶．技术差距与中国工业技术进步方向的变迁［J］．经济研究，2021，56（7）：24-40.

[187] 郑英隆，李新家．新型消费的经济理论问题研究——基于消费互联网与产业互联网对接视角［J］．广东财经大学学报，2022，37（2）：4-14.

[188] 周扶林．工业锅炉系统能效主要影响因素的识别方法及节能量测量验证技术的研究［D］．武汉：华中科技大学，2018.

[189] 周晓军，奚立峰，李杰．一种基于可靠性的设备顺序预防性维护模型［J］．上海交通大学学报，2005，14（8）：2044-2047.

[190] 朱汝泓．合同能源管理模式的实践研究［D］．南昌：南昌大学，2015.

[191] 朱曦，胡起伟，白永生，等．绩效保障策略下多目标维修决策优化研究［J］．仪器仪表学报，2021，42（5）：184-191.

[192] Adrodegari F, Saccani N. A maturity model for the servitization of product-centric companies［J］. Journal of Manufacturing Technology Management, 2020, 31（4）: 775-797.

[193] Agrawal V, Bellos L. The potential of servicizing as a green business model［J］. Management Science, 2016, 15（5）: 1545-1562.

[194] Ardolino M, Rapaccini M, Saccani N, et al. The role of digital technologies for the service transformation of industrial companies［J］. International Journal of Production Research, 2018, 56（6）: 2116-2132.

[195] Ayala N F, Gerstlberger W D, Frank A G. Managing servitization in product companies: the moderating role of service suppliers［J］. International Journal of Operations & Production Management, 2019, 39（1）: 43-74.

[196] Baines T S, Lightfoot H W, Benedettini O, et al. The servitization of manufacturing: A review of literature and reflection on future challenges［J］.

Journal of Manufacturing Technology Management, 2013, 20 (5): 547 – 567.

[197] Bartolomeo M, Maso D D, Jong P D, et al. Eco-efficient producer services—what are they, how do they benefit customers and the environment and how likely are they to develop and be extensively utilised? [J]. Journal of Cleaner Production, 2003, 11 (8): 829 – 837.

[198] Bock L L, Diday E. Analysis of symbolic data [M]. New York, USA: Springer-Verlag, 2000.

[199] Boyt T, Harvey M. Classification of industrial services: A model with strategic implications [J]. Industrial Marketing Management, 1997, 26 (4): 291 – 300.

[200] Bustinza O F, Lafuente E, Rabetino R, et al. Make-or-buy configurational approaches in product-service ecosystems and performance [J]. Journal of Business Research, 2019, 104 (5): 393 – 401.

[201] Canek J, Rodrigo P. Joint pricing and maintenance strategies in availability-based product-service systems under different overhaul conditions [J]. Reliability Engineering & System Safety, 2021, 216 (12): 107817 – 107828.

[202] Cenamor J, Sjodin D R, Parida V. Adopting a platform approach in servitization: leveraging the value of digitalization [J]. International Journal of Production Economics, 2017, 192 (15): 54 – 65.

[203] Chateauneuf A, Jaffray J Y. Some Characterizations of lower probabilities and other monotone capacities through the use of mobius inversion [J]. Mathematical Social Sciences, 1989, 17 (3): 263 – 283.

[204] Chen X H, Xu X H, Zeng J H. Method of multi-attribute large group decision making based on entropy weight [J]. Systems Engineering and Electronics, 2007, 29 (7): 1086 – 1089.

[205] Coreynen W, Matthyssens P, Bockhaven W V. Boosting servitization through digitization: pathways and dynamic resource configurations for manufacturers [J]. Industrial Marketing Management, 2017, 60 (8): 42 – 53.

[206] Cusumano M A, Kahl S J, Suarez F F. Services, industry evolution, and the competitive strategies of product firms [J]. Strategic Management Journal,

2015, 36 (4): 559 –575.

[207] David O, Marco T. The value of Big Data in servitization [J]. International Journal of Production Economics, 2015, 165 (27): 174 –184.

[208] Eggert A, Hogreve J, Ulaga W, et al. Revenue and profit implications of industrial service strategies [J]. Journal of Service Research, 2013, 17 (1): 23 –39.

[209] Gaiardelli P, Resta B, Martinez V, et al. A classification model for product-service offerings [J]. Journal of Cleaner Production, 2014, 66 (3): 507 –519.

[210] Gao J, Yao Y, Zhu V, et al. Service-oriented manufacturing: A new product pattern and manufacturing paradigm [J]. Journal of Intelligent Manufacturing, 2009, 22 (3): 435 –446.

[211] Gawer A, Cusumano M. Industry Platforms and ecosystem innovation [J]. Journal of Product Innovation Management, 2014, 31 (3): 417 –433.

[212] Gebauer H. Identifying service strategies in product manufacturing companies by exploring environment-strategy configurations [J]. Industrial Marketing Management, 2008, 37 (3): 278 –291.

[213] Gebauer H, Fleisch E, Friedli T. Overcoming the service paradox in manufacturing companies [J]. European Management Journal, 2005, 23 (1): 14 –26.

[214] Gianmarco B, Federico A, Marco P, et al. Exploring how usage-focused business models enable circular economy through digital technologies [J]. Sustainability, 2018, 10 (3): 1 –21.

[215] Gioia D A, Corley K G, Hamilton A L. Seeking qualitative rigor in inductive research: notes on the Gioia methodology [J]. Organizational Research Methods, 2013, 16 (1): 15 –31.

[216] Glas A H, Henne F U, Essig M. Missing performance management and measurement aspects in performance-based contracting: a systematic process-based literature analysis of an astonishing research gap [J]. International Journal of Operations & Production Management, 2018, 38 (11): 2062 –2095.

［217］Grabisch M. Fuzzy integral in multicriteria decision making ［J］. Fuzzy Sets and Systems, 1995, 69 (3): 279 – 298.

［218］Grabisch M. Grabish, M.: k-order additive discrete fuzzy measures and their representation ［J］. Fuzzy Sets and Systems, 1997, 92 (2): 167 – 189.

［219］Guajardo J A, Cohen M A, Kim S H, et al. Impact of performance-based contracting on product reliability: an empirical analysis ［J］. Management Science, 2012, 58 (5): 961 – 979.

［220］Hur M, Keskin B, Schmidt C P. End-of-life inventory control of aircraft spare parts under performance based logistics ［J］. International Journal of Production Economics, 2018, 204 (5): 186 – 203.

［221］Ishii K, Sugeno M. A model of human evaluation process using fuzzy measure ［J］. International Journal of Man-Machine Studies, 1985, 22 (1): 19 – 38.

［222］Jin T, Tian Z, Xie M. A game-theoretical approach for optimizing maintenance, spares and service capacity in performance contracting ［J］. International Journal of Production Economics, 2015, 161 (3): 31 – 43.

［223］Jin T, Yu T. Optimizing reliability and service parts logistics for a time-varying installed base ［J］. European Journal of Operational Research, 2012, 218 (1): 152 – 162.

［224］Jing S, Feng Y, Yan J. Path selection of lean digitalization for traditional manufacturing industry under heterogeneous competitive position ［J］. Computers & Industrial Engineering, 2021, 161 (2): 107631 – 107648.

［225］Johnson M, Mena C. Supply chain management for servitised products: A multi-industry case study ［J］. International Journal of Production Economics, 2008, 114 (1): 27 – 39.

［226］Kim S-H, Cohen M, Netessine S, et al. Contracting for infrequent restoration and recovery of mission-critical systems ［J］. Management Science, 2010, 56 (9): 1551 – 1567.

［227］Kim S H, Cohen M A, Netessine S. Performance Contracting in After-Sales Service Supply Chains ［J］. Management Science, 2007, 53 (12):

1843 - 1858.

［228］Kim S H, Cohen M A, Netessine S. Reliability or inventory? an analysis of performance-based contracts for product support services ［J］. Social ence Electronic Publishing, 2015, 56 (9): 65 - 88.

［229］Kohtamäki M, Parida V, Oghazi P, et al. Digital servitization business models in ecosystems: a theory of the firm ［J］. Journal of Business Research, 2019, 104 (18): 380 - 392.

［230］Kohtamäki M, Parida V, Patel P, et al. The relationship between digitalization and servitization: The role of servitization in capturing the financial potential of digitalization ［J］. Technological Forecasting and Social Change, 2020, 151 (28): 119804 - 119812.

［231］Kohtamäki M, Rabetino R, Einola S, et al. Unfolding the digital servitization path from products to product-service-software systems: practicing change through intentional narratives ［J］. Journal of Business Research, 2021, 137 (12): 379 - 392.

［232］Kowalkowski C, Brehmer P, Kindström D. Managing industrial service offerings: requirements on content and processes ［J］. Services Technology and Management, 2009, 11 (1): 42 - 63.

［233］Kowalkowski C, Gebauer H, Oliva R. Service growth in product firms: past, present, and future ［J］. Industrial Marketing Management, 2017, 60 (1): 82 - 88.

［234］Kujala S, Artto K, Aaltonen P, et al. Business models in project-based firms-towards a typology of solution-specific business models ［J］. International Journal of Project Management, 2010, 28 (2): 96 - 106.

［235］Levin R C, Reiss P C. Cost-reducing and demand-creating R&D with spillovers ［J］. Rand Journal of Economics, 1988, 19 (4): 538 - 556.

［236］Li D W, Baldwin S, Wetzer M. Performance based logistics : a program manager's product support guide ［M］. Defense Acquisition University, 2005.

［237］Li H, Ji Y, Gu X, et al. Module partition process model and method of integrated service product ［J］. Computers in Industry, 2012, 63 (4): 298 -

308.

［238］Lockett H, Johnson M, Evans S, et al. Product service systems and supply network relationships: an exploratory case study ［J］. Journal of Manufacturing Technology Management, 2011, 22 (3): 293 –313.

［239］Lopes J C O, Scarpel R, Abrahão F T M, et al. Optimization in performance-based logistics contracts ［C］. proceedings of the International Workshop on Metrology for Aerospace, Italy, F, 2017.

［240］Malinda M, Chen J H. The forecasting of consumer exchange-traded funds (ETFs) via grey relational analysis (GRA) and artificial neural network (ANN) ［J］. Empirical Economics, 2021, 16 (3): 1 –45.

［241］Manzini E, Vezzoli C. A strategic design approach to develop sustainable product service systems: examples taken from the "environmentally friendly innovation" Italian prize ［J］. Journal of Cleaner Production, 2003, 11 (8): 851 –857.

［242］Marjanovic U, Lalic B, Medič N, et al. Servitization in manufacturing: role of antecedents and firm characteristics ［J］. International Journal of Industrial Engineering and Management, 2020, 11 (2): 133 –144.

［243］Mathieu V. Product services: from a service supporting the product to a service supporting the client ［J］. Journal of Business & Industrial Marketing, 2001, 16 (1): 39 –61.

［244］Maull R, Smart A, Liang L. A process model of product service supply chains ［J］. Production Planning & Control, 2014, 25 (14): 1091 –1106.

［245］Menon K, Kärkkäinen H, Wuest T. Industrial internet platform provider and end-user perceptions of platform openness impacts ［J］. Industry and Innovation, 2019, 27 (3): 1 –27.

［246］Mirzahosseinian H, Piplani R. A study of repairable parts inventory system operating under performance-based contract ［J］. European Journal of Operational Research, 2011, 214 (2): 256 –261.

［247］Mont O K. Clarifying the concept of product-service system ［J］. Journal of Cleaner Production, 2002, 10 (3): 237 –245.

［248］Naik P, Schroeder A, Kapoor K K, et al. Behind the scenes of digital servitization: actualising IoT-enabled affordances [J]. Industrial Marketing Management, 2020, 89 (18): 232 – 244.

[249] Nakagawa T. Sequential imperfect preventive maintenance policies [J]. Reliability, IEEE Transactions on, 1988, 37 (3): 295 – 298.

[250] Nakajima S. Introduction to TPM: total productive maintenance [M]. Cambridge: Productivity Press, 1988.

[251] Neely A. Exploring the financial consequences of the servitization of manufacturing [J]. Operations Management Research, 2008, 1 (2): 103 – 118.

[252] Ng I, Maull R, Yip N. Outcome-based contracts as a driver for systems thinking and service-dominant logic in service science: evidence from the defence industry [J]. European Management Journal, 2009, 27 (5): 377 – 387.

[253] Nowicki D, Kumar U D, Steudel H J, et al. Spares provisioning under performance-based logistics contract: profit-centric approach [J]. Journal of the Operational Research Society, 2008, 59 (3): 342 – 352.

[254] Oliva R, Kallenberg R. Managing the transition from products to services [J]. International Journal of Service Industry Management, 2003, 14 (2): 160 – 172.

[255] Orsdemir A, Deshpande V, Parlakturk A. Is servicization a win-win strategy? profitability and environmental implications of servicization [J]. Manufacturing & Service Operations Management, 2019, 21 (3): 674 – 691.

[256] Ostaeyen J V, Horenbeek A V, Pintelon L, et al. A refined typology of product-service systems based on functional hierarchy modeling [J]. Journal of Cleaner Production, 2013, 51 (1): 261 – 276.

[257] Paiola M, Gebauer H. Internet of things technologies, digital servitization and business model innovation in BtoB manufacturing firms [J]. Industrial Marketing Management, 2020, 89 (3): 245 – 264.

[258] Pakpahan E, Iskandar B P. Optimal maintenance service contract involving discrete preventive maintenance using principal agent theory [C]. proceedings of the 2015 IEEE International Conference on Industrial Engineering and Engineering Management (IEEM), F, 2016.

［259］ Paschou T, Adrodegari F, Rapaccini M, et al. Towards Service 4. 0: a new framework and research priorities ［J］. Procedia CIRP, 2018, 73 （1）: 148 - 154.

［260］ Patra P, Kumar U D, Nowicki D R, et al. Effective management of performance-based contracts for sustainment dominant systems ［J］. International Journal of Production Economics, 2019, 208 （3）: 369 - 382.

［261］ Patriarca R, Costantino F, Gravio G D. Inventory model for a multi-echelon system with unidirectional lateral transshipment ［J］. Expert Systems with Applications, 2016, 65 （7）: 372 - 382.

［262］ Peillon S, Pellegrin C, Burlat P. Exploring the servitization path: A conceptual framework and a case study from the capital goods industry ［J］. Production Planning & Control, 2015, 26 （14 - 15）: 1264 - 1277.

［263］ Peng H J, Pang T, Cong J. Coordination contracts for a supply chain with yield uncertainty and low-carbon preference ［J］. Journal of Cleaner Production, 2018, 205 （9）: 291 - 302.

［264］ Ragin C C, Fiss P C. Net effects analysis versus configurational analysis: an empirical demonstration ［J］. Redesigning Social Inquiry: Fuzzy Sets and beyond, 2008, 29 （2）: 190 - 212.

［265］ Raj A, Dwivedi G, Sharma A, et al. Barriers to the adoption of industry 4. 0 technologies in the manufacturing sector: an inter-country comparative perspective ［J］. International Journal of Production Economics, 2019, 224 （49）: 107546 - 107558.

［266］ Reim W, Parida V, Örtqvist D. Product-Service Systems (PSS) business models and tactics-a systematic literature review ［J］. Journal of Cleaner Production, 2014, 97 （2）: 61 - 75.

［267］ Roy R. Sustainable product-service systems ［J］. Futures, 2000, 32 （3）: 289 - 299.

［268］ Rymaszewska A, Helo P, Gunasekaran A. IoT powered servitization of manufacturing-an exploratory case study ［J］. International Journal of Production Economics, 2017, 192 （16）: 92 - 105.

[269] Saccani N, Visintin F, Rapaccini M. Investigating the linkages between service types and supplier relationships in servitized environments [J]. International Journal of Production Economics, 2014, 149 (9): 226 – 238.

[270] Sandborn P, Pour A K, Goudarzi N, et al. Outcome-based contracts-towards concurrently designing products and contracts [J]. Procedia CIRP, 2017, 59 (3): 8 – 13.

[271] Schmeidler D. Subjective probabilitiy and expected utility without additivity [J]. Econome-trica, 1989, 57 (5): 571 – 587.

[272] Shah S A, Jajja M S S, Chatha K A, et al. Servitization and supply chain integration: an empirical analysis [J]. International Journal of Production Economics, 2020, 229 (3): 96 – 176.

[273] Sherbrooke C C. Optimal inventory modeling of systems: multi-echelon techniques [M]. Springer Science + Business Media: Springer, 2004.

[274] Song W, Chan F T S. Multi-objective configuration optimization for product-extension service [J]. Journal of Manufacturing Systems, 2015, 37: 113 – 125.

[275] Song W, Ming X, Han Y, et al. An integrative framework for innovation management of product-service system [J]. International Journal of Production Research, 2015, 53 (8): 2252 – 2268.

[276] Sousa R, Da Silveira G J C. Capability antecedents and performance outcomes of servitization: Differences between basic and advanced services [J]. International Journal of Operations Production Management, 2017, 37 (4): 444 – 467.

[277] Sugeno M. Theory of fuzzy integrals and its applications [M]. Tokyo: Tokyo Institute of Technology, 1974.

[278] Sun J, Chai N, Pi G, et al. Modularization of product service system based on functional requirement [J]. Procedia Cirp, 2017, 64 (7): 301 – 305.

[279] Takai S, Sengupta S. An Approach to Evaluate the Profitability of Component Commonality [J]. Journal of Mechanical Design, 2017, 139 (7): 1 – 6.

[280] Tang D, Wang Q, Ullah I. Optimisation of product configuration in consideration of customer satisfaction and low carbon [J]. International Journal of

Production Research, 2017, 55 (12): 1 –25.

[281] Tiwari V, Jain P K, Tandon P. Product design concept evaluation using rough sets and VIKOR method [J]. Advanced Engineering Informatics, 2016, 30 (1): 16 –25.

[282] Tukker A. Eight types of product-service system: eight ways to sustainability? experiences from SusProNet [J]. Business Strategy and the Environment, 2004, 13 (4): 246 –260.

[283] Ulaga W, Reinartz W. Hybrid offerings: how manufacturing firms combine goods and services successfully [J]. Journal of Marketing, 2011, 75 (6): 155 –173.

[284] Vandermerwe S, Rada J. Servitization of business: adding value by adding services [J]. European Management Journal, 1988, 6 (4): 314 –324.

[285] Visnjic I, Wiengarten F, Neely A. Only the brave: product innovation, service business model innovation, and their impact on performance [J]. Journal of Product Innovation Management, 2014, 33 (1): 36 –52.

[286] Windahl C, Lakemond N. Integrated solutions from a service-centered perspective: applicability and limitations in the capital goods industry [J]. Industrial Marketing Management, 2010, 39 (8): 1278 –1290.

[287] Yu F F, Wang L T, Li X T. The effects of government subsidies on new energy vehicle enterprises: the moderating role of intelligent transformation [J]. Energy Policy, 2020, 141 (8): 111463 –111470.